金陵全書

乙編·史料類

諸司職掌

（明）翟善 等編

南京出版傳媒集團
南京出版社

圖書在版編目（CIP）數據

諸司職掌 /（明）翟善等編. -- 南京：南京出版社,
2016.5
（金陵全書）
ISBN 978-7-5533-1291-0

Ⅰ.①諸… Ⅱ.①翟… Ⅲ.①官制－史料－中國－明
代 Ⅳ.①D691.42

中國版本圖書館CIP數據核字（2016）第071027號

書　　名　【金陵全書】（乙編·史料類）
　　　　　諸司職掌
編 著 者　（明）翟善　等編
出版發行　南京出版傳媒集團
　　　　　南　京　出　版　社
　　　　　社址：南京市太平門街53號　　郵編：210016
　　　　　網址：http://www.njcbs.cn　　電子信箱：njcbs1988@163.com
　　　　　淘寶網店：http://njpress.taobao.com　　天猫網店：http://njcbcmjtts.tmall.com
　　　　　聯系電話：025-83283871、83283864（營銷）　025-83112257（編務）

出 版 人　朱同芳
出 品 人　盧海鳴
責任編輯　徐碧超
裝幀設計　楊曉崗
責任印制　楊福彬

製　　版　南京新華豐製版有限公司
印　　刷　南京凱德印刷有限公司
開　　本　889毫米×1194毫米　1/16
印　　張　53.5
版　　次　2016年5月第1版
印　　次　2016年5月第1次印刷
書　　號　ISBN 978-7-5533-1291-0
定　　價　1300.00元

淘寶網店　天猫網店

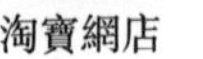

總序

南京，俗稱金陵，中國著名的四大古都之一，是國務院首批公佈的國家歷史文化名城。

南京有着六十萬年的人類活動史，近二千五百年的建城史，約四百五十年的建都史，享有『六朝古都』『十朝都會』的美譽。南京歷史的興衰起伏在某種程度上可以説是中國歷史的一個縮影。在中華民族光輝燦爛的歷史長河中，古聖先賢在南京創造了舉世矚目、富有特色的六朝文化、南唐文化、明文化和民國文化，爲中華民族文化的傳承和發展作出了不朽貢獻。然而，由於時代的遞遷、戰争的破壞以及自然的損毁等原因，歷史上南京的輝煌成就以物質文化形態留存下來的相對較少，見諸文獻典籍的則相對較多。南京文獻内涵廣博，卷帙浩繁，版本複雜。截至一九四九年中華人民共和國成立，南京文獻留存下來的有近萬種，在全國歷史文化名城中名列前茅。以六朝《世説新語》《文心雕龍》《昭明文選》，唐朝《建康實録》，宋朝《景定建康志》《六朝事迹編類》，元朝《至正金陵新志》，明朝《洪武京城圖志》《金陵古今圖考》《客座贅語》，清朝《康熙江寧府志》《白下瑣言》，民國《首都計劃》《首都志》《金陵古蹟圖考》等爲代表的南京地方文獻，不僅是南京文化的集中體現，也是中華民族優秀傳統文化的重要組成部分。這些南京文獻，積澱貯存了歷代南京人民的經驗和智慧，翔實地反映了南京地區的社會變遷，是研究南京乃至全國政治、經濟、軍事、文化、外交和民風民俗的重要資料。

歷史上的南京文化輝煌燦爛，各類圖書典籍琳琅滿目。迄今爲止，南京文獻曾經有過三次不同程度的整理。

第一次是距今六百多年前的明朝永樂年間，明朝中央政府在南京組織整理出版了《永樂大典》。《永樂大典》正文二萬二千八百七十七卷，凡例和目録六十卷，分裝成一萬一千零九十五册，總字數約三億七千萬字。書中保存了中國上自先秦、下迄明初的各種典籍資料達七八千種，是中國古代最大的類書。

第二次是民國年間，南京通志館編印了一套《南京文獻》。《南京文獻》每月一期，從一九四七年元月至一九四九年二月共刊行了二十六期，收入南京地方文獻六十七種，包括元明清到民國各個時期的著作，其中收録的部分民國文獻今天已經成爲絶版。

第三次是二〇〇六年以來，南京出版社選取部分南京珍貴文獻，整理出版了一套《南京稀見文獻叢刊》點校本，到二〇一三年初，已經出版了三十六册七十一種，時代上起六朝，下迄民國，在學術普及方面作出了一定的貢獻。

新中國成立六十年來，尤其是改革開放三十年來，南京的政治、經濟、文化建設飛速發展，但南京文獻的全面系統整理出版工作一直没有得到應有的重視，這與南京這座國家歷史文化名城的地位頗不相稱。據調查，目前有關南京的各類文獻主要保存在南京圖書館、南京市檔案館，以及全國各地的高等院校、科研院所、圖書館、檔案館、博物館，少數流散於民間和國外。一方面，廣大讀者要查閲這些收藏在全國各地的南京文獻殊爲不便；另一方面，許多珍貴的南京文獻隨着歲月的流逝而瀕臨損毁和失傳。南京文獻的存史、資治、教化、育人功能没有得到應有的發揮。

盛世修史（志）。在中華民族和平崛起和大力弘揚民族傳統文化、全力發展民族文化事業的大背景下，在建設『文化南京』的發展思路下，中共南京市委、南京市人民政府於二〇〇九年十二月作出決定，將南京有史以來的地方文獻進行全面系統的匯集、整理和影印出版，輯爲《金陵全書》（以下簡稱《全書》），以更好地搶救和保護鄉邦文獻，傳承民族文化，推動學術研究，促進南京文化建設；同時，也更爲有効地增加南京文獻存世途徑，提昇南京文獻地位，凸顯南京文獻價值。

爲編纂出能够代表當代最高學術水平和科技成就，又經得起時間檢驗的《全書》，我們將編纂工作分成三個階段進行。第一個階段爲調研階段，主要對南京現存文獻的種類、數量、保存現狀以及收藏地點等進行深入細緻的調研，召集專家學者多次進行學術論證和可操作性論證，撰寫出可行性調查報告，爲科學決策提供依據，此項工作主要由中共南京市委宣傳部和南京出版社組織完成。第二個階段爲啓動階段，以二〇〇九年十二月二十四日召開的『《金陵全書》編纂啓動工作會』爲標志，市委主要領導親自到會動員講話，市委宣傳部對《全書》的編纂出版工作作了明確部署。在廣泛徵求專家學者意見的基礎上，確定了《全書》的總體框架設計，確定了將《全書》列爲市委宣傳部每年要實施的重大文化工程，確定了主要參編責任單位和責任人，並分解了任務。第三個階段爲編纂出版階段，主要在全國範圍内進行資料的徵集、遴選和圖書的版式設計、複製、排版及印製工作。

爲了確保《全書》編纂出版工作的順利進行，中共南京市委、南京市人民政府成立了專門的編纂出版組織機構。其中編輯工作領導小組，由中共南京市委、市政府領導以及相關成員單位主要負責人組成；《全書》的編纂出版工作由市委宣傳部總牽頭；學術指導委員會，由蔣贊初、茅家琦、梁白泉等一批全國著名的專家學者組成，負責《全書》的學術審核和把關。

《全書》分爲方志、史料和檔案三大類。自二〇一〇年起，計劃每年出版四十册左右。鑒於《全書》的整理出版工作難度較大，周期較長，在具體操作中，我們採取了分工協作的方式。市委宣傳部和南京出版社負責《全書》的總體策劃，其中方志部分，主要由南京市地方志編纂委員會辦公室和南京出版傳媒集團·南京出版社共同承擔；史料部分，主要由南京圖書館承擔；檔案部分，主要由南京市檔案局（館）承擔。《全書》的編輯出版，得到了江蘇省文化廳、江蘇省新聞出版局、江蘇省檔案局（館）、南京大學、南京圖書館、南京市文廣新局、南京市社科聯（社科院）、南京市文聯、金陵圖書館以及各區委宣傳部和地方志辦公室等單位及社會各界的熱情鼓勵和大力支持，尤其是得到了中國國家圖書館和全國各地（包括港臺地區）高等院校、科研院所、圖書館、檔案館、博物館等藏書單位的鼎力相助，在此表示深深的謝意！

我們相信，在中共南京市委、南京市人民政府的長期不懈支持下，在各部門、各單位的積極配合和衆多專家學者的共同努力下，這項功在當代、利在千秋的傳世工程一定能够圓滿完成。

《金陵全書》編輯出版委員會

凡例

一、《金陵全書》（以下簡稱《全書》）收録的南京文獻，依内容分爲方志、史料和檔案三大類。

二、《全書》按上述三大類分爲甲、乙、丙三編，以不同的封面顔色加以區分；每編酌分細類，原則上以成書時代爲序分爲若幹册，依次編列序號。

三、《全書》收録南京文獻的範圍，以二〇一三年南京市所轄十一區，即玄武、秦淮、建鄴、鼓樓、浦口、六合、棲霞、雨花臺、江寧、溧水和高淳爲限。

四、《全書》收録的南京文獻，其成書年代的下限爲一九四九年。

五、《全書》收録方志和史料，盡量選用善本爲底本。《全書》收録的檔案以學術價值和實用價值較高爲原則，一般選用延續時間較長、相對比較完整的檔案全宗。

六、《全書》收録的南京文獻底本如有殘缺、漫漶不清等情況，必要時予以配補、抽換或修描，以保證全書完整清晰；稿本、鈔本、批校本的修改、批注文字等均保留原貌。

七、《全書》收録的南京文獻，每種均撰寫提要，置於該文獻前，以便讀者了解其作者生平、主要内容、學術文化價值、編纂過程、版本源流、底本採用等情況。

八、《全書》所收文獻篇幅較大時，分爲序號相連的若幹册；篇幅較小的文獻，則將數種合編爲一册。

九、《全書》統一版式設計，大部分文獻原大影印；對於少數原版面過大或過小的文獻，適當進行縮小或放大處理，並加以説明。

十、《全書》各册除保留文獻原有頁碼外，均新編頁碼，每册頁碼自爲起訖。

提要

《諸司職掌》十卷，明翟善等編。

翟善，生卒年不詳，字敬甫，江蘇泰興人，以貢舉歷官吏部文選司主事，洪武二十六年（一三九三）夏四月，以吏部司封主事署理吏部事，以領銜編纂《諸司職掌》有功，次年陞爲吏部左侍郎，再遷至尚書，洪武二十八年，以受賄當死，因其父翟謙訴于朝廷，特宥其罪，降爲南寧府宣化縣知縣以終。

《諸司職掌》于洪武二十六年頒行，據《明太祖實録》卷二二六載，朱元璋『以諸司職有崇卑，政有大小，無方册以著成法，恐後之莅官者，罔知職任政事施設之詳，乃命吏部同翰林儒臣，仿《唐六典》之制，自五府、六部、都察院以下諸司，凡其設官分職之務，類編爲書』。

《諸司職掌》以吏、户、禮、兵、刑、工六部及都察院、通政司、大理寺、五軍都督府分爲十門。

其吏部門有選部、司封部、司勛部、考功部四目，每目之下列有子目。選部有選官（含作缺、類選、抄選）、銜門、官制、還職役官吏人材生員、給假等五子目；司封部有封爵（含見封、襲封）、封贈（含加贈、追封）、蔭叙、誥敕、散官、吏役、勘合、皂隸、到任須知等九子目；司勛部有勛級（含文勛、武勛）、資格（含官、吏）、貼黄、實寫、丁憂、致仕、侍親、更名復姓、雜行（含官吏俸給）等九子目；考功部有考核（含官、吏）、事故（含極刑、老疾、行止、紀録、貢舉、朝覲）、諸司職掌等三子目。

户部門有民科、度支科、金科、倉科四目。民科有州縣（含圖志、田土、農桑、災傷）、户口（含丁口、賦役、婚姻、讀法）、會計（含糧儲、草料、轉運、雜行）等三子目；度支科有經費（含賞賜、月糧、月鹽、雜支）、廩禄（含俸給、廩給、行糧馬草）二子目；金科有庫藏（含課程、贓罰、鈔法、鹽法）、權量（含斛斗秤尺、時估）二子目；倉科有徵收（含税糧、芻草）、倉庾（含盤撥糧斛、内外倉廒）二子目。

禮部門有儀部、祠部、膳部、主客部四目。儀部有朝賀（含正旦冬至朝賀、中宫正旦冬至命婦朝賀儀、東宫正旦冬至朝賀、萬壽聖節百官朝賀禮儀、中宫千秋節命婦朝賀禮儀、東宫千秋節百官朝賀禮儀）、朝儀（含京官常朝儀、百官朝見禮儀、常朝君父之禮、諸蕃朝貢）、庶人常見禮儀、冠服、皇帝冕服（含袞冕十二章）、東宮冠服（含袞冕九章）、親王冠服（含袞冕九章）、世子冠服（含袞冕七章）、文武官冠服、命婦冠服、房屋器用等第、親王冠禮、婚禮（含親王婚禮儀式、定親禮物）、公主婚禮（含册公主、册文、公主受醮戒、駙馬受醮戒、親迎、謁祠堂、合巹、見舅姑、賜駙馬冠帶衣服）、宴禮（含大宴、中宴、常宴）、傳制、進春、頒詔、開讀、表箋、貢舉、學校、旌表、印信、雜行等二十四子目；祠部有祭祀（含郊祀）、時享太廟、祭社稷、祭山川、祭歷代帝王、祭先師孔子、祭先農、祭旗纛、合祀神祇、犧牲、曆日、藝術、僧道、祥異、喪葬等十五子目；膳部有膳羞、厨役、俸給、藏冰、器皿、行移等六子目；主客部有朝貢、賓客、給賜三子目。

兵部門有司馬部、職方部、駕部、庫部四目。司馬部有銓選（含官制、勛録、武官資格、除授官員、襲職替職、升用總小旗）、貼黄（含寫黄續黄、缺官、更名復姓）、優給、誥敕（含給授、封贈、加贈）、軍務（含開設衛所、整點軍士、聲息）、賞賜等六子目；職方部有城隍、軍役（含收補軍士、重役、冒名、軍士缺伍、老疾軍人）、關津（含設置巡檢司、斷發逃軍囚徒）、烽堠、圖本等五子目；駕部有滷簿、羽儀、儀仗（含皇太子儀仗、親王儀仗）、守衛軍士食錢、牌面、驛傳（含馬驛、水驛、遞運所、開設驛所、市民馬户、囚充站户、應合給驛、應付脚力、陳告消乏、符驗、急遞鋪）、馬政（含廐牧、關換、折糧、收買）、力士校尉等八子目；庫部有軍器、勘合、給聚、根捕逃軍勾捕軍士、雜行（含俸給、印色、紙札、考核、拘收皮張、軍士鹽糧、皂隸）等五子目。

刑部門有憲科、比科、司門科、都官科四目。憲科有律令、問擬刑名、除撥官吏、會計糧儲、月支俸給等五子目；比科有律令、類進贓罰、收買紙札、處决重囚、詳擬罪名、歲報罪囚等六子目；司門科有律令、編發囚軍、皂隸獄卒、營造等四子目；都官科有律令、提調牢獄、拘役囚人（含真犯死罪、雜犯死罪）、申明誡諭、官吏過名、類填勘合、抄札（含應合抄札）、獄具等八子目。

工部門有營部、虞部、水部、屯部四目。營部有營造（含儀仗、城垣、壇場、廟宇、公廨、倉庫、營房、獄具）、工匠（含工役囚人、輪班人匠）二子目；虞部有採捕（含野味、皮張、翎毛）、禁令、軍器軍裝、窑冶（含磚瓦、陶器、鑄器、銅鐵、鑄錢、顔料、紙札、石灰）等四子目；水部有河渠（含河渠、橋道、船隻）、車輛、織造（含緞匹、誥敕、冠服、器用、斛斗秤尺）等三子目；屯部有屯種（含開墾、農具、牛隻）、墳塋、抽分、夫役、雜行、農桑等六子目。

都察院十二道監察御史職掌有糾劾百司、問擬刑名、出巡、刷卷、追問、審録等六子目。

通政司有出納帝命、通達下情、開拆實封、關防諸司公文勘合、月奏等五子目。

大理寺有審録囚人參詳罪名、合律照駁式、番異式、二次番異式、請旨發落、詳擬罪名、月報囚數、處決重囚等八子目。

五軍都督府斷事官有問擬刑名、起解贜罰、月報軍官、處決重囚、詳擬罪名、雜行（含工役囚人、官吏俸給、公用紙札、牢獄）、分問衙門（含左司、右司、中司、前司、後司）等七子目。

《正德四年御制明會典序》云：『太祖高皇帝，稽古創制，分任六卿，著爲《諸司職掌》提挈綱領，布列條貫，誠可爲億萬年之大法也。』《禮部志稿·纂志凡例》則云：『其不專于禮而禮政居多者，曰《皇明祖訓》，曰《大誥》，曰

《大明令》，曰《教民榜文》，曰《諸司職掌》。』將《諸司職掌》定位爲王朝的『大法』。明人丘濬認爲《諸司職掌》在法律層面相當于『格』與『式』，實際上是《大明會典》的『則例』。在實際運用過程中，官吏主要以則例規定的處罰爲主。如《諸司職掌·刑部·都官科·提調牢獄》條規定，牢獄管理方面如果出現淹禁、克扣獄囚食糧、開放枷鎖、私通信息等行爲，要『提牢官審察明白，呈堂整治』。也就是説由刑部堂官（刑部尚書）决定行政處罰，即按照罰俸、降級、革職來處分。罰俸有一月、二月、三月、六月、九月、一年、二年、三年，共八等。降級則分調用、留任；降級調用從降一級到降五級，分爲五等；降級留任從降一級到降三級，分爲三等。革職分革職留任、革職、革職永不叙用、革職交刑部審擬。由輕及重，直至追究刑事責任。按照《大明律》的規定，這些行爲都要受到笞杖處罰。由此可以看出則例與律例互爲表裏，互爲發明，體現出以律例爲根本，以則例爲基點，具有法規整體性、系統性和周延性的特點，從中可以體會明代政治制度所藴含的深意和魅力。

《諸司職掌》版本較多，中國國家圖書館、清華大學圖書館、日本名古屋蓬左文庫和京都陽明文庫等藏有明嘉靖《皇明制書》十四卷刻本，明萬曆《皇明制書》十四卷補刻本；天津市圖書館、大連市旅順口圖書館、日本東洋文庫等藏有明萬曆《皇明制書》二十卷校刊本。另外，中國國家圖書館、臺北『中央圖書館』、日本京都大學圖書館等藏有《諸司職掌》十卷本，此本前有清光緒二十九年（一九〇三）沈家本序。《金陵全書》收録的《諸司職掌》以中國國家圖書館藏本爲底本影印出版。原版框尺寸爲横長九十五毫米，縱高一百四十二毫米，現擴爲横長一百二十二毫米，縱高一百八十五毫米。

柏樺

明史藝文志職官類諸司職掌十卷洪武中翰林等編書群臣條本
于時太祖以中書省既罷相其分計六部吏戶禮兵刑工都察院通政司大理寺五軍都
督府職事官十門而各以其職數前所事序成書以其職掌各條敕所編在
其下飭衙門之人一體遵守此明志云洪武十三年罷丞相不設析中書之政
歸之六部以尚書對事則責之都察院言事則達之通政司平反則參之大理寺是以詳九卿
之遠矣又稱是年始改大都督府爲五軍都督府分領在京各衛所在外各都司衛所
以中軍都督府斷事官年又設左右斷事各一人二十三年陞
五軍斷事官爲正五品總治五軍刑獄分爲五司設稽仁稽義稽禮稽智稽信五
人各理其事之刑獄與此書所云皆合其書出是時中書既罷分六部而以都察
院通政司大理寺爲之權各衙所刑名權歸斷事官亦錄其之職皆附於後凡職
掌之大綱提而編於此而不及餘官也又考明志洪武初吏部設三屬部曰總部司勳
考功戶部設五科曰一科二科三科四科總科禮部設四屬部曰總部祠部膳部主

吏部兵部設三屬部曰總部駕部職方刑部設四屬部曰總部比部都官司門工部設
四屬部曰總部虞部水部屯田十三年罷中書省陞六部秩各部設司封戶部四屬部曰
總部度支金部倉部兵屬部[illegible]庫部[illegible]屯田[illegible]部二十二年改總部為選部
戶民部禮儀部兵司馬部刑憲部工營部二十三年[illegible]又分為浙江江
西湖廣陝西廣東山東[illegible]北平河南[illegible]為十二部此書所述
與二十二年二十三年更[illegible]
之為儀制祠祭精膳主[illegible]武選[illegible]武庫[illegible]部[illegible]虞衡都
水屯田則尚未改及又此書所載十二布政司并直隸府州人戶總計一千六十五萬二千
八百七十戶人口總計六千五十四萬五千八百十二口與明紀二十六年戶部奏天
下戶口之數戶一千六十五萬二千八百七十口六千五十四萬五千八百十二與此書相符可見此
書編輯實在二十六年以前蓋自十三年罷中書省之後[illegible]官制[illegible]此書編輯未[illegible]
時有損益而大綱則不越[illegible]時而考而知也

光緒癸卯[illegible]月
家本謹記

吏部

尚書侍郎之職掌天下官吏選授勳封考課之政令

其屬有四曰選部司封司勳考功

選部

郎中員外郎主事掌天下文吏班秩品命

選官

作缺

凡內外官員考滿侍親致仕丁憂殘疾極刑考

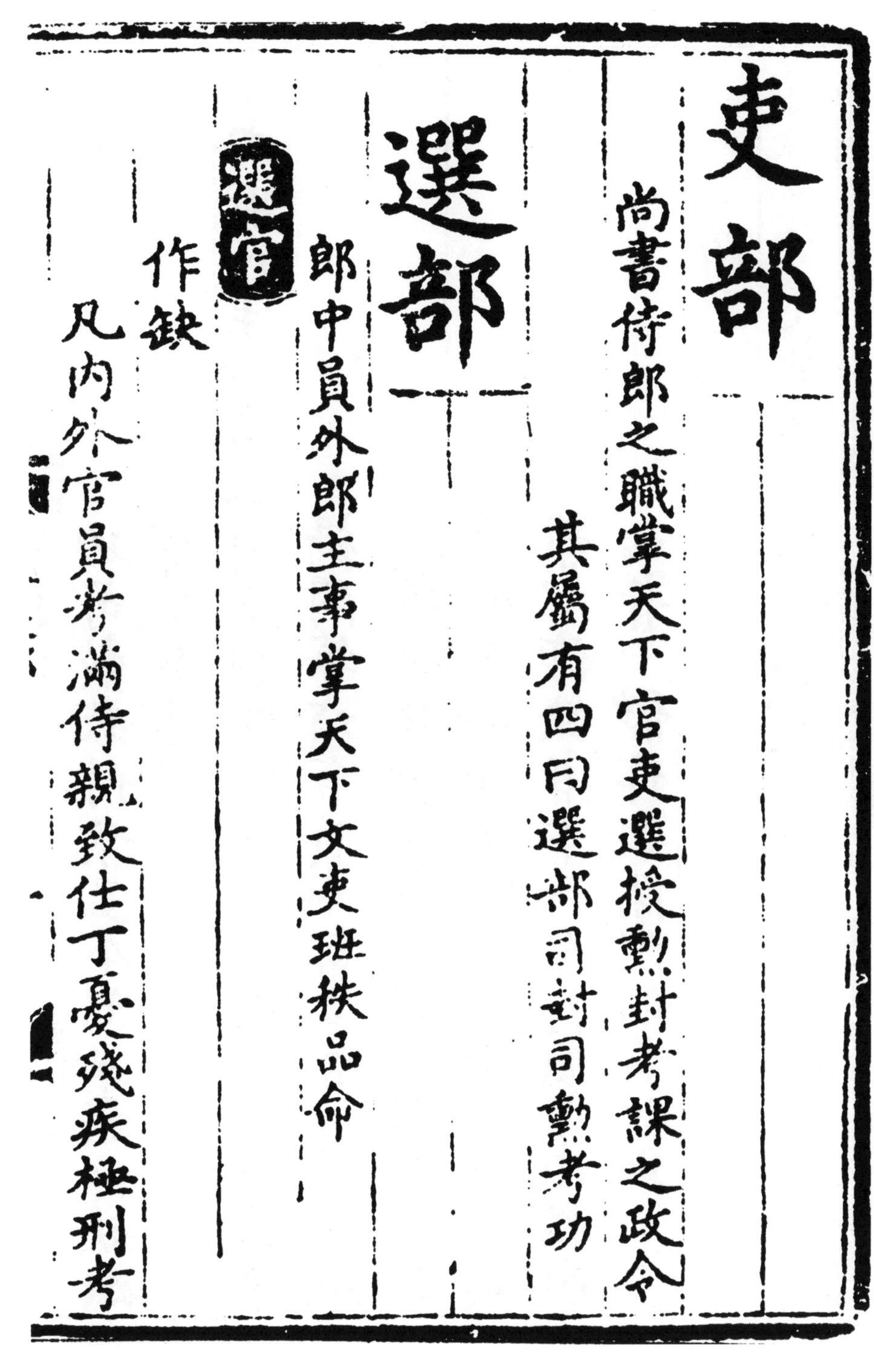

功司勳來付案呈本部立案作缺類寫缺本赴
內府銓注如遇本科遷調改降及內外衙門開到為事提問等項官員本部立案作缺仍連送選部移付司勳照勘明白開附轉續貼黃考功附寫行止如事故不明難以作缺者本科自行照勘回報明白者一體作缺開附貼黃行止

類選

凡考功付到考滿官司勳付到起復官及內外

衙門送到降用裁減截替別用官員
就憑來文附簿立案。○起復考滿官
止憑來付案呈本部審實相同比例
無差就便謄録選本引選。○本科該
管裁減改降截替并為事釋放罷閑
起取官員隨令備供歷仕脚色開寫
公私過名赴堂題判送司勲考功査
對貼黄紀録明白類奏照例選用如
有公過差錯就行引問取招移付考
功紀録通問如隱匿的决及贓私等

項過名及改換出身有害於事者具
奏送問○進士監生通經秀才人材孝廉賢良方正等
項俱憑来文附簿責供年籍住址出
身名色丁産營生過名分成等第然
後引奏選用○陰陽醫術行移太醫
院欽天監考試如果堪用照例具
奏引選不堪用者將原舉官吏依貢舉非其人律付考
功紀録本人放回仍督令別舉僧道
亦憑僧道録司考試堪用申送本部
具該類奏引選○其應選官員人等

除僧道陰陽醫士就除原籍其餘俱
各照例避貫銓注如無相應見缺借
除在京在外者皆仍支合得俸給通
理月日○凡在京初入仕者試職其
在京實授試職官員凡有陞除即與
實授量才授職比與前任品級降等
者亦實授外任官員果有才德薦舉
陞除在京者亦實授若因朝
覲給由等項到部遇有缺員就便對品改除者實授陞
除者試職如遇

特旨陞降及與實授者不在此限○在京已入流倉官
不須試職未入流品官員俱與實授
○舉人出身第一甲三名第一名從
六品第二名第三名正七品賜進士
及第第二甲從七品賜進士出身第
三甲正八品賜同進士出身○在外
承差有缺於能幹人員內取用考滿
者准考功來付於行人內用起復者
准司勲來付於五府六部知印內用

○五府六部知印有缺具

奏於識字人材内取用

抄選

凡

内府除授官員令主事抄寫處所到部呈堂具本覆
奏附選京官就令赴任行移在京各衙門在外官員關
領劄付其布政司正佐官員關領照
會俱定限到任仍行取到任月日候
回報立案送司勲附黄如遇
特旨陞改降除官員皆要具本覆奏附選一體行移其
在外官員赴任一千五百里之外者

移咨兵部應付脚力

衙門

凡內外開設裁革減併一應衙門欽奉
聖旨或據准各處來文開到各項緣由若係開設復設衙門定擬衙門品級合設官員數目具
奏附寫官制照例除官設吏若係裁革減并衙門具
奏銷除官制見任官吏取回移付該科別用俱咨禮部鑄銷印信仍立案連送付司勲貼黃缺科作缺司封行移設吏

官制

凡內外各司府州縣衙門幷合屬倉庫河泊所
稅課司局驛遞閘壩僧道醫術大小
衙門合設官員及五軍都督府幷各
衛所軍職文官制度幷令典名數務
要周知

官

在京

宗人府

正官

宗人令　左右宗正

左右宗人

首領官

經歷一員

吏部

正官

尚書一員　左右侍郎各一員

屬官選部司封司勳考功四部

郎中各一員　員外郎各一員

首領官選部等四部　主事各一員

司務四員

戶部

正官

尚書一員　左右侍郎各一員

屬官浙江等十二部

郎中各一員　員外郎各一員

首領官浙江等十二部

主事各二員內北平部四員

照磨所　照磨一員　檢校一員

司務四員

所屬衙門

寶鈔提舉司

提舉一員　副提舉一員

典史一員

抄紙局

大使一員　副使一員

印鈔局

大使一員　副使一員

寶鈔廣惠庫

大使一員　副使二員

廣積庫

大使一員　副使一員

典史一員

贓罰庫

大使一員　副使二員

外承運庫

大使一員　副使一員

甲乙丙丁戊字庫

大使各一員　副使六員（丙丁字庫二員）

軍儲倉

大使一員　副使一員

龍江鹽倉檢校批驗所
大使一員　副使一員

禮部

正官
尚書一員　左右侍郎各一員

屬官儀部祠部主客部膳部
郎中各一員　員外郎各一員
首領官儀部等四部　主事各一員
司務四員

所屬衙門

儀禮司
司正一員　左右司副二員
左右司丞四員　鳴贊四員
序班四十四員
行人司
司正一員　左右司副二員
行人三百四十五員
鑄印局
大使一員　副使一員
教坊司

奉鑾一員　左右韶舞二員

左右司樂二員

兵部

正官

尚書一員　左右侍郎各一員

屬官司馬職方駕部庫部

郎中各一員　員外郎各一員

首領官司馬等四部　主事各二員

司務四員

所屬衙門

典牧所

提領一員　大使一員

副使一員　典史一員

會同館

大使一員　副使一員

大勝關

大使一員　副使一員

刑部

正官

尚書一員　左右侍郎各一員

屬官浙江等十二部
郎中各一員　員外郎各一員
首領官浙江等十二部　主事各一員
照磨所　照磨一員　檢校一員
司務四員
司獄司　司獄六員

工部
正官
尚書一員　左右侍郎各一員
屬官營虞水屯四部

郎中各一員　員外郎各一員
首領官營部等四部　主事各一員
司務四員
所屬衙門
文思院
大使一員　副使二員
巾帽局
大使一員　副使一員
針工局
大使一員　副使一員

營繕所

所正二員　所副二員

所丞二員

皮作局

大使一員　副使二員

顏料局　大使一員

寶源局

大使一員　副使一員

鞍轡局

大使一員　副使一員

軍器局

大使一員　副使二員

龍江提舉司

提舉一員　副提舉二員

典史一員

龍江抽分竹木局

大使一員　副使二員

大勝港抽分竹木局

大使一員　副使二員

都察院

正官

左右都御史二員　左右副都御史二員

左右僉都御史四員

首領官　經歷一員　都事一員

屬官浙江等十二道

監察御史六十員

司務四員

司獄司　司獄六員

通政使司

正官

通政使一員　左右通政二員

左右叅議二員

首領官　經歷一員　知事一員

中書舍人二十員

吏科

都給事中一員　左右給事中二員

給事中四員

戶科

都　事中一員　左右給事中二員

給事中八員

禮科

都給事中一員　左右給事中二員

給事中六員

兵科

都給事中一員　左右給事中二員

給事中十員

刑科

都給事中一員　左右給事中二員

給事中八員

工科

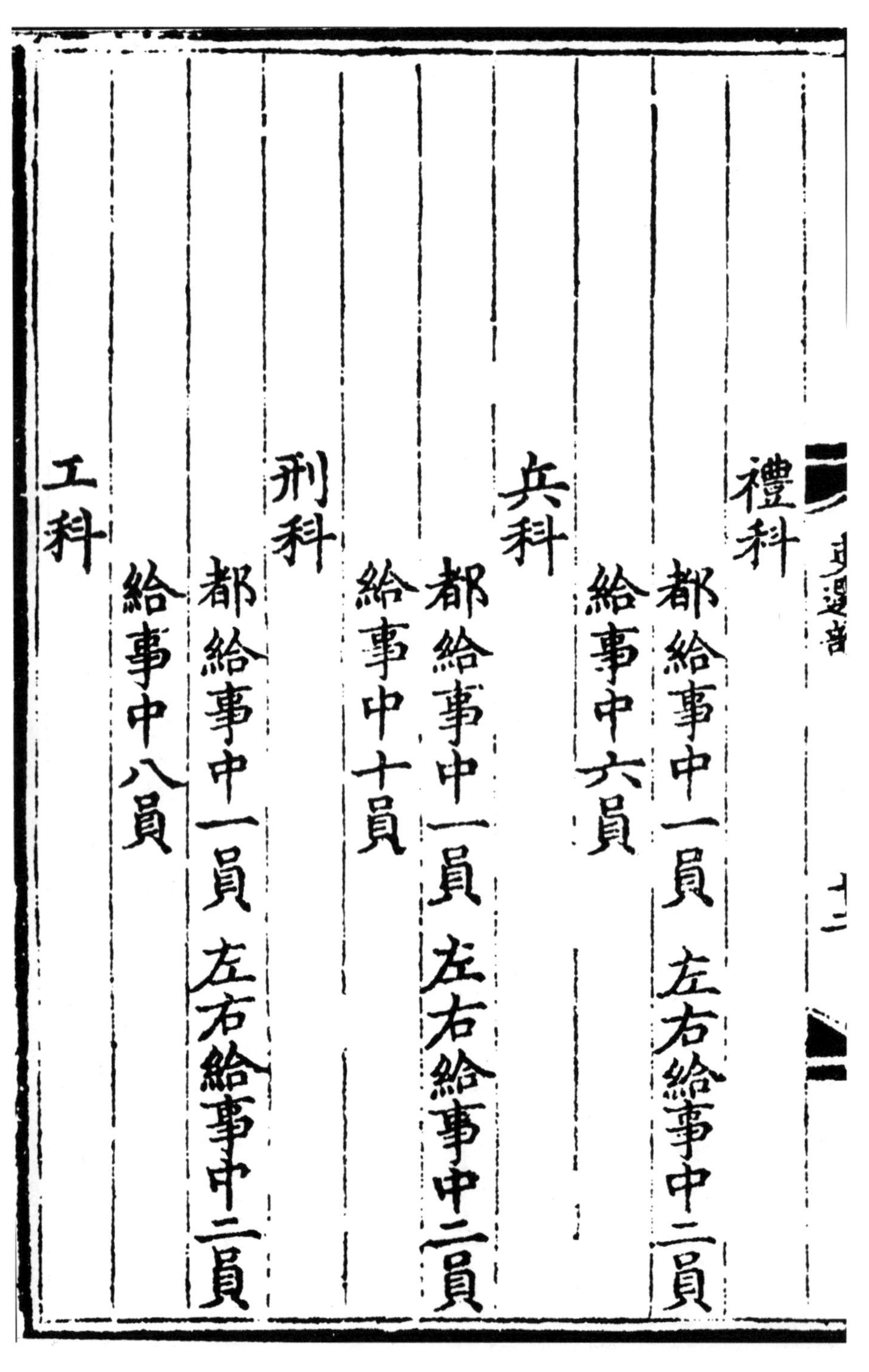

都給事中一員　左右給事中二員

給事中四員

承天門待詔一員

閣門使四員

觀察使十員

太常司

正官

卿一員　少卿二員　司丞二員

首領官

典簿二員

屬官

博士二員　協律郎二員
贊禮郎六員　司樂二員

天地壇祠祭署
奉祀一員　祀丞一員

山川壇籍田祠祭署
奉祀一員　祀丞一員

祖陵祠祭署
奉祀一員　祀丞一員

皇陵祠祭署
奉祀一員　祀丞一員

楊王墳祠祭署
奉祀一員　祀丞一員

徐王墳祠祭署

奉祀一員　祀丞一員

大理寺

正官

卿一員　左右少卿二員

左右寺丞二員

屬官左右二寺

左右寺正二員　左右寺副四員

左評事四員　右評事八員

司務二員

應天府

正官

府尹一員　府丞一員

治中一員　通判一員

推官一員

首領官　經歷一員　知事一員

所屬衙門

上元江寧二縣

知縣各一員　縣丞各一員

主簿各一員　典史各一員

儒學　教授一員

陰陽學　正術一員

醫學　正科一員

司獄司　司獄一員

江東巡檢司

巡檢一員

都稅司

大使一員　副使一員

龍江宣課司

大使一員　副使四員

聚寶門宣課司

大使一員　副使二員

太平門稅課司

大使一員　副使一員

秣陵鎮巡檢司　巡檢一員

織染局

大使一員　副使一員

龍江稅課局

大使一員　副使一員

龍潭稅課局

大使一員　副使一員

大勝驛丞一員

江東驛丞一員

龍江水馬驛丞一員

龍江遞運所

大使一員　副使一員

批驗茶引所大使一員

龍江裏外河泊所官二員

石灰關

大使一員　副使一員

龍江關

大使一員　副使四員

光祿司

正官

卿一員　少卿二員　司丞二員

首領官　典簿二員　録事二員

屬官

大官珎羞良醞掌醢四署

署正各一員　署丞各四員

監事各四員

司牲司

大使一員　副使一員

太僕寺

正官

卿一員　少卿二員　寺丞四員

首領官

主簿一員

所屬衙門

各牧監

監正各一員　監副各一員

録事各一員

各群

群長各一員

國子監

本監

祭酒一員　司業一員　監丞二員

典簿一員

屬官

博士五員　助教一十五員

學正一十員　學録七員

典籍一員　掌饌二員

中都國子監

本監

祭酒一員　司業一員　監丞二員
典簿一員
屬官
博士一員　助教二員　學正一員
學録一員　掌饌一員
華蓋殿大學士
武英殿大學士
文華殿大學士
文淵閣大學士　東閣大學士
左右春坊

大學士各一員　左右庶子各一員

左右諭德各一員　左右中允各二員

左右贊善各二員　左右司直郎各二員

司經局

洗馬二員　校書二員　正字二員

翰林院

正官

學士一員　侍讀學士二員

侍講學士二員

首領官　孔目一員

屬官
侍讀二員　侍講二員　博士五員
典籍二員　侍書二員　待詔六員
史官
脩撰三員　編脩四員　檢討四員
尚寶司
卿一員　少卿一員　司丞三員
欽天監回回監
正官
監正各一員　監副各二員

首領官　主簿各一員

屬官

春夏中秋冬官各一員

五官靈臺郎各八員

五官保章正各二員

五官挈壺正各二員

五官監候各三員

五官司曆各二員

五官司辰各八員

漏刻博士各六員

太醫院

正官

院使一員　院判二員

首領官　吏目一員

屬官　御醫四員

所屬衙門

惠民局

大使一員　副使一員

生藥庫

大使一員　副使一員

左右中前後五軍都督府經歷司

經歷各一員　都事各一員

五軍都督府斷事官

正官

斷事官一員　左右斷事官二員

首領官　提控案牘二員

司務二員

司獄司　司獄一員

屬官左右中前後五司

稽仁各一員　稽義各一員

稽禮各一員　稽智各一員

稽信各一員

中東西南北城五兵馬指揮司

正官

指揮各一員　副指揮各四員

首領官　吏目各一員

各衛

經歷司　知事各一員

倉　副使

留守中等衛各門千戶所

吏目各一員

牧馬千戶所吏目一員

僧録司

左右善世二員　左右闡教二員

左右講經二員　左右覺義二員

道録司

左右正一二員　左右演法二員

左右至靈二員　左右玄義二員

神樂觀

提點一員　知觀一員

在外

各布政使司

正官

左右布政使各一員　左右參政各一員

左右參議各一員

首領官

經歷各一員　都事各一員

照磨所

照磨一員

理問所

理問各一員　副理問各一員

提控案牘各一員

所屬衙門

庫雜造掌器寶泉織染局

大使各一員　副使各一員

陝西四川茶馬司

大使各一員　副使各一員

廣西裕民司雲南滇池魚課司

大使各一員　副使各一員

各府

正官

知府各一員　同知各一員

通判各一員　推官各一員
首領官　經歷各一員　知事各一員
所屬衙門
司獄司　司獄各一員
儒學　教授各一員
倉税課司雜造織染局税課分司
大使　副使
府州縣巡檢司　巡檢各一員
陰陽學　正術各一員
醫學　正科各一員

僧綱司

都綱各一員　副都綱各一員

道紀司

都紀各一員　副都紀各一員

府州縣水馬驛　驛丞

府州縣遞運所　大使

府州縣河泊所　所官

各州若不及三十里長本所屬縣分者裁減同知無所屬縣分者裁減同知判官

正官

知州各一員　同知各一員

判官各一員

首領官吏目各一員

所屬衙門

儒學　學正各一員

陰陽學　典術各一員

醫學　典科各一員

各處稅課局茶課司　大使　副使

長淮廣濟二關

大使各一員　副使各二員

各處鐵冶批驗茶鹽引所　大使

各處閘壩　閘官　壩官

州縣倉　大使　副使

僧正司　僧正各一員

道正司　道正各一員

各縣若不及二十里長者裁減縣丞主簿

正官

知縣各一員　縣丞各一員

主簿各一員

首領官典史各一員

所屬衙門

儒學　教諭各一員
陰陽學　訓術各一員
醫學　訓科各一員
僧會司　僧會各一員
道會司　道會各一員
四川阜民司福建銀屏山銀場
　大使各一員　副使各一員
陝西司竹局　大使二員
各按察司
　正官

按察使各一員　副使各二員

僉事員數不等

首領官　經歷各一員　知事各一員

司獄司　司獄各一員

各鹽運使司

正官

運使各一員　同知各一員

副使各一員　判官員數不等

首領官　經歷各一員　知事各一員

各鹽課提舉司

正官
提舉各一員　同提舉各一員
副提舉員數不等
首領官吏目各一員
各煎鹽提舉司
正官
提舉一員　同提舉一員
副提舉一員
首領官典史一員
各鹽運司提舉司所屬鹽課司倉庫

大使　副使

中都留守司并各都指揮使司經歷司

經歷各一員　都事各一員

中都留守司并各都指揮使司斷事司

斷事各一員　副斷事各一員

吏目各一員

各衛經歷司　知事各一員

各守禦千戶所吏目各一員

王府官

長史司

正官　左右長史各一員
首領官典簿各一員
屬官
審理所
審理正各一員　審理副各一員
典膳所
典膳正各一員　典膳副各一員
奉祠所
奉祠正各一員　奉祠副各一員
典樂各一員

典寶所

典寶正各一員　典寶副各一員

紀善所

紀善各二員

良醫所

良醫正各一員　良醫副各一員

典儀所

典儀正各一員　典儀副各一員

引禮舍人各三員

各倉庫

大使各一員　副使各一員

宣慰使司

正官

宣慰使各一員　同知各一員

副使各一員　僉事各一員

經歷司

經歷各一員　都事各一員

宣撫司

正官

宣撫各一員　同知各一員

副使各一員　僉事各一員

經歷司

經歷各一員　知事各一員

安撫司

正官

安撫各一員　同知各一員

副使各一員　僉事各一員

首領官　知事各一員

招討

正官

招討　副招討
首領官　吏目
長官司
正官
長官　副長官
首領官　吏目
蠻夷官司
長官　副長官
蠻夷官
苗民官

千夫長

千夫長　副千夫長

百夫長

軍民萬戶府經歷司

經歷一員　知事一員

吏

在京衙門該設吏典

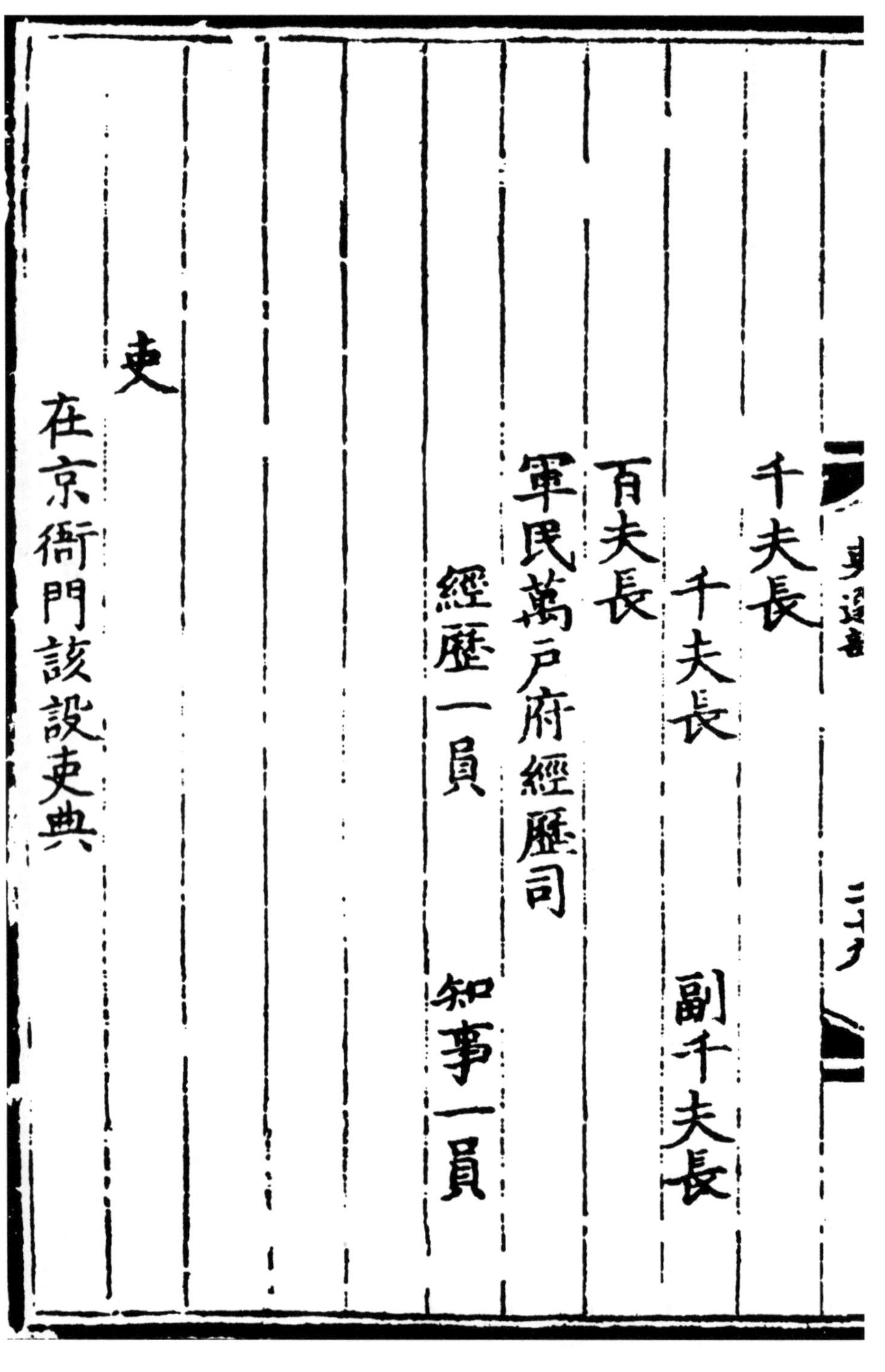

宗人府
提控　典吏
中軍都督府
提控　掾史　典吏
門吏　承發　架閣庫典吏
掌關防文簿典吏
左右前後軍都督府
提控　掾史　典吏
承發　架閣庫典吏
掌關防文簿典吏

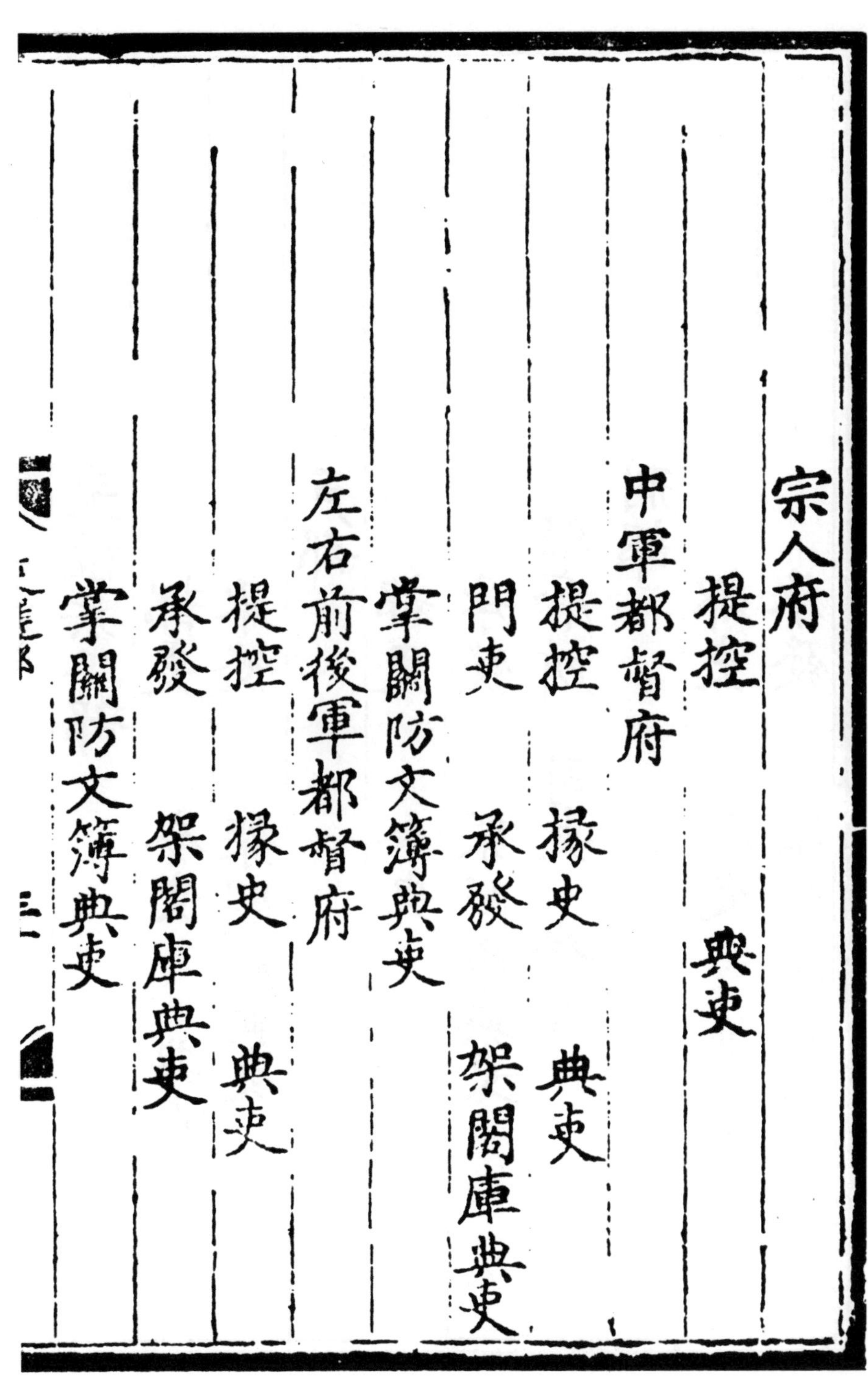

吏禮兵工部

都吏　令史　典吏

承發　架閣庫典吏

戶部

都吏　令史　典吏

承發　架閣庫典吏

照磨所　司吏　典吏

刑部

都吏　令史　典吏

承發　架閣庫典吏

掌簿籍典吏

照磨所　司吏　典吏

都察院

都吏　令吏　典吏

看奏本典吏　承發　巡按書吏

十二道

書吏　典吏　承發

通政使司

令吏　典吏

大理寺

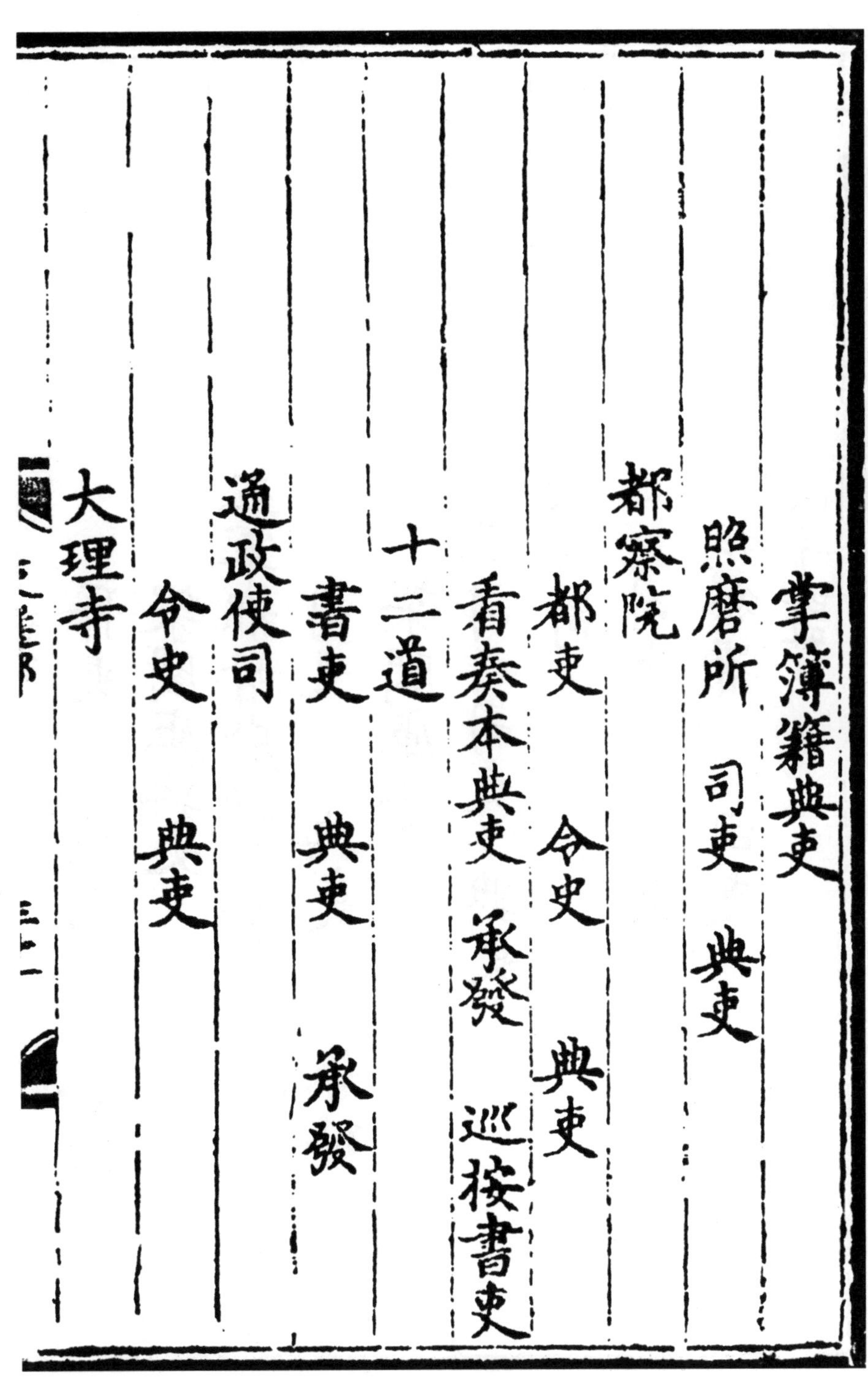

胥吏　典吏　承發

架閣庫典吏

五軍都督府斷事官

司吏　典吏　承發

架閣庫典吏

五司　司吏　典吏

太常司

司吏　典吏

祠祭署　司吏

國子監

司吏　典吏

典簿廳　典吏

光祿司

令史　典吏

大官等署　司吏　典吏

司牲司　司吏

王府典膳所　司吏

太醫院

司吏　典吏

惠民局　司吏

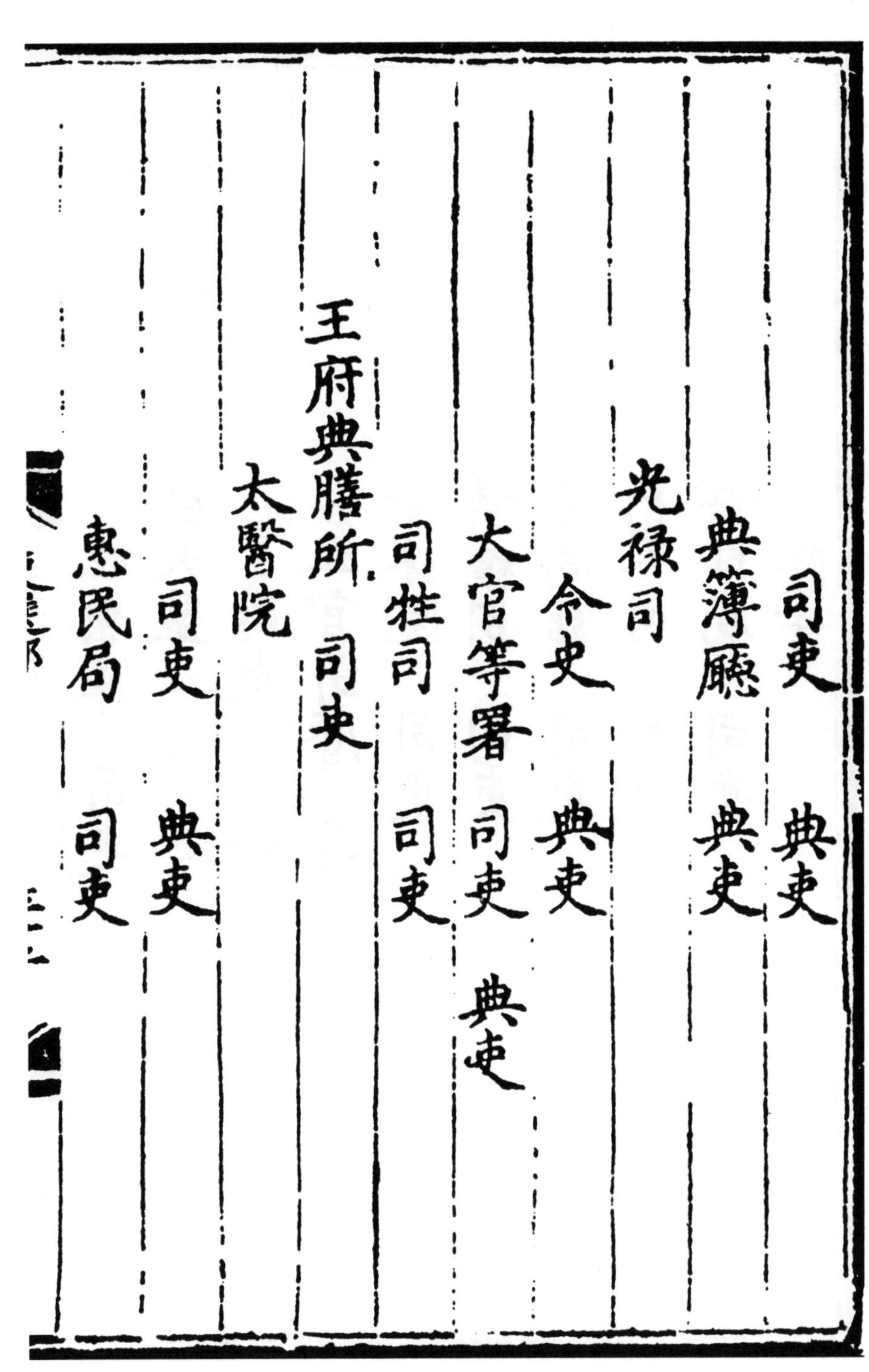

生藥庫　司吏

欽天監

司吏　典吏

五官司曆　司吏

翰林院　司吏

儀禮司　司吏

會同館　司吏

行人司　司吏

鑄印局　司吏

太僕寺

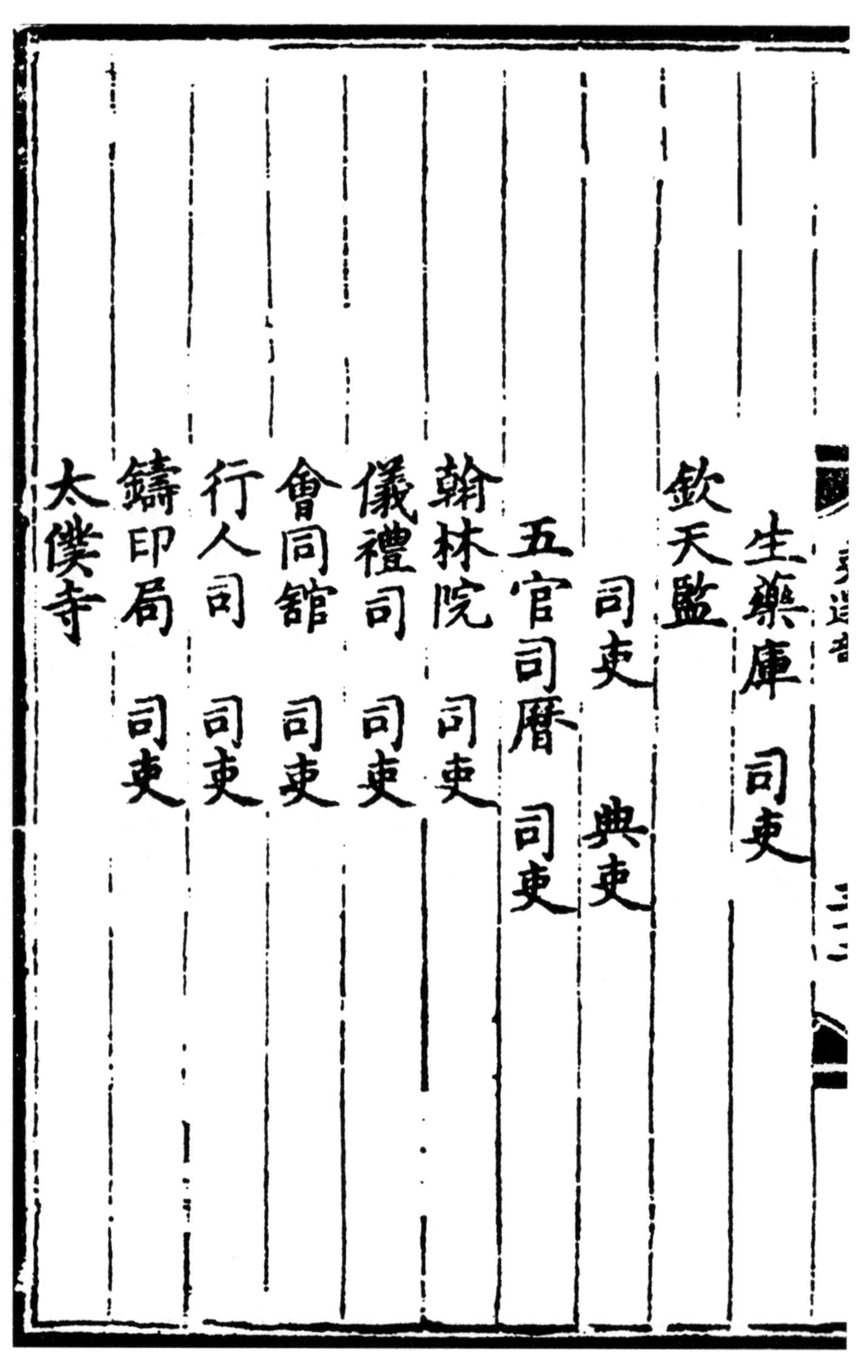

令史　典吏

各牧監司吏

各群　司吏

應天府

令史　典吏　承發

經歷司典吏　司獄司司獄典

上元縣

司吏　典吏　鋪長

江寧縣

司吏　典吏　承發

書狀　鋪長
本府儒學　司吏
顔料局　司吏
龍江遞運所　司吏　典吏
龍江龍潭稅課局　司吏　攢典
都稅司　司吏　典吏
聚寶門龍江宣課司　司吏　攢典
太平門稅課司　司吏　攢典
織染局　司吏　典吏
秣陵鎮等巡檢司　司吏

東陽等驛　驛吏

龍江石灰山大勝關　司吏

東西南北城中兵馬司

司吏　典吏

甲乙丙丁戊字贓罰廣惠承運廣積庫

司吏　攢典

寶鈔提舉司　司吏　典吏

抄紙印鈔局　司吏　典吏

軍儲倉　攢典

龍江鹽倉批驗所批驗茶引所　攢典

典牧所　司吏

司牧局　司吏

牧馬千戶所金駝群養馬看山百戶所

司吏

午門端門承天門東上門東中門東安門西上門西

中門西安門北上門北中門北安門　門吏

軍器局　司吏

龍江提舉司　司吏

營繕所文思院　司吏　典吏

巾帽針工局　攢典

龍江大勝港抽分竹木局　司吏

寶源皮作鞍轡局　司吏　典吏

錦衣衛

令史　典吏　承發

千戶所百戶所　司吏

鎮撫司　司吏　典吏　倉攢

鞍轡火藥局　司吏

草場柴場所　司吏

王府儀衛司　司吏

金吾前衛

令史　典吏

衛鎮撫司　司吏　所鎮撫司　司吏

千戶所撥守大理等旗軍所草場所司吏

羽林左右府軍府軍左右前後旗手神

策驍騎右鎮南虎賁右水軍右

龍驤天策豹韜興武鷹揚江陰

十九衛

令史　典吏

千戶所　司吏　鎮撫司　司吏

倉攢典　柴草場　司吏

留守中虎賁左廣洋三衛
令史　典吏
千戸所　司吏　衛鎮撫司　司吏
所鎮撫司　司吏　倉攢典
應天和陽留守左右水軍左龍虎武德
横海龍江九衛
令史　典吏
千戸所　司吏　鎮撫司　司吏
倉攢典
瀋陽左右留守前後英武蒙古右六衛

令史 典吏

千戶所 司吏 鎮撫司 司吏

廣武衛

令史 典吏

千戶所 司吏 倉攢典

飛熊衛

令史 典吏

千戶所 司吏

蒙古左衛

令史 典吏

千百戶所　司吏　鎮撫司　司吏

倉攢典

在外衙門該設吏典

各布政司

通吏　令史　典吏　承發

架閣庫　典吏　庫攢典

經歷司　典吏

理問所　司吏　典吏

各府

司吏　典吏　承發

經歷司　典吏　司獄司　獄典

各州縣

司吏　典吏　承發

各府州縣儒學　司吏

各府州縣稅課司局　司吏　攢典

各府州縣倉　攢典

各府庫　攢典

各遞運所　司吏　典吏

各水馬驛　驛吏

各巡檢司　司吏

按察司
書吏　典吏　承發
經歷司　典吏　司獄司　典吏
架閣庫　典吏
鹽運司
書吏　典吏　承發
經歷司　典吏　鹽倉攢典
批驗所　攢典　庫攢典
鹽課提舉司
司吏　典吏

鹽課司　司吏

各都指揮使司

令史　典吏　承發

經歷司　典吏　架閣庫　典吏

斷事司　司吏　典吏

各衛

令史　典吏

千戶所　司吏　鎮撫司　司吏

各守禦千戶所　司吏

還職役官吏人監生員

凡在京各衙門送到還職官員俱憑來文隨即附簿查對缺冊如未作缺者立案類寫手本赴吏科給憑已作缺未除官者立案給憑就連送付缺科銷缺司勳績黄作缺已除官者見送官員若照欽定事例戴罪還職者立案給憑赴任仍將新官類奏取回或就彼調用若不係戴罪還職先已除官代替者不必發回就令備供脚色過名查

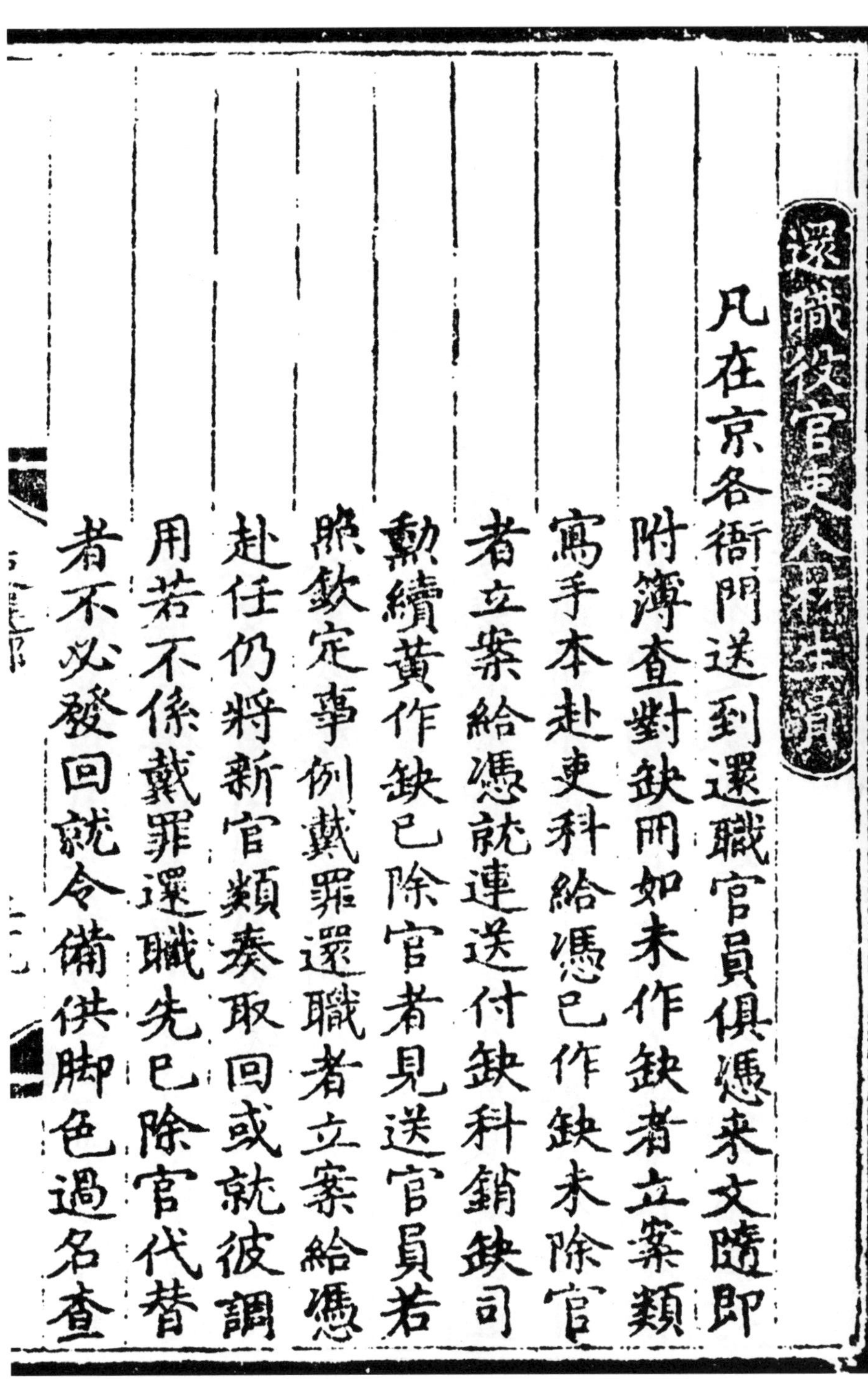

考類選別用但有過名紀錄的決并戴罪者俱付考功紀錄司勲附黄還役吏送赴司封轉發還役人材生員人等咨發原該衙門收管辦事

給假

凡内外官吏給假省親遷葬者須要具奏俱量地遠近附簿定限行移應天府給引照回仍行體勘至期各還職役不在作缺之數如違限日久不到者就行提問

司封部

郎中員外郎主事掌邦之封爵

封爵

見封

一凡公侯伯子男見職授封者必須隨即奏請
封號爵祿等級及駙馬婚禮俱用具
奏給授
誥命劄付翰林院撰文具手本送中書舍人書寫尚寶
司用

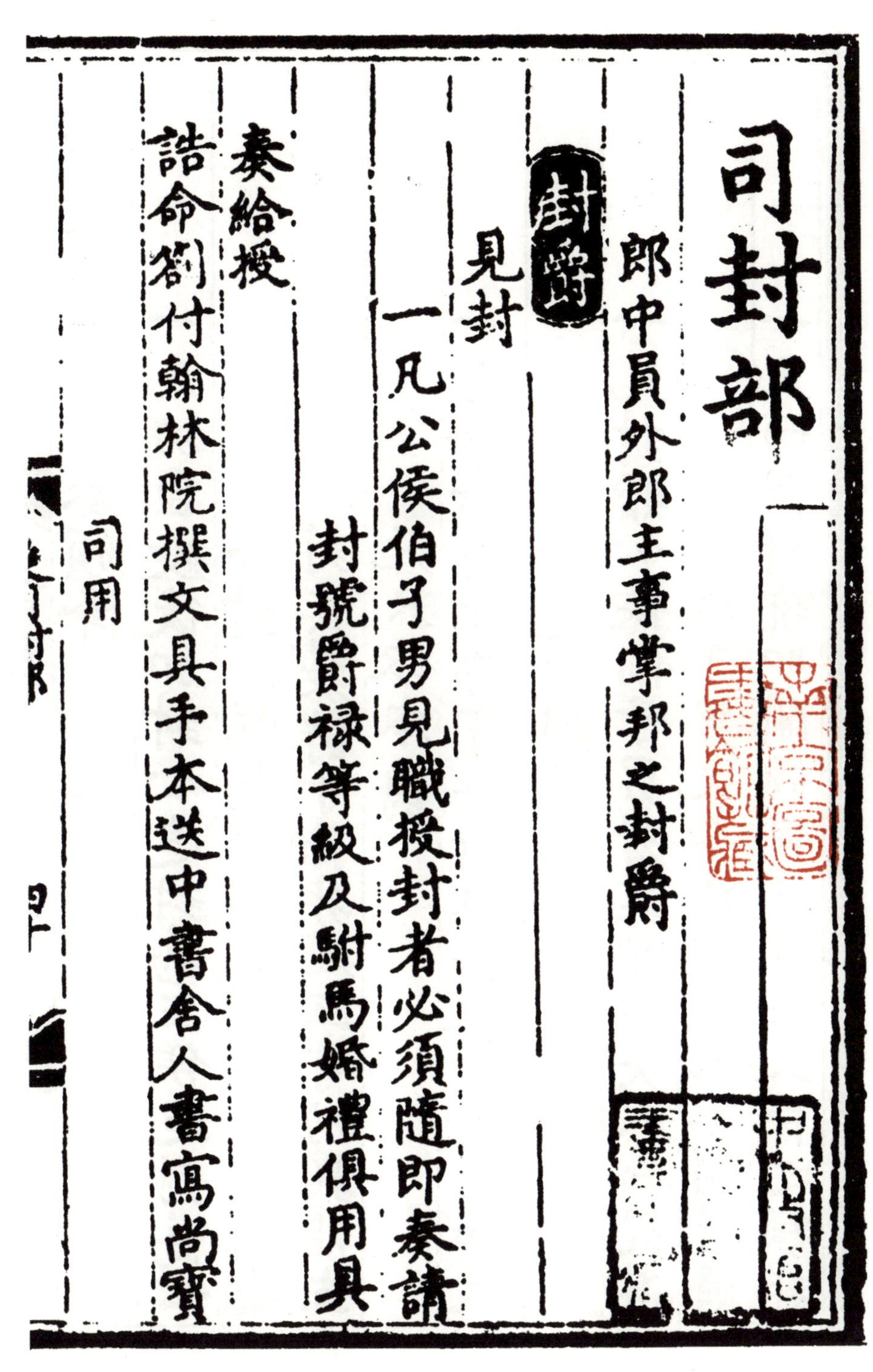

寳完備擇日具奏頒降

一凡功臣歿後加封公追封爲王侯追封爲公合封三代者照依追贈封爵一體追封其襲爵子孫非建立奇功異能生死只依本爵

一凡命婦因子孫官爵封母幷祖母者並加太字追封則不用

一凡封贈公侯伯子男者其公侯夫人各從其爵伯子男夫人止封夫人不須用爵

一凡功臣封號如開國輔運守正文臣之類非

特奉
聖旨不與
凡見封公侯伯子男封贈三代并妻室合依
欽定事例各依見授名爵照例封贈
封贈三代
公
父祖父曾祖父各封其國公
母祖母曾祖母各封其國夫人
本官妻封其國夫人
侯

父祖父曾祖父各封其侯
母祖母曾祖母各封其侯夫人
本官妻封其侯夫人
伯子男同

襲封

凡受封官身死須以嫡長男承襲如嫡長男事故則嫡孫承襲如無嫡子嫡孫以嫡次子孫承襲如無嫡次子孫方許庶長子孫承襲不許攙越仍用具

奏給授

誥命劄付翰林院撰文具手本送中書舍人書寫尚寶
司用
寶完備具奏頒降及孔氏襲封衍聖公如之其湖廣四
川雲南廣西土官承襲務要本司委
官體勘別無爭襲之人明白取具宗
支圖本其官吏人等結狀呈部具奏
照例承襲移付選簿附選司勳貼黃
考功附寫行止類行到任見到者關
給劄付頒給

誥勑

封贈

加贈

凡文職官一品至五品武職官一品至六品照
依生前散官果有功蹟合加封者例
與加贈

追封

一凡公侯一品贈三代二品三品贈二代四品
至七品贈父母妻室
一凡文官一品至七品止封散官職事其合封
三代二代幷父母及妻者照依子孫

見授職事照例封贈

一凡封贈文官散官如上階特進光祿大夫光祿大夫之類非特奉

聖旨者不與

一凡文官應封贈祖父母父母妻室者照依欽定資格一品贈三代二品三品贈二代四品至七品贈一代各照見授職事依例封贈

正一品至從七品曾祖父祖父父各照見授職事對品封贈

正從一品曾祖母祖母母妻各封贈夫人
正從二品祖母母妻各封贈夫人
正從三品祖母母妻各封贈淑人
正從四品母妻各封贈恭人
正從五品母妻各封贈宜人
正從六品母妻各封贈安人
正從七品母妻各封贈孺人
一凡遇前項封贈依例具本奏
聞吏科給事中置立文簿附寫各該封贈爵職欽用
勅符御寶本部抄録具印信手本送中書舍人書寫

誥勅其文職官員申請封贈本部行移保勘如果於例
相應然後照例施行
一凡文官一品至七品止封贈襲官職事其合
封一代二代三代者俱照見授職事
父母見任者不封已致仕并不在任
者封之能在任棄職就封者聽
一凡諸子應封父母嫡母在所生之母不得封
嫡母亡得並封若所生母未封贈不
得先封其妻
一兩子當封從一高者婦人因其子封贈而夫

子兩有官亦從一高者

一應封妻者止封正妻一人如正妻生前未封已歿繼室當封者正妻亦當追贈其繼室止封一人

一凡命婦因子孫品級封母并祖母者並加太字若已亡歿或曾祖祖父在者不加

一凡正從七品至正從六品止封一次陞至正從五品封贈一次陞至正從三品封贈一次陞至正從二品封贈一次陞至正從一品封贈一次

一凡曾祖父母祖父母父母曾犯十惡姦盜除
名等罪及例所封妻不是以禮娶到
正室或係再醮倡優婢妾並不許申請
一凡諸職官曾受贓不許申請封贈之後但犯
取受之贓並行追奪其祖父原有官
進一階非因子封贈者不在追奪之例
一凡婦人因夫子得封者不許再嫁如不遵守
將所授
誥敕追奪斷罪離異
一凡在京官四品以上試職實授頒給

誥命取自
上裁已給
誥命者亦須一考滿方許封贈五品以下官初到任試
職一年後考覈堪用者與實授仍具奏
頒給
誥勅不堪用者不與已給
誥勅者亦須一考方許封贈
一凡在外官員三年為一考稱職者頒給
誥勅再考稱職聽請封贈其有才能卓異之人出自
特恩者不拘此例

廕叙

一凡用廕者以嫡長子如嫡長子有廢疾立嫡長子之子孫曾玄同如無立嫡長子同母弟曾玄同如無立繼室所生如無立次室所生如絶嗣者傍廕其親兄弟各及子孫如無傍廕伯叔及其子孫

一凡用廕者孫降子曾孫降孫及傍廕者皆於合叙品從降一等

一凡職官子孫廕叙正一品子正五品叙從一

品子從五品敘正二品子正六品敘從二品子從六品敘正三品子正七品敘從三品子從七品敘正四品子正八品敘從四品子從八品敘正五品子正九品敘從五品子從九品敘正六品子於未入流品相應上等職事內敘從六品子於未入流品中等職事內敘正七品子於未入流品下等職事內敘

一凡職官用廕各止一名年及二十五以上須

試本經或四書能通大義其有不通
者發還習學再試
一凡廕官各具父祖歷仕緣由去任身故歲月
幷所授
誥勑彩畫宗文指實該承廕人姓名年甲本處官司體
勘房親揭照籍冊別無詐冒及無廢
疾過犯等事上司審驗相同保結申
覆令親賫文解赴部
一凡廕叙其遠方地面官員宜照原籍於附近
布政司所轄去處銓用

誥勅

一公侯一品至五品皆授以
誥命六品至九品皆授以
勅命婦人誥勅同夫品級
一公侯誥用玉軸一品官同伯子男誥用犀軸
二品官同三品四品官用抹金軸五
品以下用角軸
一在京官四品以上試職實授須給
誥命取自
上裁五品以下官初任試職一年後考覈堪用者與實授

頒給誥勑已入流倉官不須試職候

一年任滿給與勑命守支未入流品

官員俱與實授不給勑命在外官員

三年為一考稱職者頒給誥勑陞除

官員合與實授者於本任內歷事一

年後方可出給誥勑若有才能卓異

之人出自

特恩者不拘此例欽天監翰林院太醫院正官頒給誥

勑取自

上裁本部遇有應給誥勑官員具本奏

聞仍具印信手本開寫合授散官并年籍脚色送中書舍人候書寫完備本部具印信手本送

尚寶司於

御前用

寶訖具奏

御前頒給其有追奪爲事官員誥勑具本奏繳

内府會同吏科給事中中書舍人於勘合底簿内附寫爲事緣由眼同燒毁

散官

一自榮祿大夫至將仕佐郎凡九等十八級所

除官員合得散官照依定制奏
聞給授及選部付到在京各衙門實授官員及考功考
過試職一年堪用并三年稱職者合
得初授陞授散官具奏行移該衙門
轉行給授
一凡白身人入仕并雜職人等初入流者與對
品初授散官任内歷俸三年初考稱
職與陞授散官又歷俸三年再考功
績顯著方與加授散官若考覈平常
者止與初授其任内未經初考遷調

改除者仍照見授職事與初授散官已經初考合得陞授遷調改除仍係本等品級者照見授職事與陞授散官若陞等者止與對品初授或有已得陞授未經再考遷調改除仍係本等品級者照見授職事與陞授散官已經再考合得加授遷調改除仍係本等品級者與加授散官若陞等者止與對品初授其有先曾歷仕二品三品等職今次降用若係有罪及闕

茸不稱職貶降者照依見授職事與初授散官若量才任使不係貶降但令授職事比與原授降等其原授散官誥勅仍舊者亦照見授職事與對品初授散官俱於三年之後照例陞授其加贈一節考驗本人生前功蹟合得加授者照例給與

正一品 初授特進榮祿大夫
陞授特進光祿大夫

從一品 初授榮祿大夫
陞授光祿大夫

正二品 初授資善大夫
陞授資政大夫
加授資德大夫

從二品 初授中奉大夫 陞授通奉大夫 加授正奉大夫

正三品 初授嘉議大夫 陞授通議大夫 加授正議大夫

從三品 初授亞中大夫 陞授大中大夫 加授太中大夫

正四品 初授中順大夫 陞授中憲大夫 加授中議大夫

從四品 初授朝列大夫 陞授朝議大夫 加授朝請大夫

正五品 初授奉議大夫 陞授奉政大夫

從五品 初授奉訓大夫 陞授奉直大夫

正六品 初授承直郎 陞授承德郎

從六品 初授承務郎 陞授儒林郎儒士出身 宣德郎吏才幹出身

正七品 初授承事郎 陞授文林郎儒士出身 宣義郎吏才幹出身

從七品 初授從仕郎 陞授徵仕郎

正八品 初授迪功郎 陞授脩職郎

從八品 初授迪功佐郎 陞授脩職佐郎

正九品 初授將仕郎 陞授登仕郎

從九品 初授將仕佐郎 陞授登仕佐郎

吏役

凡在外各衙門送到考滿吏典於在京對品衙門內用在京各衙門考滿吏典照依資格陞用無缺借用仍支合得俸栽革減併吏對品衙門用借撥者支前

役俸農吏罷閑官生員監生承差為事充吏遇缺撥用各支本等俸其五品以下衙門吏典該與俸米食米者照例支給若罷閑永充截替市井吏遇缺量度撥用止支九品衙門司吏俸一石工滿并為事斷發吏遇缺撥用月支食米五斗每月通類行移各衙門收役并勾取在逃吏自首行勾日淺未曾撥補准首仍送著役若及日久窺伺撥補避難及已移文原籍

勾解者俱送刑部問罪仍發本部聽用若各衙門退回奸猾託稱不諳吏事舊吏照地方發邊遠充軍為事還役吏典在京者行移各該衙門收役在外者劄付應天府給引轉發著役

勘合

凡本部四子部付到合行各布政司并直隸府州事件通類具手本赴吏科關填勘合仍附寫底簿開列前件以憑回銷

皂隸

凡本部額設皂隸照依原定則例分撥根官聽差如有事故行移兵部照缺取補

到任須知

凡除授官員於吏部給憑就行關領到任須知前去本衙門到任務要照依須知內條欵事例逐一遵守施行毋得視為文具

司勳部

郎中員外郎主事掌邦國官人之勳級

勳級

文勳

凡文職官員一品至五品應合授勳者照依散官定擬奏

聞給授

正一品左柱國 右柱國　從一品柱國

正二品上卿 正治 卿　從二品正治卿

正三品資治尹　從三品資治少尹

正四品贊治尹　從四品贊治少尹

正五品脩正庶尹　從五品協正庶尹

武勳

凡武職官員一品至六品應合授勳者照依散官定擬奏聞給授

正一品左柱國右柱國　從一品柱國

正二品上護軍　從二品護軍

正三品上輕車都尉　從三品輕車都尉

正四品上騎都尉　從四品騎都尉

正五品驍騎尉　從五品飛騎尉

正六品雲騎尉　從六品武騎尉

資格

官

正一品

宗人府宗人令　左右宗正　左右宗人

正二品

六部尚書　都察院左右都御史

襲封衍聖公　真人

從二品　左右布政使

正三品

六部侍郎　左右副都御史　通政使

大理寺卿　太常司卿　應天府尹　按察使

從三品

光祿司卿　太僕寺卿　鹽運使

布政司左右叅政　宣慰使

正四品

左右僉都御史　太理寺少卿　左右通政

太常司少卿　太僕寺少卿　應天府丞

宣慰司同知　按察司副使　各府知府

從四品

國子監祭酒　中都國子監祭酒

布政司左右參議　鹽運司同知

宣慰司副使　宣撫司宣撫

正五品

翰林院學士　左右春坊大學士　尚寶司卿

華蓋殿大學士　六部郎中　應天府治中

武英殿大學士　欽天監回回監正　左右春坊左右庶子

文淵閣大學士　通政司左右參議　光祿司少卿

東閣大學士　太醫院使　大理寺左右寺丞
文華殿大學士　五軍都督府斷事官　各府同知
王府長史司左右長史　宗人府經歷
按察司僉事　宣慰司僉事　宣撫司同知

從五品

五軍都督府經歷　左右斷事官
左右春坊左右諭德　六部員外郎
尚寶司少卿　翰林院侍讀學士侍講學士
司經局洗馬　各州知州　鹽運副使
鹽課提舉司提舉　招討司招討

宣撫司副使　安撫司安撫

正六品

尚寶司丞　六部主事　太常司丞

欽天監回回監副　太僕寺丞　京縣知縣

太醫院判　閤門使　兵馬司指揮

王府審理正　翰林院侍讀侍講　國子監司業

中都國子監司業　欽天監回回監五官正

大理寺左右寺正　左右春坊左右中允

都察院經歷　神樂觀提點

僧録司左右善世　道録司左右正一

中都留守司經歷　斷事　各府通判
都司經歷　斷事　長官司長官　副招討
宣撫司僉事　安撫司同知　應天府通判

從六品

大理寺左右寺副　左右春坊左右贊善
左右春坊左右司直郎　翰林脩撰
光祿司丞　應天府推官　光祿司各署正
僧錄司左右闡教　道錄司左右演法
鹽運司判官　布政司經歷　理問所理問
各州同知　鹽課提舉司同提舉

安撫司副使　長官司副長官

五軍都督府都事　監察御史

正七品

太常司博士　典簿　京縣丞　通政司經歷

大理寺左右評事　兵馬副指揮　都察院都事

營繕所正　翰林院編脩　按察司經歷

五軍斷事官五司　稽仁　稽義　稽禮　稽智　稽信

王府審理副　煎鹽提舉司提舉　都司都事

都司副斷事　各府推官　各縣知縣

中都留守司都事　副斷事　安撫司僉事

蠻夷官司長官

從七品

中書舍人　太僕寺主簿　應天府經歷

光禄司典簿　各署丞　翰林院檢討

太常司各處祠祭等署奉祀　各州判官

欽天監回回監五官靈臺郎　鹽運司經歷

鹽課提舉司副提舉　布政司都事

宣慰司經歷　理問所副理問

蠻夷官司副長官

正八品

六科都給事中　各衛知事　通政司知事
京縣主簿　國子監丞　户刑部照磨
中都國子監丞　寶鈔龍江提舉司提舉
欽天監回回監主簿　五官保章正
太常司協律郎　典牧所提領　太醫院御醫
僧録司左右講經　道録司左右至靈
翰林院五經博士　煎鹽提舉司同提舉
王府典寶正　奉祠正　良醫正　典膳正　紀善
元符宮崇真宮靈官　營繕所副　各府經歷
各縣丞　按察司知事　宣慰司都事

從八品

六科左右給事中　鹽運司幷應天府知事

欽天監回回監五官挈壺正　光禄司録事

各署監事　儀禮司正　翰林院典籍

神樂觀知觀　僧録司左右覺義

道録司左右玄義

王府典膳副　奉祠副　典寶副　良醫副

國子監助教　典簿　博士　宣撫司經歷

太常司各祠祭等署　祀丞　布政司照磨

崇真宫副靈官

正九品

六科給事中　儀禮司左右司副　左右司丞

太常司贊禮郎　各府知事　各縣主簿

國子監學正　行人司正　戶刑部檢校

司經局校書　典牧所大使　各牧監正

欽天監回回監五官司曆　龍江寶鈔提舉司副提舉

王府長史司典簿　典儀正　奉祠所典樂

會同館大使　欽天監回回監五官監候

茶鹽馬司大使　承運庫大使　翰林侍書

寶鈔廣惠庫廣積庫贓罰甲乙丙丁戊字庫大使

皮作鞍轡寶源顏料局大使　應天府織染局大使
文思院大使　煎鹽提舉司副提舉
教坊司奉鑾　宣撫司安撫司知事
營繕所丞

從九品

都稅司大使　國子監學録　典籍
司經局正字　欽天監五官司辰　漏刻博士
各牧監副　儀禮司鳴贊　序班
軍儲倉大使　茶鹽馬司副使
寶鈔廣惠廣積贓罰甲乙丙丁戊字庫副使

宣課司大使　太常司樂　典牧所副使
府學教授　行人司副　會同館副使
府倉大使　各府稅課司大使　軍器局大使
布政司庫寶泉雜造織染軍器局大使
王府典儀副　司牲司大使　承運庫副使
皮作鞍轡寶源局副使　各府織染雜造局大使
翰林院待詔　觀察使　文思院副使
承天門待詔　太醫院吏目　各州吏目
五軍斷事官提控案牘　巡檢　司獄
千戶所吏目　陰陽學正術　醫學正科

僧綱司都綱　道紀司都紀　鹽課提舉司吏目
太平門稅課司大使　教坊司左右韶舞
左右司樂　應天府織染局大使
杭州府城南稅課司大使

未入流

司務　阜民司大使　副使　遞運所大使
河泊所官　關大使　副使　各州學正
各縣典史　教諭　閘壩官　行人司行人
驛丞　群長　國子監掌饌
軍儲倉副使　牧監錄事　府倉副使

州縣衛倉大使　副使　稅課司副使
稅課分司大使　副使　醫學典科　訓科
陰陽學典術　訓術　翰林院孔目
王府引禮舍人　僧綱司副都綱　道紀司副都紀
僧正司僧正　道正司道正　僧會司僧會
道會司道會　斷事司吏目　司牲司副使
都稅司副使　宣課司副使
茶鹽課司大使　副使
鹽運司衛所州庫大使
布政司寶泉軍器織染雜造局副使

廣西慶遠裕民司大使　副使
布政司理問所提控案牘
茶鹽批驗所大使　副使
長史司倉庫大使　副使
巾帽針工局大使　副使
布政司庫副使　司竹局大使
兵馬指揮司吏目　鐵冶所大使
各府織染雜造局副使　長官司吏目
太平門稅課司副使　京衛倉副使
河州衛軍民指揮使司稅課司大使

工部軍器局副使　遼陽稅課司大使
揚州府邵伯瓜洲稅課司大使　副使
青州府樂安稅課司大使
杭州府城南稅課司副使
鹽倉大使　副使　稅課局大使　副使
抄紙局大使　副使　印鈔局大使　副使
鑄印局大使　副使　抽分竹木局大使　副使
生藥庫大使　副使　惠民局大使　副使
銀場局大使　副使

吏

在京

未入流品衙門吏攢滿日於九品衙門吏員內用

九品衙門吏攢滿日於八品衙門司吏七品衙門典吏內用

八品衙門司吏七品衙門典吏滿日於七品衙門書吏六品衙門典吏內用

七品衙門書吏滿日於五品衙門司吏內用

六品衙門司吏滿日於五品衙門司吏內用

五品衙門典吏滿日於五品衙門司吏四品
衙門典吏內用
五品衙門司吏滿日於四品衙門司吏三品
衙門典吏內用
四品衙門典吏滿日於四品衙門司吏三品
衙門典吏內用
四品衙門司吏滿日於三品衙門令史胥史
二品衙門典吏內用
三品衙門典吏滿日於三品衙門令史胥史
二品衙門典吏內用

三品衙門令史胥史滿日於二品衙門令史
一品衙門典吏內用
二品衙門典吏滿日於二品衙門令史一品
衙門典吏內用
二品衙門令史滿日於一品衙門掾史對品
衙門都吏內用都吏滿日於一品衙
門提控內用
一品衙門典吏滿日於對品衙門掾史內用
掾史滿日於對品衙門提控內用
在外大小衙門吏典不許陞轉三十六月考滿

給由赴京聽用

貼黃

凡除授過官員開寫年籍鄉貫住址脚色貼黃

通類具奏赴

内府用寶附貼如有陞調改降官員續附轉貼及本部

選部考功付并各衙門開到官員事

故明白下落緣由通類具奏開揭如

無的確下落行移該衙及原任衙門

照勘明白以憑施行

實寫

凡事故官員照依揭下貼黃於事故冊內類姓
開寫年籍腳色鄉貫住址歷仕俸月
過名及事故下落緣由以憑存照

丁憂

凡內外官吏人等例合丁憂者務要經由本部
京官具奏關給
內府孝字號勘合吏典人等劄付應天府給引照回在
外官吏人等移文知會所在官司給
引回還除祖父母父母承重丁憂外
期年喪服不許守制及移文原籍官

司體勘明白開寫是否承重祖父母
及嫡親父母取具官吏里鄰人等結
罪文狀回報如有詐冒就便解部仍
以聞喪月日為始不計閏二十七月
服滿起復若有過期不行移文催取
到部果無事故在家遷延者咨送法
司問罪

致仕

凡官員年七十以上若果精神昏倦許令親身
赴京面奏如准本部查照相同方許

去官離職

侍親

凡官員父母年七十之上許令移親就祿侍養如果父母老疾去官路遠戶內別無以次人丁者方許親身赴京面奏揭籍定奪及吏員人等父母年老別無人丁者務要經由本部移文體勘是實明白奏准方令離役俱候親終服滿起復赴部聽用

更名復姓

凡官吏人等或年幼過房乞養欲復本姓者經由本部移文原籍官司體勘是實及官幼名改諱具奏改正貼黃仍行知會移咨戶部改附籍册吏員人等幼名改諱者移文本部准改

雜行

官吏俸給

凡本部官吏人等俸給每月初間明白立案及帶支衙門將實支官吏姓名同該支米數造册赴部劄付該部官員放支

仍將實支來數回呈立案

印色

凡本部合用印色支銷盡絶移咨工部轉行該庫放支

紙劄

凡本部合用紙劄移咨刑部於贓罰鈔内關支價鈔買用明白立案開銷以憑稽考

考功部

郎中員外郎主事掌文職官吏之考課

考覈

官

一凡在京六部太常司光禄司通政司大理寺國子監太僕寺欽天監翰林院太醫院儀禮司屬官五軍都督府各衛軍職文官應天府首領官并所屬上元江寧二縣官俱從本衙門正官考覈

應天府五品以下監察御史從都御
史考覈給事中從都給事中考覈
東宮官王府官尚寶司中書舍人都給事中儀禮司
行人司正官從本衙門將該考官員
行過事蹟幷應有過犯備細開寫送
本部考覈欽天監翰林院太醫院正
官都御史試職實授頒給
誥勅取自
上裁其有
特恩實授給與誥勅者不拘此例

一凡在京官初入任者且令試職一年後考覈
堪用者與實授不堪用降黜量材録
用其在任未經考覈試職官遇有調
除仍於本衙門及別衙門本等職事
內用通理月日降除及對品改除者
止理見任月日俱候一年照例考覈
或有為事釋免再任除授者試職照
例考覈
一凡六部五品以下官太常司光祿司通政司
大理寺國子監太僕寺欽天監翰林

院太醫院儀禮司屬官歷任三年聽
於本衙門正官察其行能驗其勤惰
從公考覈明白開寫稱職平常不稱
職詞語送監察御史考覈本部覈考
其在京軍職文官俱從監察御史考
覈各以九年通考其四品以上官員
任滿黜陟取自
上裁其在外有司官員三年考滿給由到京考覈平常稱
職者遇缺借除京官亦以九年通考
若行人司行人以一年為滿從本司

正官考覈分豁稱職不稱職呈送禮
部轉送本部覆考稱職者於從九品
内陞用不稱職者於未入流品官内
叙用有過罰差一年儀禮司序班在
職一年本司考覈堪用不堪用送禮
部轉行本部覆考堪用請
旨實授不堪用黜降若三年考滿俱發監察御史考覈
送本部覆考但係一應京官三年考
滿具奏俱於在京對品内調用

一凡通政司光祿司翰林院尚寶司給事中中

東宮官俱係近侍官員監察御史係耳目風紀之司
書舍人
太醫院欽天監及
王府官不係常選任滿黜陟取自
上裁
一凡在京五品以下官俱令試職俟一年後考
覈定奪比先除授已經試職一年二
年之上及已實授一年二年之上者
一例考覈試職堪任用者與實授及
已實授堪任用者俱給與

誥勑三年考滿許請封贈其試職及已實授而不堪任
用者一體黜降其有經考滿後任者
不必再考頒給
誥勑聽請封贈已入流倉官不須試職候一年任滿給
與
勑命守支未入流品官員俱與實授不給
勑命以上付發司封具奏頒給施行
一凡在外有司府州縣官三年考滿先行呈部
移付選部作缺銓注司勳開黄仍令
給由其見任官將本官任內行過事

蹟保勘覆實明白出給紙牌攢造事
蹟功業文冊紀功文簿稱臣僉名交
付本官親賫給由如縣官給由到州
州官當面察其言行辦事勤惰從實
考覈稱職平常不稱職詞語州官給
由到府府官給由到布政司考覈如
之以上俱從按察司官覆考仍將考
覈覆考詞語呈部直隸府州縣官考
覈如前其府官給由送監察御史考
覈本部覆考類奏以上三年考滿給

由考覈平常稱職者於對品内别用
不稱職正官佐貳官黜降首領官員
充吏役俱以九年通考黜陟其雲南
有司官員任滿給由一體考覈不稱
職者黜降緣係邊方具奏復任九年
通考

一凡各處布政司按察司鹽運司首領官屬官
從本衙門正官考覈按察司首領官
從監察御史考覈其餘衙門並從本
道按察司覆考其茶馬司鹽馬司鹽

課提舉司正官至首領官并在外軍職文官任滿俱送本處布政司正官考覈仍送本處按察司覆考布政司官四品以上按察司鹽運司五品以上俱係正官佐貳官三年考滿給由進牌別無考覈衙門從都察院考覈本部覆考具奏黜陟取自

上裁

一凡內外雜職官三年給由無私過未入流陞從九品從九品陞正九品稅課司局

及河泊所倉庫官先於戶部查理稅課軍器織染雜造等局官送工部查理造作花銷明白送部通類具奏其倉官收粮不及千石者本等用斷折陪納足備者照依品級降用其有私笞者本等用但犯贓私并私罪曾經杖斷未入流降邊遠從九品降未入流不識字者本等用如有學無成效及罷閑生員除授雜職者犯贓私杖罪發在京衙門書寫

一凡各處府州縣學訓導與教官一體歷俸九
年考滿給由其訓導給由到部出題
考試將所試文字送翰林院批考通
經者於縣學教諭內叙用若不通經
旨本處復充訓導自來不通經者量
材別用教官考覈稱職陞一等平常
者本等用不稱職者黜降不通經者
別用若承差考滿無私過於行人內
用其犯私笞杖罪發行人司聽差一
年無過陞用有贓私者發在京衙門

充吏其五軍都督府知印三年考滿
於從八品内陞用六部知印三年考
滿於正九品内陞用

一凡内外入流幷雜職應考官員任滿給由赴
京本部從實考較才能優劣依例黜
陟果有殊功異能超邁等倫者取自
上裁
繁而稱職無過陞二等有私笞公過陞
一等有紀録徒流罪一次本等用二
次降一等三次降二等四次降三等

五次以上雜職内用
繁而平常無過陞一等有私笞公過本等用有紀録徒流罪一次降一等二次降二等三次降三等四次以上雜職内用
簡而稱職與繁而平常同
簡而平常無過本等用有私笞公過降一等有紀録徒流罪一次降二等二次雜職内用三次以上黜降
考覈不稱職初考繁處降二等簡處降

三等若有紀錄徒流罪者俱於雜職
内用
一凡九年之内
二考稱職一考平常從稱職
二考稱職一考不稱職或二考平常一考
稱職或稱職平常不稱職各一考者
俱從平常
二考平常一考不稱職從不稱職
一繁簡則例
在外府以田粮十五萬石以上州以七萬

石以上縣以三萬石以上或親臨
王府都司布政司按察司并有軍馬守禦路當驛道
邊方衝要供給去處俱為事繁府州
縣田粮在十五萬七萬三萬石之下
僻靜去處俱為事簡
在京衙門俱從繁例

吏

凡在京大小衙門及在外布政司并直隸府州
縣吏典各以三年考滿給由其倉攢
典以週歲為滿除稅課司庫局攢典、

考滿之日隨即交割明白給由府州縣倉攢典將經收粮斛支銷盡絶方許給由應有府州縣吏典考滿當即給由如布政司府州縣過違一年直隸并在京過違半年給由到部俱送法司取問如不過違者隨付司封照依資格撥用

事故

極刑

凡在京衙門及在外布政司并直隸府州縣官

吏果有家屬干犯極刑除緦麻疎遠異姓親屬不准外其小功已上親例合回避務要開寫為因何事得何罪名係何衙門取問處决實跡親身赴京陳告以憑行移原籍及任所并原取問衙門照勘取具原籍官吏里隣結狀并宗支圖本及任所官吏保結明白以憑定擬奏

准方許去官離職

老疾

凡在京衙門及在外布政司并直隸府州縣官
吏具告老病殘疾劄付太醫院轉行
惠民局委官相視明白果成篤廢殘
痼疾病分豁堪與不堪醫治明白具
奏取自
上裁
行止
凡在京及在外府州縣官員除授之時投報供
狀當即於簿內附寫歷仕脚色始末
緣由或任内調除如有事故開附行

止以憑稽考

紀録

凡有在京衙門及在外布政司并直隸府州縣見任官員但係兵刑等部都察院等衙門或因事提問等項問過應有的決紀録公私過名開咨本部於紀録文冊内明白附寫候九年通考以憑黜陟其有司官員三年考滿給由到部供報任内公私過名於冊内比查除上司未行知會紀録罪名另行抄

録外有已行知會任内公私過名隱匿不報者議擬具奏送法司問罪

貢舉

凡各府州縣每歲於所轄隅廂鄉都内拔選容止端謹無過人材一名申送布政司考覈轉行按察司覆考堪充歲貢開坐考過詞語差人送部應有賢良方正及山林岩穴隱逸之士并通曉經書儒士秀才孝廉俱各訪求到官審無過犯違礙不拘名數差人俾送到

部或内外官員人等薦舉人材秀才
即便行移原籍官司起取赴部如儒
士秀才出題考試果否通經賢良隱
逸等項人材量其才能定其高下仍
取本戶丁粮數目作何營生及戶内
有無雜役事故供結明白然後開發
選部選用如將鄙陋不堪之人一槩
朦朧濫舉原舉官吏依貢舉非其人
律問罪

朝覲

凡在外官員三年徧行朝
覲其各布政司按察司鹽運司府州縣及土官衙門流
官等衙門官一員帶首領官吏各一
員各理問所官一員照依到任須知
依式對欵攢造文冊及將原領
勑諭諸司職掌內事蹟文簿具本親賫
奏繳以憑考覈各衙門先儘正官正官到任日淺佐貳
官到任日久必先佐貳官來若係裁
革未及二十里長州縣止設正官首
領官各一員去處只令首領官吏來

朝其程途遠近各量里路比照行人
馳驛日期起程本衙門速將起程月
日申部遠者不許過期近者不許預
先離職俱限當年十二月二十五日
到京其來朝官員服色各照品級花
樣及欽依令定樣製務要新鮮潔淨
俱各自備脚力不許馳驛及指此為
由科擾於民

諸司職掌

凡諸司置立文簿將行過事蹟逐件從實開寫

承行發落緣由務要簡當每季差典
吏一名依期賫赴本管上司查考布
政司考府府考州州考縣務從實効
除將
勑諭事理令諸司進課官吏賫捧前去及行移布政司
并直隸府州縣照依
勑諭事理各置紅油木牌刋寫青字於本衙門公廳上
常川懸掛永為遵守每歲進課之時
將考過事蹟各賫赴京奏繳以憑通
考若遇三年朝

覲來朝官吏先將舊年春夏秋三季來考冬季事蹟未
完許於次年進課之時令該吏
進呈毋得誑惑繁文因而生事科擾

户部

尚書侍郎之職掌天下户口田粮政令其屬有四曰民部度支金部倉部洪武二十三年為天下庶務浩繁欽改為十二部曰浙江江西湖廣陝西廣東山東福建北平河南山西四川廣西各令清理一布政司户口錢粮等事仍量其繁簡帶管直隸府州每一部内仍分為民度金倉四科以領其事其

有應合行移內外衙門文書俱各案
呈本部叅詳允當以憑施行
十二子部郎中員外郎主事各掌該部所
屬戶口田粮等項

民科

州縣圖志

凡十二部所屬布政司府州縣地理人物圖志
所載古今沿革山川險易戶口賦稅

多寡之數俱要周知

田土

凡各州縣田土必須開豁各戶若干及條段四至係官田者照依官田則例起科係民田者照依民田則例徵歛務要編入黃册以憑徵收稅粮如有出賣其買者聽令增收賣者即當過割不許洒派詭寄犯者律有常憲其民間開墾荒田從其自首首實三年後官爲收科仍仰所在官司每歲開報本部

以憑稽考

凡公侯祿米各有等第皆於浙西蘇松等府官
田內撥賜其佃戶仍於有司當差

凡民間有犯法律該籍沒其家者田土合拘收
入官本部書填勘合類行各布政司
府州縣將犯人戶下田土房屋召人
佃賃照依沒官則例收科仍將佃戶
姓名及田地頃畝房屋間數同該科
稅糧賃錢數目開報合干上司轉達
本部知數

十二布政司并直隸府州田土總計八百四十九萬六千五百二十三頃零
浙江布政司田土計五十一萬七千五十一頃五十一畝
湖廣布政司田土計二百二十萬二千一百七十五頃七十五畝
河南布政司田土計一百四十四萬九千四百六十九頃八十二畝零
江西布政司田土計四十三萬一千一百八十六頃一畝

北平布政司田土計五十八萬二千四百九十九頃五十一畝

陝西布政司田土計三十一萬五千二百五十一頃七十五畝

廣西布政司田土計一十萬二千四百三頃九十畝

山東布政司田土計七十二萬四千三十五頃六十二畝

山西布政司田土計四十一萬八千六伯四十二頃四十八畝零

廣東布政司田土計二十三萬七千三百四十頃五十六畝

四川布政司田土計一十一萬二千三十二頃五十六畝

福建布政司田土計一十四萬六千二百五十九頃六十九畝

雲南布政司田土

直隸蘇州府田土計九萬八千五百六頃七十一畝

寧國府田土計七萬七千五百一十六頃一
十一畝
徐州田土計二萬八千三百四十一頃五十
四畝
滁州田土計三千一百五十頃四十五畝
池州府田土計二萬二千八百四十四頃四
十五畝
揚州府田土計四萬二千七百六十七頃三
十四畝
廬州府田土計一萬六千二百二十三頃九

十九畒

安慶府田土計一萬一千二十九頃三十七畒

松江府田土計五萬一千三百二十二頃九十畒

鳳陽府田土計四十一萬七千四百九十三頃九十畒

應天府田土計七萬二千七百一頃二十五畒

廣德州田土計三萬四十七頃八十四畒

淮安府田土計一十九萬三千三百三十頃

二十五畝

徽州府田土計三萬五千三百四十九頃七十七畝零

常州府田土計七萬九千七百三十一頃八十八畝

鎮江府田土計三萬八千四百五十二頃七十畝

太平府田土計三萬六千二百一十一頃七十九畝

和州田土計四千二百五十二頃二十八畝

農桑

凡民間一應桑株各照彼處官司原定則例起
科絲綿等物其絲綿每歲照例折絹
俱以十八兩爲則折絹一匹所司差
人類解到部劄付承運庫收納以備
賞賜支用其樹株果價等項並皆照
例徵收錢鈔除彼處存留支用外其
餘錢鈔一體類解本部行移該庫交
收仍將存用數目出給印信通關具
本入遞奏繳本部查領附卷作數其

進納絹匹錢鈔一節俱照依後項金
科課程條欵一體施行

災傷

凡各處田禾遇有水旱災傷所在官司踏勘明
白具實奏
聞仍申合干上司轉達本部立案具奏差官前往災所
覆踏是實將被災人戶姓名田地頃
畝該徵稅粮數目造冊繳報本部立
案開寫災傷緣由具奏如奉
旨賑濟仍定奪大小男女口數則例差官前去賑濟給賞

畢日仍將散過粮鈔分豁備細數目
造冊繳報以憑稽考

戶口

丁口

凡各處戶口每歲取勘明白分豁舊管新收開
除實在總數縣報於州州類總報之
於府府類總報之於布政司布政司
類總呈達本部立案以憑稽考仍每
十年本部具奏行移各布政司府州
縣攢造黃冊編排里甲分豁上中下

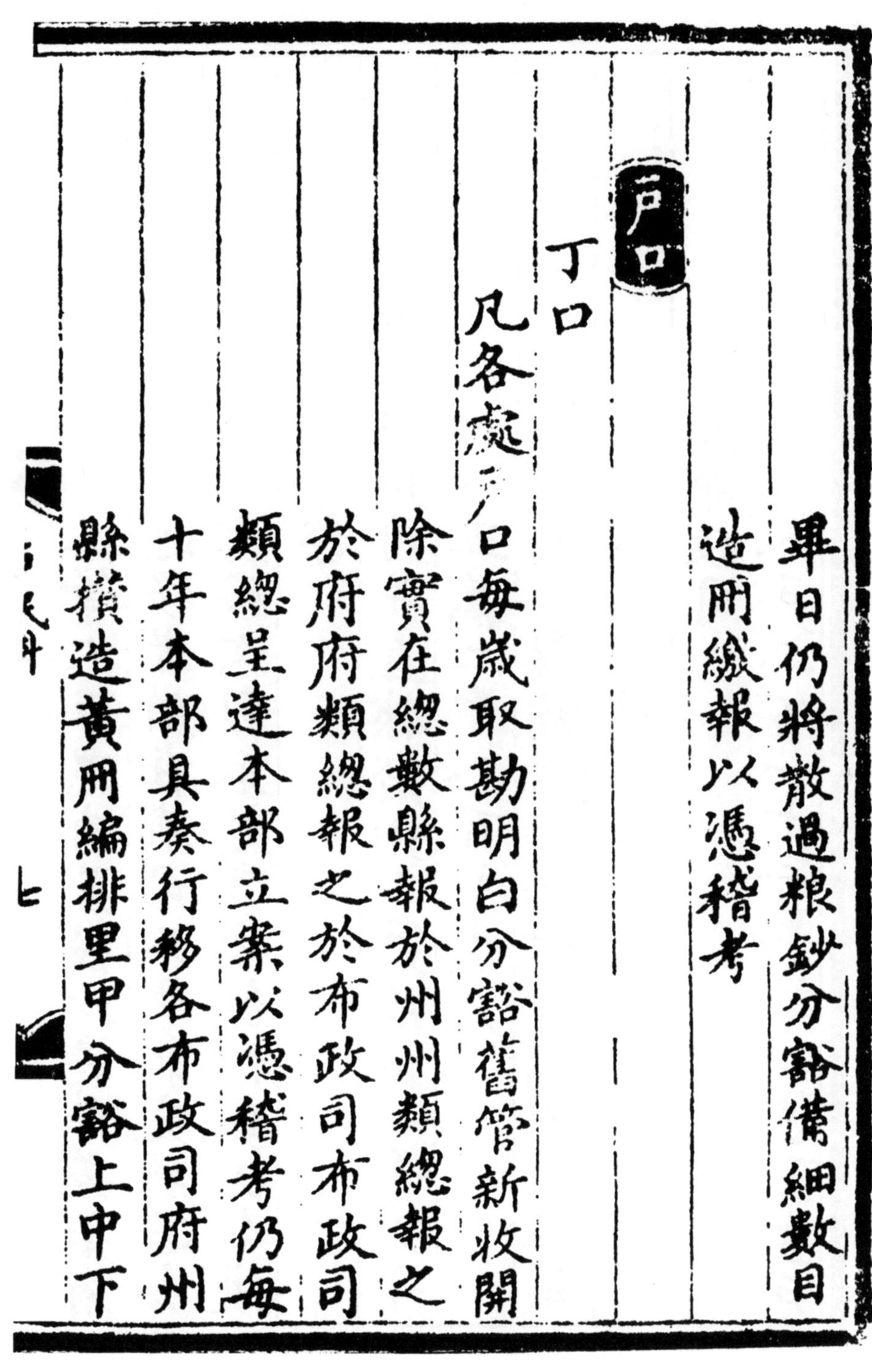

二等人戶遇有差役以憑點差若有逃移者所在有司必須窮究所逃去處移文勾取赴官依律問罪仍令復業

十二布政司并直隸府州人戶總計一千六十五萬二千八百七十戶

人口總計六千五十四萬五千八百二十一口

浙江布政司

人戶二百一十三萬八千二百二十五戶

人口一千四十八萬七千五百六十七口

湖廣布政司

人戶七十七萬五千八百五十一戶

人口四百七十萬二千六百六十口

江西布政司

人戶一百五十五萬三千九百二十三戶

人口八百九十八萬二千四百八十一口

河南布政司

人戶三十一萬五千六百一十七戶

人口一百九十一萬二千五百四十二口

北平布政司
人戶三十三萬四千七百九十二戶
人口一百九十二萬六千五百九十五口
陝西布政司
人戶二十九萬四千五百二十六戶
人口二百三十一萬六千五百六十九口
廣西布政司
人戶二十一萬一千二百六十三戶
人口一百四十八萬二千六百七十一口
山東布政司

人戶七十五萬三千八百九十四戶

人口五百二十五萬五千八百七十六口

山西布政司

人戶五十九萬五千四百四十四戶

人口四百七萬二千一百二十七口

廣東布政司

人戶六十七萬五千五百九十九戶

人口三百萬七千九百三十二口

福建布政司

人戶八十一萬五千五百一十七戶

人口三百九十一萬六千八百六口

四川布政司

人戶二十一萬五千七百一十九戶

人口一百四十六萬六千七百七十八口

雲南布政司

人戶五萬九千五百七十六戶

人口二十五萬九千二百七十口

直隷

蘇州府

人戶四十九萬一千五百一十四戶

人口二百三十五萬五千三十口

寧國府

人戶九萬九千七百三十二戶

人口五十三萬二千二百五十九口

徐州

人戶二萬二千六百八十三戶

人口一十八萬八百二十一口

滁州

人戶三千九百四十四戶

人口二萬四千七百九十七口

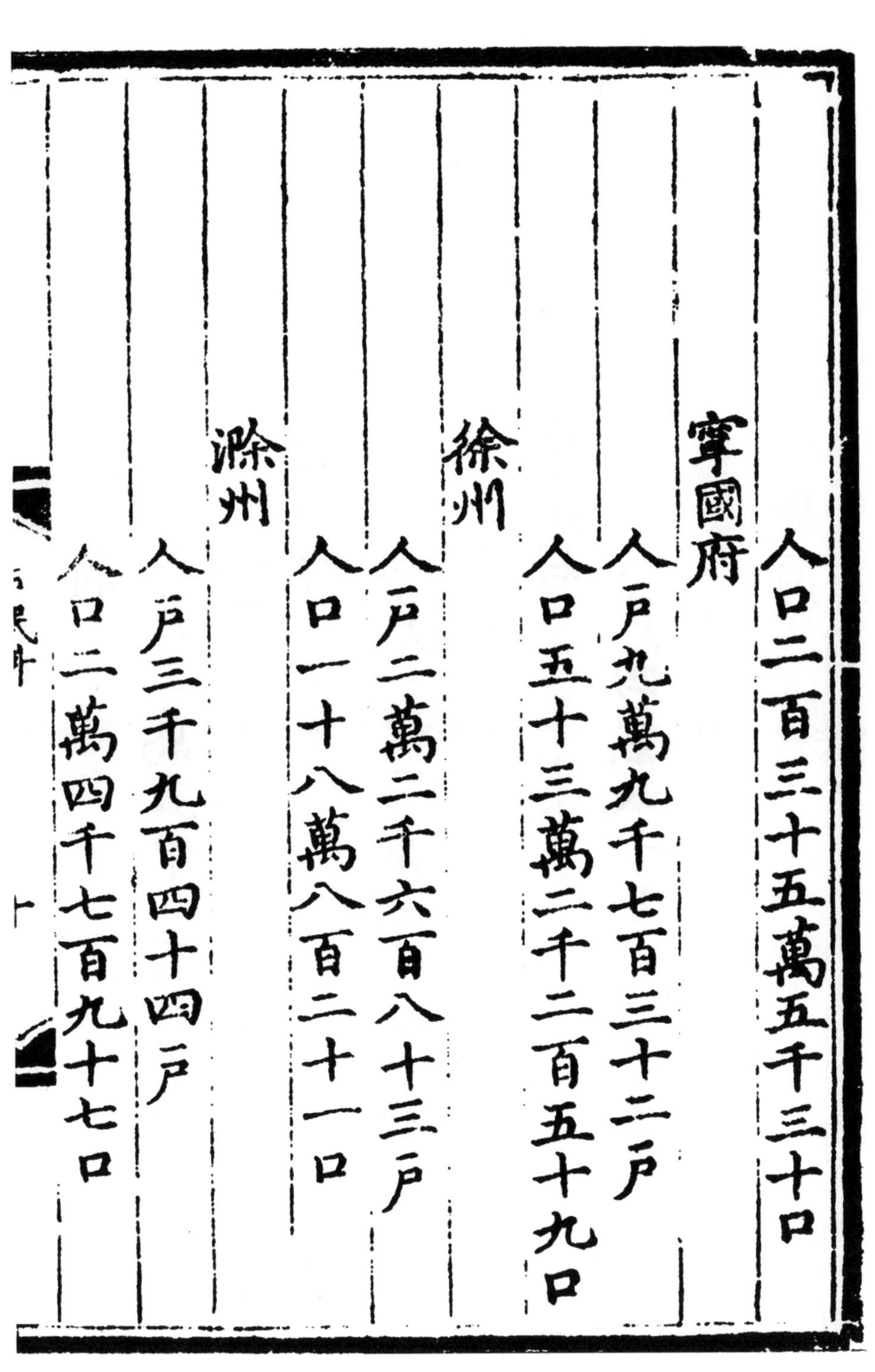

池州府
人户三萬五千八百二十六户
人口一十九萬八千五百七十四口
揚州府
人户一十二萬三千九十七户
人口七十三萬六千一百六十五口
廬州府
人户四萬八千七百二十户
人口三十六萬七千二百口
安慶府

人戶五萬五千五百七十三戶
人口四十二萬二千八百四口

松江府
人戶二十四萬九千九百五十戶
人口一百二十一萬九千九百三十七口

鳳陽府
人戶七萬九千一百七戶
人口四十二萬七千三百三口

應天府
人戶一十六萬三千九百一十五戶

人口一百一十九萬三千六百二十口

廣德州

人戶四萬四千二百六十七戶

人口二十四萬七千九百七十九口

淮安府

人戶八萬六百八十九戶

人口六十三萬二千五百四十一口

徽州府

人戶一十二萬五千五百四十八戶

人口五十九萬二千三百六十四口

常州府

人戶一十五萬二千一百六十四戶

人口七十七萬五千五百一十三口

鎮江府

人戶八萬七千三百六十四戶

人口五十二萬二千三百八十三口

太平府

人戶三萬九千二百九十戶

人口二十五萬九千九百三十七口

和州

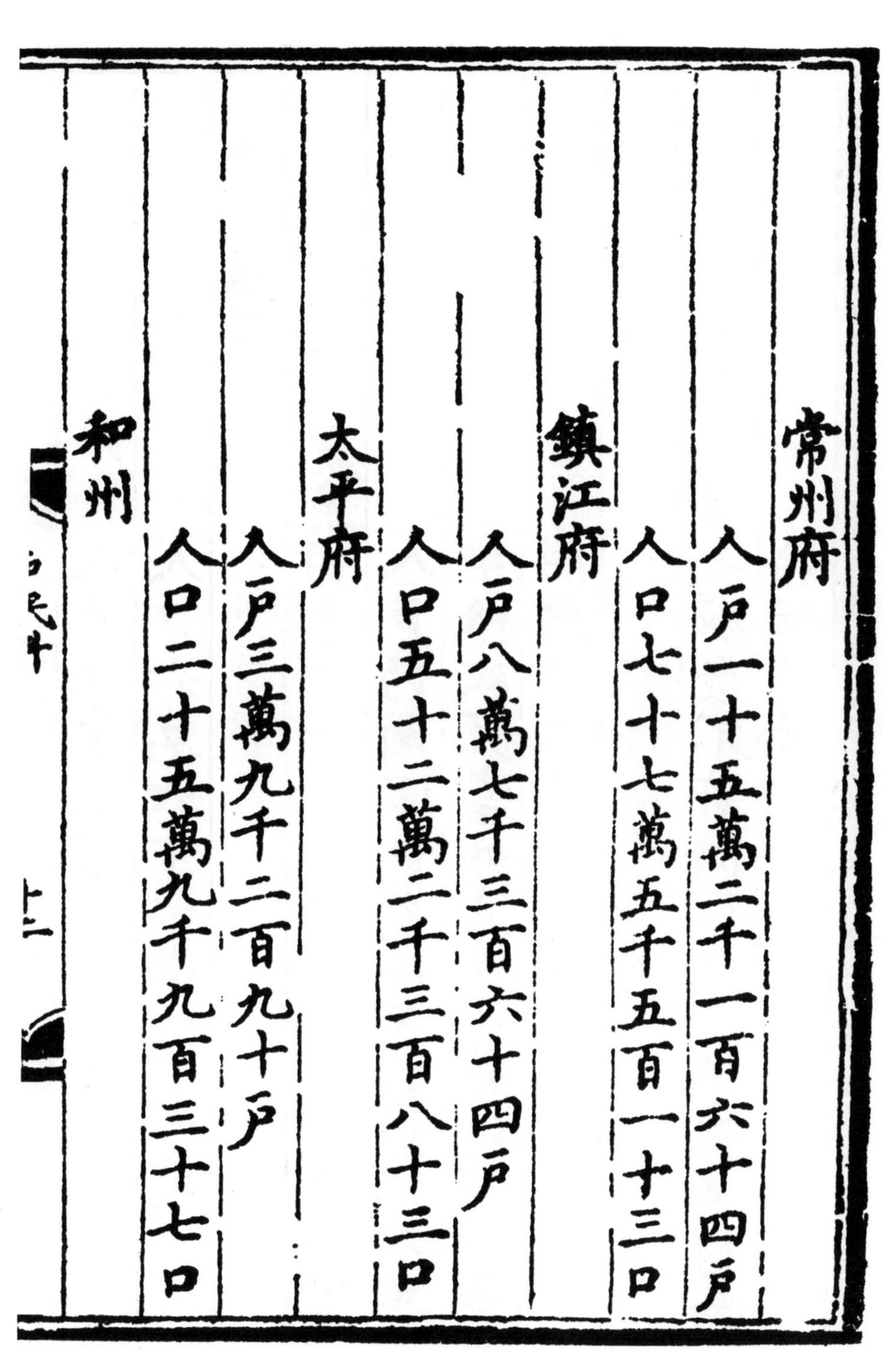

人戶九千五百三十一戶
人口六萬六千七百一十一口

賦役

凡各處有司十年一造黃冊分豁上中下三等
人戶仍開軍民竈匠等籍除排年里
甲依次充當外其大小雜泛差役各
照所分上中下三等人戶點差

婚姻

凡民間男女嫁娶不許同姓及尊卑親屬相為
婚姻違者律有常憲

讀法

凡民間須要講讀

大誥律令勑諭老人手榜及見丁着業牌面沿門輪遍

務要通暁法意仍仰有司時加提督

會計

粮儲

凡所在有司倉廩儲積粮斛除存留彼處衛所

三年官軍俸粮外務要會計周歲關

支數目分豁見在若干不敷若干餘

剩若干每歲開報合干上司轉達本

部定奪施行仍將次年實在粮米及該收該用之數一體分豁舊管新收開除實在開報

草料

凡各處倉場收積草料以備軍馬往来支用草於本處官司照田粮徵收料於秋粮内折納務要常存預備果係調撥軍馬及有本部印信文憑方許支給仍仰所在官司將支過數目申達合干上司作數

轉運

凡有軍馬去處所需錢粮等項本部必先查考其處蓄積有餘其處歲用不給量其水陸路程地里遠近難易計其人夫多寡明白具奏差官於粮多去處撥運缺粮衛分支用

雜行

凡一應錢粮等事行移各布政司及直隸十八府州本部預爲編置勘合并底簿二扇一扇本部收貯一扇發下各司府

州如有行移將各該事件移付通類科通行於原編底簿內附寫置立前件書填勘合內云洪武某年某月某日書填某字幾號勘合照會某布政司或劄付某府州仰比對朱墨字號相同行下所屬照依坐去勘合內事件施行候事完呈報到部於前件下注寫回銷緣由以憑稽考某內外倉庫司局等衙門官員任滿須從本部查考任內錢粮等項如是收支明白

別無虧欠然後咨發吏部聽用若有
虧少及收支不明必須究問至若本
部官員考覈及皂隷更替公用印色
紙札等事悉皆理之

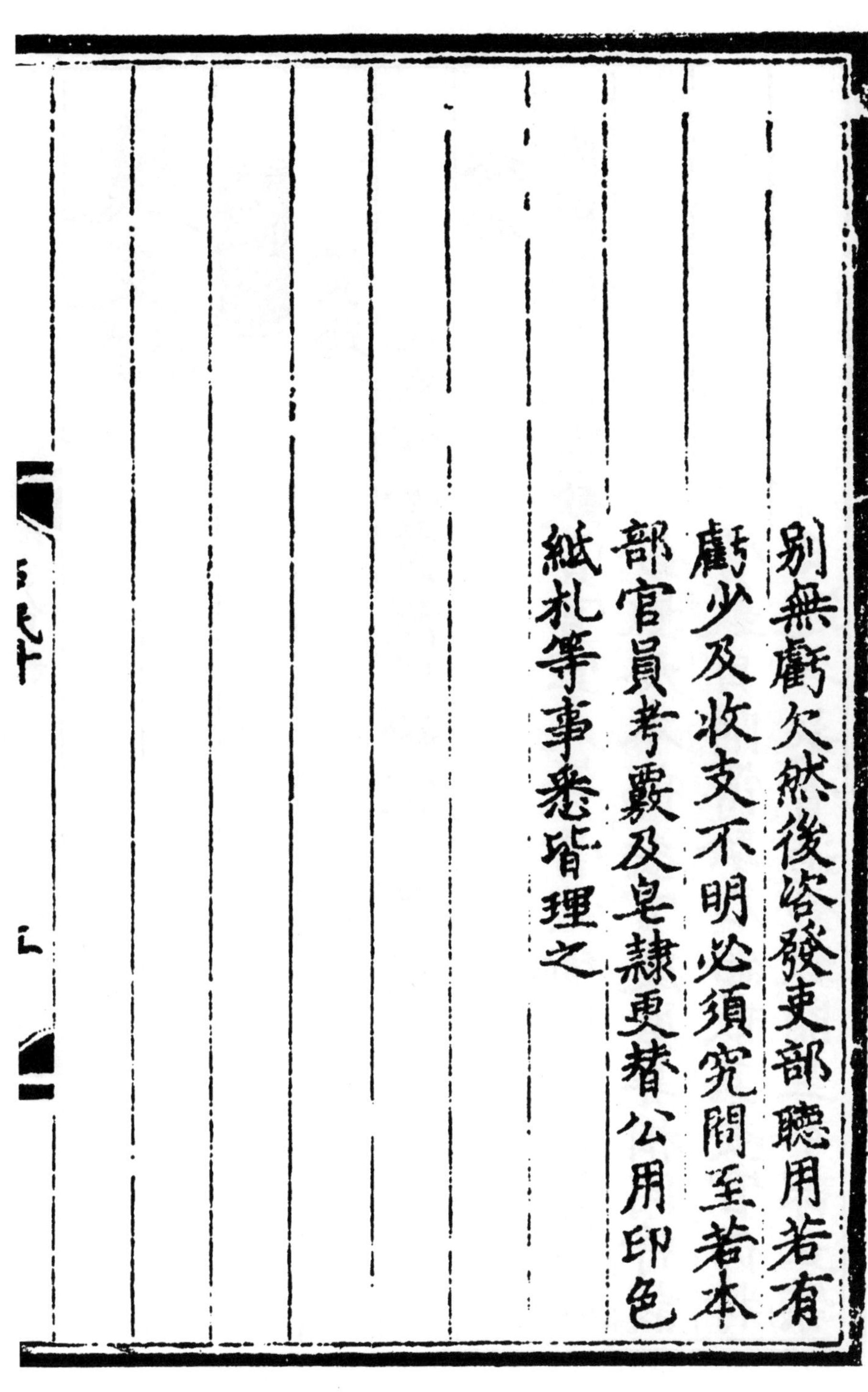

度支科

經費

賞賜

凡在京賞賜該用鈔錠本部量數具
奏於
內府關支凡有欽賞官軍人等當該衙門將該賞人名
鈔數於本部委官處磨筭相同將該
賞數目附簿驗名給散其委官仍將
日逐各起賞過鈔數開呈本部立案

備照候季終本部將原關并賞過鈔
數通類具
奏及賞賜胡椒蘇木銅錢等項亦如之其在外如有欽
依賞賜官軍及賑濟饑民等項本部
約量會計鈔錠具
奏委官赴
内府照數關領點閘明白於戶科給批差人管運仍行
移所在官司如運鈔到彼照依坐去
則例眼同驗名給散造冊回報本部
以憑稽考

月粮

凡内外衛所正伍旗軍歲用粮米已行各該有司編置勘合對撥着令人戶自行依期送納外其在京有未對軍人及未入正伍等項帯支人數如遇按月支粮百戶所將所管軍人造冊申繳千戶所本所類總繳申本衛該衛類總具觧申繳合干上司轉達本部磨筭相同明立文案編給半印勘合字號仍定奪合於本衛倉其年分其字廒

其粮米內支給將文冊繳回原行衙門轉下該倉眼同該衛委官及本倉官攢照數放支如有事故扣除還官支單將實支扣除數目申達本部知數仍於原編字號底簿內注寫實支扣除數目以憑稽考其支過粮數另於

內府粮冊內明白注銷其在外衛所軍人支粮亦合一體造冊編給勘合放支

月鹽

凡內外大軍關支月鹽有家小者月支二斤無

家小者月支一斤其在京衛分如遇按月支鹽将該支軍名鹽數造冊申繳合于上司轉達本部磨筭相同立案将原繳文冊出給勘合字號坐定軍名鹽數劄付龍江鹽倉放支如有事故就便扣除支畢将實收扣除數目申報本部於原編勘合字號底簿內注銷以憑稽考仍立案備照其在外衛所軍士月鹽亦有支鈔去處每鹽一斤折鈔一百文照例行移有司

於係官錢內支給如有事故一體扣除不支

雜支

凡倉庫一應關支錢粮及工部成造軍裝等項必須計其所用物料轉行本部劄付各該倉庫照數支給將支過數目申報作數其各司府州縣遇有祭祀及慶賀等項俱於係官錢粮內支用務要明白花銷開申上司以憑稽考

俸給

凡在京五軍都督府首領官吏并六部通政司大理寺等衙門官吏俸給本部每歲於秋粮內會定數目起運撥赴各衛門倉內收貯挨月造册照依品從等第分豁該支粮數委官驗名支給其各衛軍官俸給已將人戶對定編給勘合自行依期送納供給其首領官吏俸給該衛造册到部定倉放支年終通爲稽考及在外各布政司府州

縣官吏俸給照例每米一石折鈔二貫五百文按月於係官錢鈔內支給其支過數目通行歲報本部以憑查考

正一品每員月支米八十七石歲該一千四十四石

五軍左右都督

從一品每員月支米七十四石歲該八百八十八石

五軍左右都督同知
正二品每員月支米六十一石歲該七百
三十二石
六部尚書　左右都御史
五軍僉都督　中都留守正
都指揮使
從二品每員月支米四十八石歲該五百
七十六石
左右布政使　都司指揮同知
正三品每員月支米三十五石歲該四百

二十石

六部侍郎　副都御史

通政使　太常司卿

大理寺卿　按察使

應天府尹　都司指揮僉事

各衛指揮使　中都留守副

從三品每員月支米二十六石歲該三百

一十二石

光祿司卿　太僕寺卿

布政司叅政　鹽運使

宣慰使　各衛指揮同知

正四品每員月支米二十四石歲該二百

八十八石

僉都御史　太常司少卿

左右通政　大理寺少卿

太僕寺少卿　應天府丞

按察司副使　各府知府

宣慰司同知　各衛指揮僉事

從四品每員月支米二十一石歲該二百

五十二石

國子監祭酒　布政司叅議
鹽運司同知　宣慰司副使
宣撫司宣撫　中都國子監祭酒
正五品每員月支米一十六石歲該一百
　九十二石
宗人府經歷　尚寶司卿
六部郎中　通政司叅議
太醫院使　光禄司少卿
欽天監正　欽天回回監正
大理寺丞　翰林院學士

左右春坊大學士
左右春坊左右庶子
應天府治中　按察司僉事
各府同知　宣撫司同知
五軍斷事官
王府長史　各千戶所正千戶
從五品每員月支米一十四石歲該一百
六十八石
尚寶司少卿　五軍都督府經歷
六部員外郎　侍讀學士

侍講學士　鹽運司副使
各州知州　鹽課司提舉
宣慰司僉事　宣撫司副使
招討司招討　安撫司安撫
左右春坊左右諭德
各衛鎮撫　各千户所副千户
司經局洗馬
正六品每員月支米一十石歲該一百二
十石
尚寶司丞　六部主事

太常司丞　太僕寺丞
欽天監副　欽天監五官正
欽天回回監副　欽天回回監五官正
翰林侍讀　翰林侍講
大理寺正　太醫院判
都察院經歷
兵馬指揮　國子監司業
京縣知縣　各府通判
都司經歷　斷事司斷事
安撫司同知　各長官司長官

宣撫司僉事　招討司副招討

留守司經歷　左右春坊左右中允

中都國子監司業

王府審理正　各百戶所百戶

儀衛司儀衛正

從六品每員月支米八石歲該九十六石

大理寺副　光禄司丞

翰林脩撰　光禄司各署正

應天府推官　布政司經歷

理問所理問　鹽運司判官

各州同知　　鹽課司同提舉
安撫司副使　　各長官司副長官
左右春坊左右司直郎
左右贊善　　各千戶所鎮撫
正七品每員月支米七石五斗歲該九十
石
太常司博士　　太常司典簿
五軍都督府都事
都察院都事　　監察御史
通政司經歷　　大理寺評事

翰林編脩　營繕所正

兵馬司副指揮

京縣縣丞　各縣知縣

王府審理副　按察司經歷

各府推官　安撫司僉事

都司都事　斷事司副斷事

各衛經歷　煎鹽提舉

中都留守司都事

五軍斷事司稽仁稽義稽禮稽智稽信並同

從七品每員月支米七石歲該八十四石

中書舍人　翰林檢討
光禄司典簿　光禄司各署丞
光禄司各署奉祀
欽天監五官靈臺郎　欽天回回監同
應天府經歷　太僕寺主簿
布政司都事　理問所副理問
各州判官　鹽運司經歷
宣慰司經歷　儀衛司儀衛副
鹽課提舉司副提舉
正八品每員月支米六石五斗歲該七十

八石

都給事中　太常司協律郎

通政司知事　翰林院五經博士

太醫院御醫　欽天監主簿

欽天監五官保章正

京縣主簿　國子監丞

典牧所提領　寶鈔提舉司提舉

龍江提舉司提舉

各府經歷　各縣縣丞

按察司知事　宣慰司都事

中都國子監丞
各衛知事　遼東煎鹽司提舉
王府典膳正　典寶正
奉祠正　紀善所
良醫正　照磨所照磨
營繕所副
從八品每員月支米六石歲該七十二石
左右給事中　國子監典簿
國子監博士　助教
光祿司錄事　各署監事

翰林典籍　儀禮司正
五官挈壺正　各署祀丞
王府典膳副　典寶副
奉祠副　良醫副
應天府知事　鹽運司知事
宣撫司經歷　儀衛司典仗
正九品每員月支米五石五斗歲該六十
六石
太常司贊禮郎
翰林侍書　儀禮司副司丞

國子監學正　行人司正

寶鈔提舉司副提舉

五官監候　文思院大使

會同館大使　寶源局大使

給事中　太僕寺各牧監正

鞍轡局大使　皮作局大使

應天府織染局大使

龍江提舉司副提舉

各府知事　各縣主簿

茶馬司大使　宣撫司知事

典牧所大使　安撫司知事

王府典簿　典樂

典儀正　教坊司奉鑾

五官司曆　內府庫大使

甲乙丙丁戊字等庫大使

承運庫大使　照磨所檢校

寶鈔廣源廣惠廣積贓罰等庫大使

營繕所丞

從九品每員月支米五石歲該六十石

太常司司樂　翰林待詔

五官司辰　漏刻博士
行人司副　國子監學録
典籍　司經局校書
正字　儀禮司鳴讚
序班　都稅司大使
會同館副使　典牧所副使
宣課司大使　文思院副使
寶源局副使　鞍轡局副使
軍儲倉副使　皮作局副使
各牧監副　監丞

馭良　司牧局大使
司牲局大使　寶泉局大使
軍器局大使　斷事官提控案牘
王府典儀副　各布政司庫大使
府學教授　各府司獄
巡檢　雜造局大使
應天府織染局副使
府倉大使　茶馬司副使
吏目　教坊司韶舞
教坊司司樂　內府庫副使

甲乙丙丁戊字庫副使

寳鈔廣源廣惠廣積贓罰等庫副使

承運庫副使

廩給

凡公差人員廩給已有定例其驛傳并府州縣

應合支用去處必須照依文憑驗日

支給仍將歲支數目通類開報合干

上司以憑稽考

行粮馬草

凡過行軍馬匹日支粮草已有定例其應付一
節該衛先具軍馬數目開呈本部立
案出給批文差官賫領經過官司并
驛分照依坐去軍人馬匹數目照例
驗程支給其有爲事編發應支行粮
人數亦合照例關支仍仰所在官司
將支過數目申達上司作數其所賫
批文候至所止地方隨即赴官告繳
遞回本部於原編底簿內銷注

金科

課程

凡府州縣稅課司局河泊所歲辦商稅魚課并引由契本等項課程已有定額其辦課衙門所辦錢鈔金銀布絹等物不動原封年終具印信文解明白分豁存留起解數目解赴所管州縣其州縣轉解於府府解布政司布政司通

類差官起解於次年三月以裏到京
本部將解到金銀錢鈔布絹等物不
動原封照依來文分豁明白劄付該
庫交收出給印信長單及具手本關
領勘合回部照數填寫責付原解官
收執將所解物件同原領長單并勘
合於
內府各門照進且如銅錢布匹赴甲字庫交納鈔錠廣
惠庫交納金銀絹匹承運庫交納其
勘合既於各門照進該庫收訖就於

長單後批寫實收數目用印鈐蓋仍付原解官齎赴本部告繳立案附卷備照仍令該部主事廳於原解官差批內將實收過數目批回候進課畢日將已解并存用課數通行比對原額如有虧欠照依所虧數目具本奏

聞頒行各司府州著落辦課衙門經該官吏人等追理足備差人解赴京庫交納

凡十二布政司并直隸府州遇有起辦稅糧折收金銀錢鈔并贓罰物件應進

內府收納者其行移次第皆倣此

各布政司并直隸府州課程錢鈔并金
銀布帛等項折收總計三百六十
三萬七百七十八錠有零
外有各處土產茶礬硃砂水銀等物難有定額數目瑣碎難以備載

贓罰

凡各處官民犯法律合籍沒家財及有不才官
吏接受贓私追沒到金銀錢鈔衣服
等項俱各劄付贓罰庫交收其行移
次第照依課程事例施行

鈔法

凡印造

大明寶鈔與歷代銅錢相兼行使每鈔壹貫准銅錢一千文其寶鈔提舉司每歲於三月内興工印造十月内住工其所造鈔錠本司具印信長單及關領勘合將實進鈔錠照數填寫送赴
内府庫收貯以備賞賜支用其民間行使及税課司局河泊所收受課鈔除挑揀偽鈔外其餘不分油污水迹破爛務要收受如

有沮壞照依本部原給鈔法榜文內事例治罪其合用桑穰數目本部每歲預為會計行移浙江山東河南北平及直隸淮安等府出產去處依例官給價鈔收買所在官司應付脚力差人起解赴京仍申達本部本部將来文立案劄付寶鈔提舉司交收及出給印信長單具手本赴

內府關領勘合填寫付差来人於

承天門照進赴提舉司交收取獲實收回部入卷備照

鹽法

凡天下辦鹽去處每歲鹽課各有定額年終各
該運司并鹽課提舉司將周歲辦過
鹽課出給印信通關具本入遞奏繳
本部委官於
內府戶科領出立案附卷作數及查照繳到通關內該
辦鹽課比對原額有虧照數追理其
客商興販鹽貨各照行鹽地方發賣
不許變亂合用引目各運司申報本
部委官關領本部將來文立案委官

於
內府印造候畢日將造完引目呈堂關領回部督匠編
號用印完備明立文案給付差來官
收領回還取領狀入卷備照其各處
有司凡有軍民客商中賣官鹽賣畢
隨即將退引赴住賣官司依例繳納
有司類觧各運司運司按季通類觧
部本部塗抹不用凡遇開中鹽粮務
要量其彼處米價貴賤及道路遠近
險易明白定奪則例立案具奏出榜

給發各司府州并淮浙等運司張掛

召商中納

兩浙鹽運司

鹽場三十五處歲辦鹽二十二萬四百五十七引二百斤零

福建鹽運司

鹽場七處歲辦鹽一十萬四千五百七十二引三百斤零

山東鹽運司

鹽場一十九處歲辦鹽一十四萬三

千三百八十七引一百五十斤零

兩淮鹽運司

鹽場二十九處歲辦鹽三十五萬二千五百七十六引一百斤零

北平河間鹽運司

鹽場二十四處歲辦鹽六萬三千一百五十三引三百斤零

廣東鹽課提舉司

鹽場一十四處歲辦鹽四萬六千八百五十五引一百斤零

海北鹽課提舉司
鹽場一十五處歲辦鹽二萬七千四
十引二百斤零
陝西
西和縣歲辦鹽一十三萬一千五百
三十斤零
漳縣歲辦鹽五十一萬五千六百七
十斤零
四川鹽課提舉司
上流等九井鹽課司歲辦鹽一百九

十一萬九千五百七十斤零
永通等七井鹽課司歲辦鹽八十四
萬四千七百七十斤
郁山井鹽課司歲辦鹽二十二萬六
千八百斤
涂甘井鹽課司歲辦鹽一十六萬四
千二百斤零
雲安場等二井鹽課司歲辦鹽二百
一十二萬四千六百二十斤
通海等三井鹽課司歲辦鹽二十四

萬四千三百三十斤零
福海等六井鹽課司歲辦鹽四十九
萬七百七十斤
廣福等三井鹽課司歲辦鹽二十二
萬四千四百七十斤零
華池等三井鹽課司歲辦鹽二十二
萬四千二百二十斤
新羅等二井鹽課司歲辦鹽七十二
萬五千五百斤
富義等一十一井鹽課司歲辦鹽一

百八十八萬八千斤
羅泉等二井鹽課司歲辦鹽三十二
萬一千三百斤零
黄市等二井鹽課司歲辦鹽六十九
萬四十斤
仙泉井鹽課司歲辦鹽三萬八千八
百五十斤

雲南

五井鹽課提舉司歲辦鹽二十七萬
二千一百三十七斤零又折綿

布七百二十段布每件長壹丈壹尺闊八寸

黑鹽井鹽課提舉司歲辦鹽五十七萬二千三百四十斤零

安寧鹽井鹽課提舉司歲辦鹽七十七萬二千六百八十斤零

白鹽井鹽課提舉司歲辦鹽二十一萬七百二十斤零

河東鹽運司

歲辦鹽六千八十萬斤

行鹽地方

山東鹽運司

濟南府　青州府　兗州府

東昌府　萊州府　東平州

開封府　登州府　徐州

邳州　宿州

兩浙鹽運司

杭州府　紹興府　寧波府

台州府　温州府　蘇州府

衢州府　處州府　徽州府

嘉興府　湖州府　松江府
嚴州府　常州府　鎮江府
廣信府　金華府　廣德州
兩淮鹽運司
應天府　寧國府　太平府
揚州府　鳳陽府　廬州府
安慶府　池州府　淮安府
和州　南昌府　九江府
南康府　建昌府　贛州府
南安府　臨江府　撫州府

吉安府　袁州府　瑞州府
饒州府　武昌府　黄州府
沔陽州　岳州府　夷陵州
荆州府　常德府　長沙府
澧州　沅州　衡州府
德安府　辰州府　安陸州
靖州　襄陽府　寶慶府
廣東鹽課提舉司
廣州府　肇慶府　惠州府
韶州府　南雄府　潮州府

德慶府
海北鹽課提舉司
雷州府　高州府　廉州府
桂林府　柳州府　梧州府
潯州府　慶遠府　南寧府
平樂府　瓊州府　永州府
郴州　太平府　田州府
思明府　鎮安府　龍州
泗城州　奉議州　利州
桂陽州

四川鹽課提舉司
成都府　嘉定府　叙州府
潼川州　保寧府　順慶府
廣元　夔州府　廣安州
雅州
福建鹽運司
福州府　興化府　泉州府
汀州府　漳州府　邵武府
建寧府　延平府
陝西漳縣西和二縣

鞏昌府　臨洮府　河州

雲南布政司

五井鹽課提舉司

黑鹽井鹽課提舉司

安寧鹽井鹽課提舉司

白鹽井鹽課提舉司

權量

斛斗秤尺

凡天下官民人等行使斛斗秤尺凡有一定法則頒行各司府州縣收掌務要如式

成造較勘相同印烙給降民間行使其在京倉庫等處合用斛斗秤尺等項本部較勘印烙發用

時估

凡民間市肆買賣一應貨物價直須從州縣親民衙門按月從實申報合干上司遇有買辦軍需等項以憑照價收買

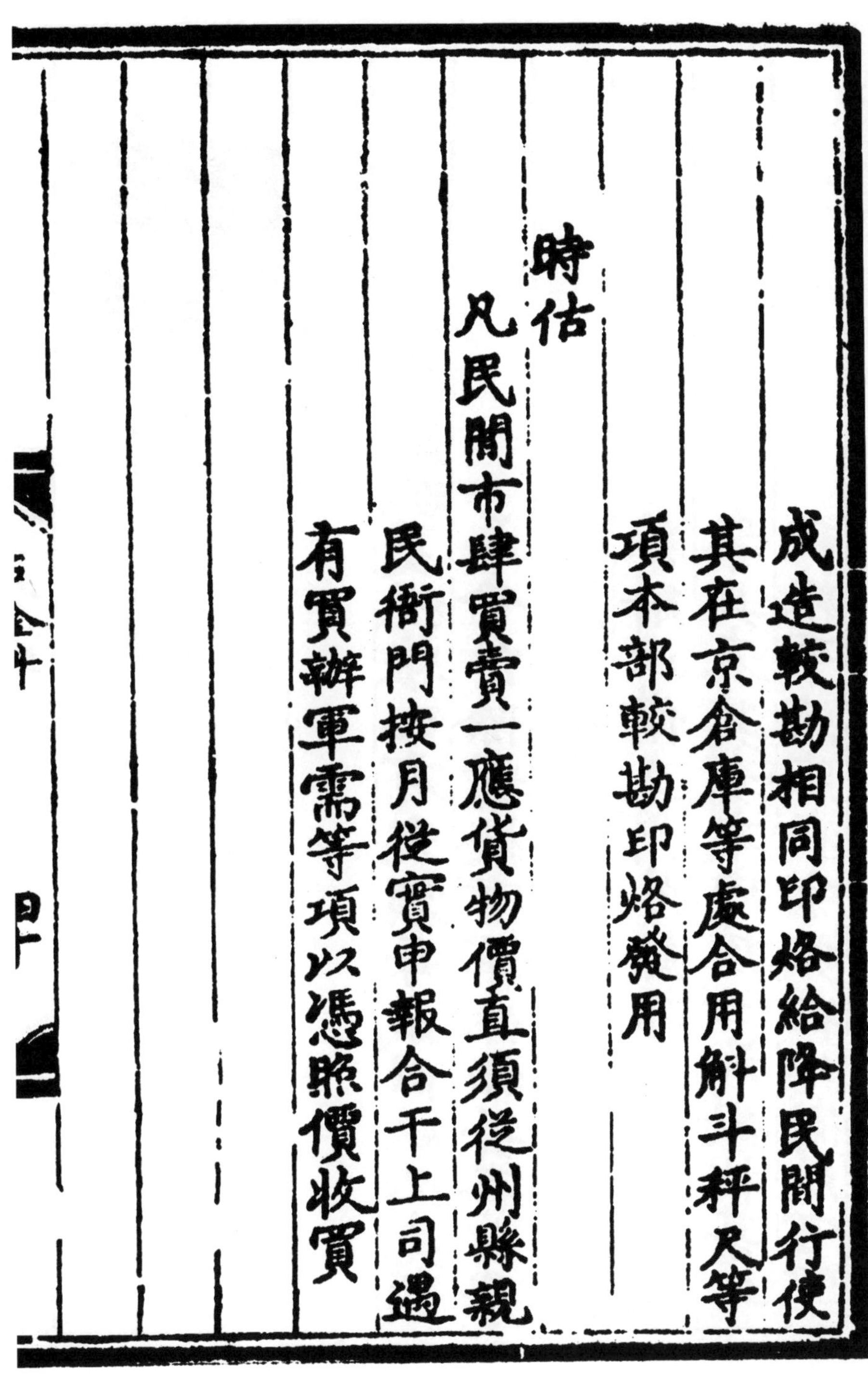

倉科

税糧

凡各處秋夏税糧已有定額每歲徵收必先預為會計除對撥官軍俸糧并存留學糧廩給孤老口糧及常存軍衛二年糧斛以備支用外餘糧通行定奪立案具奏其奏本内該云為徵收某年秋糧事該照在京并在外衛所官軍

等項合用俸粮擬合預爲會計徵收
議得各司府州今歲該徵秋粮除已
對定官軍俸粮外其供應
内府光禄司等衙門合用熟粳糯米芝麻黄豆等項并
五軍六部等衙門官吏俸給優給故
官兒男及太倉預備海運粮儲擬於
蘇州常州等府存收運納其餘秋粮
存留學粮廩給孤老口粮及撥湊各
處軍衛倉收貯常存二年粮儲以備
支用如有粮多足用去處臨期定奪

收支及該設粮長去處委官一員率領該設粮長正身務要齊足定限七月二十日以裏赴京面聽

宣諭關領勘合回還辦粮

凡徵收稅粮律有定限其各司府州縣如有新增續認一體入額科徵所據該辦稅粮粮長督併里長里長督併甲首甲首催督人戶裝載粮米粮長點看見數率領里長并運粮人戶起運若係對撥者運赴所指衛分照軍交收存

留者運赴該倉收貯起運折收者照
依定擬各該倉庫交納取獲通關奏
繳本部委官於
內府戶科領出立案附卷存照以憑稽考
凡粮長關領勘合回還催辦秋粮務要依期送
納畢日赴各該倉庫將納過數目於
勘合內填寫用印鈐蓋其粮長將填
完勘合具本親齎
進繳仍赴部明白銷注如是查出粮有拖欠勘合不
完明白究問追理

十二布政司并直隸府州夏税秋粮總

夏税

米麥肆百柒拾壹萬貳千玖伯石

錢鈔叁萬玖千捌百錠

絹貳拾捌萬捌千肆百捌拾柒疋

秋粮

米貳千肆百柒拾叁萬肆百伍拾石

錢鈔伍千柒百叁拾錠

絹伍拾玖匹

浙江布政司

夏税
麥捌萬伍千伍百貳拾石
錢鈔貳萬陸百玖拾錠
絹壹拾叁萬玖千壹百肆拾匹
秋粮
米貳百陸拾陸萬柒千貳百柒石
錢鈔捌拾陸錠
絹伍拾玖匹
北平布政司
夏税

麥叁拾伍萬叁千貳百捌拾石
絹叁萬貳千玖百陸拾貳匹
秋粮
米捌拾壹萬柒千貳百肆拾石
福建布政司
夏稅
麥陸百陸拾伍石
錢鈔壹萬貳千柒百伍錠
絹貳百柒拾叁匹
秋粮

米玖拾柒萬柒千肆百貳拾石
江西布政司
夏税
米柒萬玖千伍拾石
錢鈔陸千肆百伍錠
絹壹萬伍千肆百柒拾柒疋
秋粮
米貳百伍拾捌萬伍千貳百伍拾陸石
湖廣布政司
夏税

米麥壹拾叁萬捌千柒百陸拾陸石
絹貳萬陸千肆百柒拾捌匹
秋粮
米貳百叁拾貳萬叁千陸百柒拾石
廣東布政司
夏稅
麥伍千叁百貳拾石
秋粮
米壹百肆萬肆千柒拾捌石
河南布政司

夏税
麥伍拾伍萬陸千伍拾玖石
絹壹萬柒千貳百貳拾陸匹
秋粮
米壹百陸拾肆萬貳千捌百伍拾石
山東布政司
夏税
麥柒拾柒萬貳千貳百玖拾柒石
絹貳萬叁千玖百叁拾貳匹
秋粮

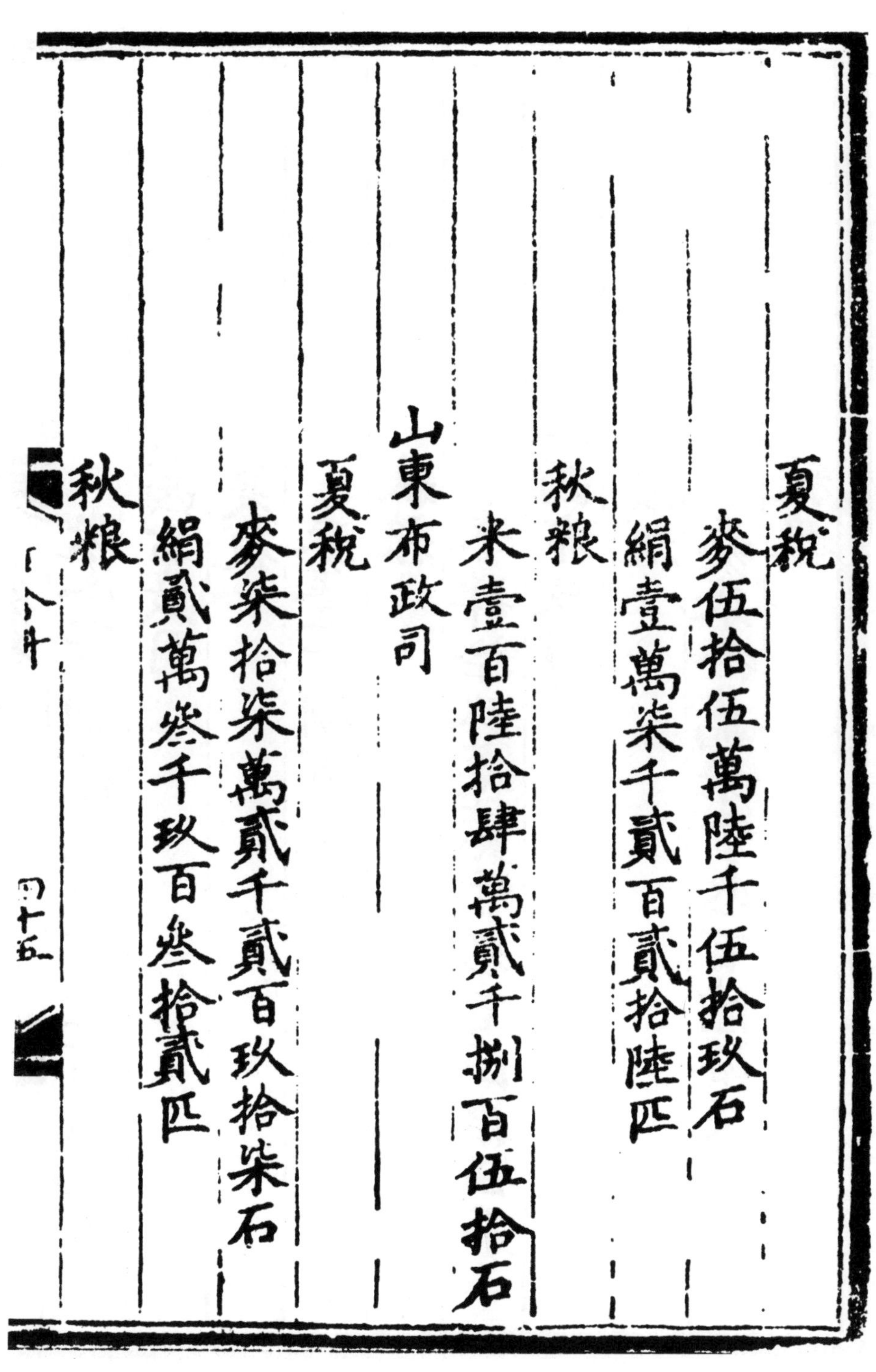

米壹百捌拾萬伍千陸百貳拾石

廣西布政司

夏稅

麥壹千捌百陸拾玖石

秋粮

米肆拾玖萬貳千叁百伍拾伍石

山西布政司

夏稅

麥柒拾萬柒千叁百陸拾柒石

秋粮

米貳百玖萬叁千伍百柒拾石
陝西布政司
夏税
麥陸拾柒萬陸千玖百捌拾陸石
秋粮
米壹百貳拾叁萬陸千壹百柒拾捌石
四川布政司
夏税
麥叁拾貳萬伍千伍百伍拾石
秋粮

米柒拾肆萬壹千貳百柒拾捌石

雲南布政司

夏稅

麥壹萬捌千柒百叁拾石

秋糧

米伍萬捌千叁百肆拾玖石

直隸應天府

夏稅

麥壹萬壹千貳百陸拾石

絹壹千肆百陸匹

秋粮
米叁拾貳萬陸百壹拾陸石
松江府
夏税
麥壹拾萬柒千肆百玖拾陸石
絹陸百陸拾陸匹
秋粮
米壹百壹拾壹萬貳千肆百石
錢鈔叁千柒拾貳錠
蘇州府

夏稅
麥陸萬叁千伍百石
絹壹萬肆千壹百伍拾柒匹
秋粮
米貳百柒拾肆萬陸千玖百玖拾石
錢鈔貳千叁百貳拾壹錠
寧國府
夏稅
麥陸萬貳千陸百壹拾石
絹參百壹拾壹匹

秋粮
米壹拾捌萬貳千伍拾石
安慶府
夏税
麥壹萬玖千肆百柒拾捌石
秋粮
米壹拾壹萬貳千壹百伍拾捌石
太平府
夏税
麥貳萬壹千叁百玖拾石

絹貳百壹拾柒疋

秋粮

米肆萬陸千貳百玖拾石

和州

夏稅

麥捌百柒拾伍石

秋粮

米叁千玖百伍拾玖石

揚州府

夏稅

麥伍萬柒千柒百壹拾石
秋粮
米貳拾肆萬玖拾陸石
錢鈔貳百伍拾壹錠
鳳陽府
夏税
麥玖萬叁千叁百壹拾伍石
絹壹千肆百肆拾柒匹
秋粮
米壹拾叁萬柒千壹百陸拾石

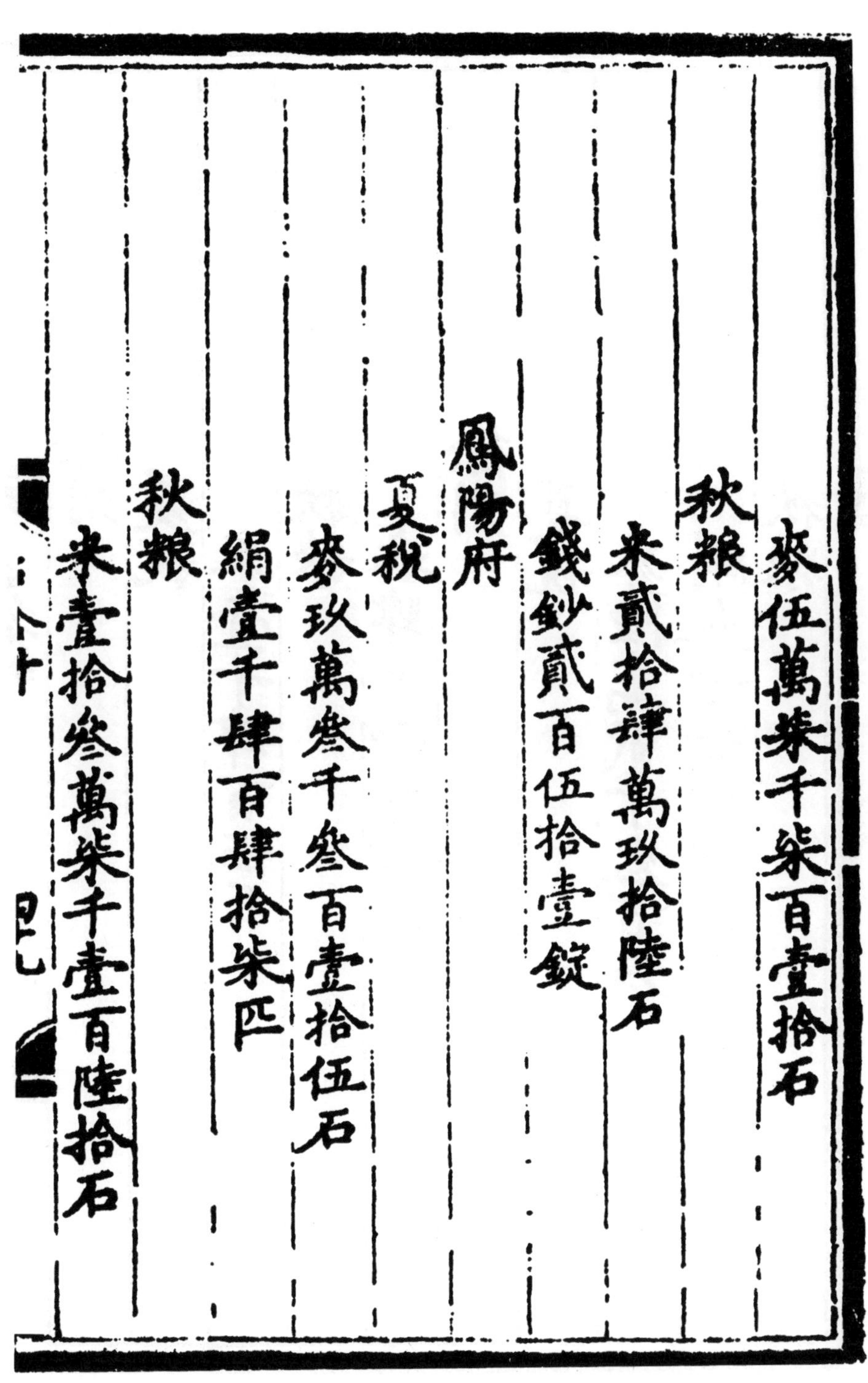

滁州

夏税

麥壹千肆百伍石

秋粮

米肆千壹百陸石

徐州

夏税

麥陸萬貳千叁百石

絹叁千壹百肆拾貳匹

秋粮

米柒萬玖千叁百肆拾石

廣德州

夏税

麥陸千柒拾石

絹壹百伍拾柒匹

秋粮

米貳萬肆千伍百石

鎮江府

夏税

麥捌萬捌百玖拾陸石

絹叁百伍拾柒疋

秋粮

米貳拾肆萬叁千柒百伍拾石

廬州府

夏税

麥壹萬伍千捌百叁拾石

秋粮

米柒萬伍千叁百陸拾石

池州府

夏税

麥壹萬柒千壹拾陸石
絹貳拾柒匹
秋粮
米壹拾壹萬貳千玖百肆拾伍石

徽州府
夏税
麥肆萬捌千柒百伍拾石
絹玖千柒百壹拾捌匹
秋粮
米壹拾壹萬陸千陸百伍拾肆石

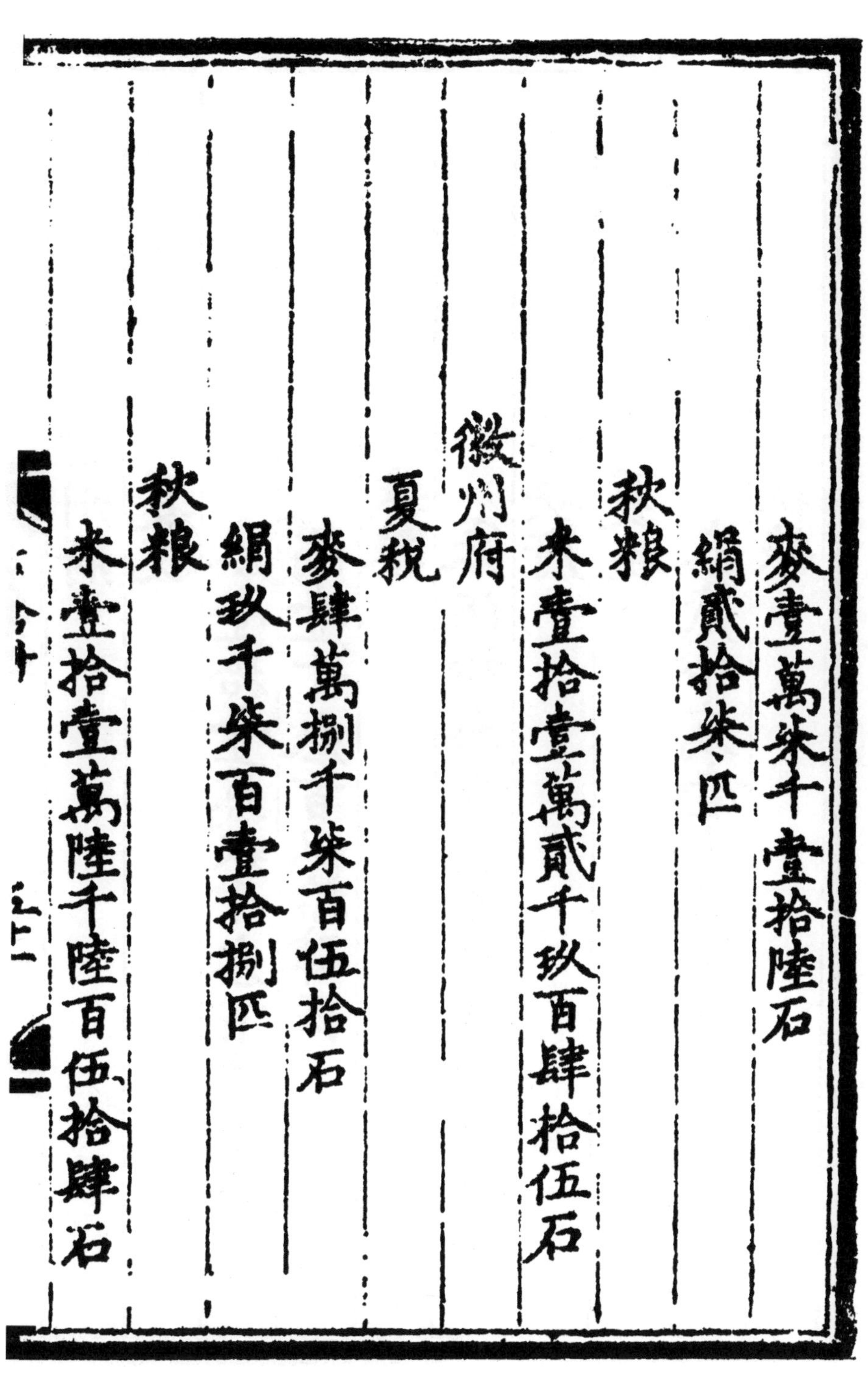

常州府

夏税

麥壹拾壹萬玖千叁百貳拾石

絹壹千叁百玖拾肆匹

秋粮

米伍拾叁萬叁千伍百壹拾伍石

淮安府

夏税

麥貳拾萬壹千貳百貳拾石

秋粮

米壹拾伍萬叁千肆百玖拾石

芻草

凡在京徵收芻草俱於田畝內照例科徵當徵
收之時本部先行定擬具
奏行移該徵有司限定月日先取部運官吏姓名開報
候起運至日照數填定撥各該衛所
并典牧千戶所等衙門交納以備支
用其在外衙門亦各照依已定則例
徵收施行

盤撥粮斛

凡內外衛所軍粮不敷於有粮倉分照數盤撥如是在倉粮儲正數支銷盡絕積出附餘或蓄積預備腐爛虧折必須委官盤點見數仍將盤過數目分豁某字廒若干開報合干上司以憑稽考追究

內外倉廒

凡天下設置倉廒其在各該衛所常存二年粮斛分為二十四廒收貯以備支用其

在各司府州縣各有倉廒收貯糧米
以給歲用且如在京衛所倉糧必須
查勘見數分豁某字廒原收某年分
秋粮米若干本部攢造印信文冊一
本進赴
内府該科收貯凡各衛支過月粮本衛具手本奏
進與同本部委官於原進冊内注銷仍呈報本部知數
其在外倉廒凡有勘合下倉放支亦
必稟請提調正官眼同支給比候年
終將支過數目同實在粮斛通行開

報以憑稽考

禮部

尚書侍郎之職掌天下禮儀祭祀宴享貢舉之政今其屬有四曰儀部曰祠部曰膳部曰主客部

儀部

郎中員外郎主事掌貳尚書侍郎舉其儀制而辨其名數

朝賀

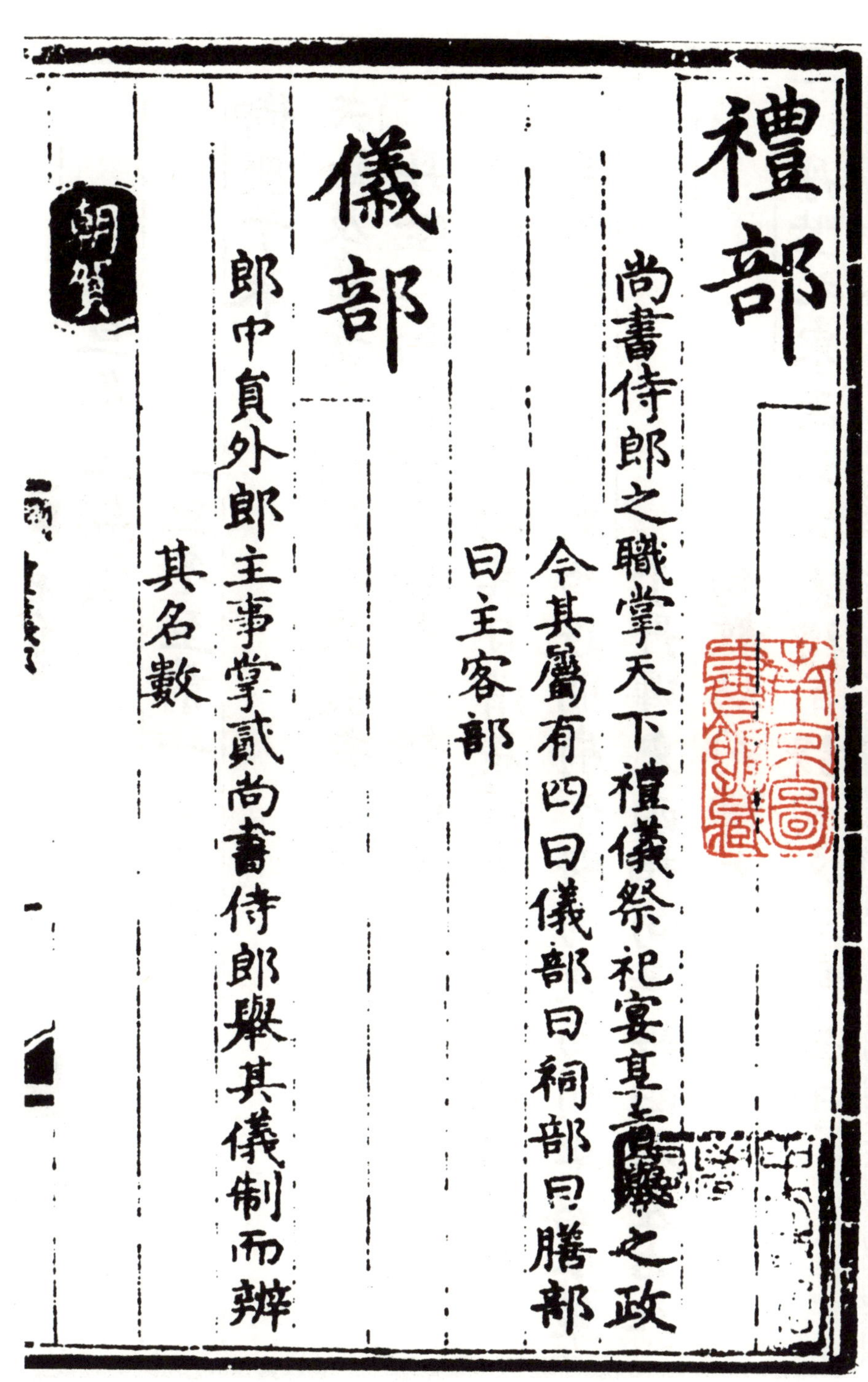

正旦冬至朝賀

一凡正旦冬至前一日尚寶司陳設

御座于奉

天殿及寶案于御座之東設香案于

丹陛之南教坊司設中和韶樂于

殿内之東西北向其日清晨錦衣衛陳鹵簿儀仗於

丹陛及丹墀之東西設朋扇于殿内東西列車輅步輦

于丹墀東西相向鳴鞭四人左右北

向教坊司陳大樂于

丹陛之東西北向儀禮司設同文玉帛案于

丹陛之東金吾衛設護衛官于殿內及
丹陛之東西陳甲士于午門外奉
天門外及丹墀東西錦衣衛設將軍于奉
天門外丹陛丹墀及奉天門列旗幟于奉
天門外東西典牧官陳仗馬犀象于文武樓南東西相向
欽天監設司晨郎報時位于內道東
近北立糾儀御史二人于丹墀北東
西相向內贊二人于殿內外贊二人
于丹墀北東西相向設傳
制宣表等官位于殿內東西相向皷初嚴文武官具朝服

齊班于午門外皷次嚴引禮引百官
由左右掖門入詣丹墀東西北向立
皷三嚴執事官詣
華蓋殿伺候内官跪奏
皇帝具衮冕陞座鍾聲止儀禮司官跪奏各執事官行禮
賛五拜禮畢賛供事執事官各就位
儀禮司官跪奏請
陞殿駕興中和韶樂奏聖安之曲尚寶官捧寳前行導
駕官前導扇開簾捲尚寳官置寳于案樂止鳴鞭報時
鷄唱曉對賛唱排班班齊賛禮唱鞠

躬大樂作贊四拜平身樂止典儀唱
進表大樂作給事中二人詣同文案
前導引序班舉案由東門入置殿中
樂止內贊唱宣表目宣表目官跪宣
訖俯伏興唱宣表展表官取表宣表
官至簾前外贊唱衆官皆跪宣表訖
內外皆唱俯伏興平身序班即舉表
案于殿東外贊唱衆官皆跪代致詞
官跪于
丹陛中致詞云具官臣某茲遇正旦則云三陽開泰萬物咸新冬至則云律應黃鐘日當長至

恭惟

皇帝陛下膺乾納祐奉天永昌賀訖外贊唱衆官皆俯伏

興樂作四拜興平身樂止傳

制官詣

御前跪奏傳

制俯伏興由東門靠東出至丹陛之東西向立稱有

制贊禮唱跪百官皆跪宣

制正旦則云履端之慶冬至則云履長之慶與卿等同之贊禮唱俯伏興平身

樂止贊搢笏鞠躬三舞蹈贊跪唱山

呼百官拱手加額曰萬歲唱山呼曰

萬歲唱再山呼曰萬萬歲凡呼萬歲
樂工軍校齊聲應之贊出笏俯伏興
大樂作贊四拜平身樂止儀禮司官
跪奏禮畢中和樂作奏定安之曲
駕興尚寶官捧寶導駕官前導至
華蓋殿樂止引禮引百官以次出

中宮正旦冬至命婦朝賀儀

一凡正旦冬至前期一日女官陳設
御座于宮中設香案于丹墀之南其日清晨内官陳設儀
仗于

丹陛之東西及丹墀東西女官擎執者立于
御座之左右陳女樂于
丹陛東西北向設箋案于殿東門外設班首拜位于中
道之東西設命婦拜位于丹墀北向
設司賛位于丹墀東西設司賓位于
命婦班之北東西相向設内賛二人
位于殿内東西命婦至宮門外司賓
引命婦入就拜位女官具服侍班如
常儀尚宮尚儀等官詣
内奉迎尚儀奏請陞座

皇后具服出導從如常儀樂作陞座樂止司賛唱班齊樂作賛四拜樂止外賛唱進箋引箋案女官前導舉箋案女官二人舉案由殿東門入樂作至殿中樂止賛衆命婦跪内賛唱宣箋目宣箋目女官宣訖興唱宣箋展箋女官詣案前取箋宣箋女官宣訖興舉案者舉案于殿東賛命婦皆興司賓引班首由東階陞樂作自東門入至殿中樂止内賛唱跪班首跪衆命婦皆跪班首稱其

夫人妾某氏茲遇（正旦則云履端之節冬至則云履長之節）
敬詣
皇后殿下稱賀內贊司贊同唱興班首及殿外命婦皆興
司賓引班首由西門出降自西階樂
作至拜位樂止贊拜樂作四拜樂止
司言前跪將
旨由東門靠東出至于丹陛東西向立稱有
旨司贊唱跪衆命婦皆跪司言宣
旨（正旦則云履端之慶冬至則云履長之慶）與夫人等同之贊興衆命婦皆興司贊
唱拜樂作四拜樂止尚儀跪奏禮畢

皇后興樂作還宫樂止引禮引命婦以次出
東宫正旦冬至朝賀
一凡正旦冬至日典璽官設
東宫座于文華殿中錦衣衛設儀仗於殿外東西教坊司
陳大樂于
文華門内東西北向府軍衛列甲士旗幟于門外錦衣
衛設將軍十二人于殿中門外及
文華門外東西相向立儀禮司官設箋案于殿東門外
文華門外設傳
設文武官拜位于

令宣箋等官位于殿内東西執事官先行四拜禮訖各就
位引禮引各官詣
文華門外北向立儀禮司官啓請
陞座導引官奉迎
東宮具冕服出樂作陞座樂止贊禮唱班齊鞠躬樂作四
拜興平身樂止唱進箋給事中前導
箋案由殿東門入置殿中内贊唱宣
箋目宣訖俯伏興平身唱宣箋外贊
唱跪展箋官詣案前取箋宣箋官宣
訖内外皆贊俯伏興平身即舉案于

殿東外贊唱衆官皆跪代致詞官中
道跪致詞云具官臣某等兹遇正旦則云三陽開泰萬物咸新冬至則云律應黄鍾日當長至敬惟
皇太子殿下茂膺景福賀畢唱衆官皆俯伏興平身傳
令官跪啓傳
令由東門左出至丹陛東西向立稱有
令贊衆官皆跪宣令正旦云履端之節冬至云履長之節同臻嘉慶贊俯伏
興樂作四拜平身樂止儀禮司官跪
啓禮畢

萬壽聖節百官朝賀禮儀

一凡
萬壽聖節百官朝賀禮儀與正旦冬至同但致詞云恭惟
皇帝陛下萬壽令節臣某等誠懽誠忭敬祝
萬萬歲壽不傳
制

中宮千秋節命婦朝賀禮儀

一凡
中宮千秋節命婦朝賀禮儀與正旦冬至同但致詞云茲遇
千秋令節敬詣
皇后殿下稱賀不傳

旨

東宮千秋節百官朝賀禮儀

一凡

東宮千秋節百官朝賀禮儀與正旦冬至同但致詞云茲

遇

皇太子殿下壽誕之晨臣 某等敬祝

千歲壽不傳

令

朝儀

京官常朝儀

一凡朝班序立公侯序于文武班首次駙馬次
伯自一品以下各照品級文東武西
依次序立風憲糾儀官居下朝北紀
事官居文武第一班之後稍近上便
於觀聽不許攙越如有事奏須要從
班末行至
御前跪奏不許於班內橫過奏畢即便入班序立
一凡文武百官于
御前侍坐遇有大小官員奏事必須起立候奏事畢復坐
不許倨坐失儀如有特

旨賜坐則復坐

一凡文武百官出入朝門各照品級第加遜敬

如一品以下官遇公侯駙馬加敬禮

立則旁立行則後從三品四品官遇

一品官加遜禮行立俱後從五品以

下官倣此俱不許攙越失儀如有

宣召不在此限

一凡百官朝叅遇有

聖諭教戒須要專心致意拱聽分明即便省身克己不許

放肆

一凡百官

御前奏對務必從實知則為知不許妄對

一凡大小官員隨從

上位行丹墀身常朝北不許南向或左或右環轉隨侍如

上位陞奉天門及丹陛其隨從官員不得徑行中道并

王道如有

旨令行方許于側邊隨行

一凡官員入朝門須要拱手端行威儀整肅不

許私揖及吐唾不敬

一凡文武百官於奉

天華蓋武英等殿奏事必須穿着履鞋方許入
殿違者從糾儀御史禮部儀禮司官糾劾送法司如律

百官朝見禮儀

一凡朝見稽首頓首五拜乃臣下見
君上之禮先拜手稽首四拜後一拜叩頭成禮稽首四拜
者百官見
東宮親王之禮其見父母亦行四拜禮其餘官長及親
戚朋友相見止行兩拜禮

常朝君父之曲

一凡各王大朝行八拜禮常朝一拜扣頭禮凡

伯叔兄見

天子在朝行君臣禮於便殿内行家人禮伯叔兄坐東面西坐受

天子四拜伯叔兄就於受禮位坐天子居正中南面坐所以尚親親之義以存君臣之禮

一皇后父見

上行君臣禮后見父母行家人禮

皇太子見

皇后父母皇后父母立於東西向皇太子立於西東向行四拜禮皇后父母立受兩拜荅兩拜

諸蕃朝貢

一凡蕃王來朝先遣禮部官勞於會同館次日於
奉天殿朝見
上位蕃王服其國服若嘗賜朝服者則服朝服行八拜禮禮畢即詣
文華殿朝見
皇太子行四拜禮見
親王亦行四拜禮親王立受兩拜荅兩拜其從官隨蕃王班後行禮凡遇宴會蕃班次各居

公侯伯之下如蕃王朝見之後遇有
恩賜及蕃國遣使朝貢皆如常朝儀

庶人常見禮儀

一凡民間子孫弟姪甥壻見尊長生徒見師範
奴婢見家長久别行四拜禮尋常近
别行揖禮其餘親戚長幼照依等第
久别行兩拜禮尋常近别行揖禮平
交同

冠服

皇帝冕服

衮冕十二章

冕版廣一尺二寸長二尺四寸冠上有覆玄表朱裏前後各有十二旒旒五采玉珠十二玉簪導朱纓

圭長一尺二寸

玄衣纁裳衣六章織日月星辰山龍華蟲裳六章織宗彝藻火粉米黼黻

中單以素紗爲之

紅羅蔽膝上廣一尺下廣二尺長三尺織火龍山三章

革帶佩玉長三尺三寸
大帶素表朱裏兩邊用緣上以朱錦下
以綠錦
大綬六采用黃白赤玄縹綠織成純玄
質五百首小綬三色同大綬間織三
玉環
朱襪赤舄祭
天地宗廟及正旦冬至
聖節則服之
皮弁服其皮弁用烏紗冒之前後各十二縫每

縫中綴五采玉十二以爲飾玉簪導
紅組纓其服絳紗衣蔽膝隨衣色白
玉佩革帶玉鉤䚢緋白大帶白襪黑
舄

東宫冠服

袞冕九章

冕九旒旒九玉金簪導紅組纓兩玉瑱
圭長九寸五分
玄衣纁裳衣五章織山龍華蟲宗彝火
裳四章織藻粉米黼黻

白紗中單黼領
蔽膝隨裳色織火山二章
革帶金鉤䚢玉佩
綬五采用赤白玄縹綠織成純赤質三百三十首小綬三色同大綬間織三
玉環
大帶白表朱裏上緣以紅下緣以綠白
襪赤舄

天地宗廟及正旦冬至朝賀則服之
親王冠服

袞冕九章

冕五采玉珠九旒紅組纓青纊充耳金

簪導

圭長九寸二分五釐

青衣纁裳衣五章織山龍華蟲火宗彝

裳四章織藻粉米黼黻

白紗中單黼領青緣

蔽膝隨裳色織火山二章

革帶金鉤䚢佩玉

綬五采赤白玄縹綠織成純赤質三百

二十首小綬三色同大綬間織三玉
環
大帶表裏白羅朱緑緣
白襪朱履助祭謁
廟正旦冬至等朝賀則服之
世子冠服
衮冕七章
冕三采玉珠七旒紅組纓青纊充耳金
簪導
圭長九寸

青衣纁裳衣三章織華蟲火宗彝裳四
章織藻粉米黼黻
素紗中單青領褾赤襈
革帶佩白玉玄組綬
綬紫質用紫黄赤三采織成間織三白
玉環
白襪赤舄

文武官冠服

一文武官朝服梁冠赤羅衣白紗中單俱用青
飾領緣赤羅裳青緣赤羅蔽膝大帶

用赤白二色絹革帶佩綬白襪黑履
一品至九品俱以冠上梁數分等第
公冠八梁加籠巾貂蟬立筆五折四柱
香草五段前後用玉為蟬
侯冠七梁加籠巾貂蟬立筆四折四柱
香草四段前後用金為蟬
伯冠七梁加籠巾貂蟬立筆二折四柱
香草二段前後玳瑁為蟬俱左插雉
尾
駙馬冠與侯同不用雉尾

一品冠七梁不用籠巾貂蟬革帶與佩
俱用玉綬用緑黄赤紫四色絲織成
雲鳳四色花錦下結青絲網綬環二
用玉笏用象牙
二品冠六梁革帶綬環用犀余同一品
三品冠五梁革帶用金佩用玉綬用黄
緑赤紫四色織成雲鶴花錦下結青
絲網綬環二用金笏用象牙
四品冠四梁革帶用金佩用藥玉餘同
五品冠三梁革帶用銀鈒花綬用黄緑

赤紫四色織成盤鵰花錦下結青絲網綬環二用銀鍍金笏用象牙

六品七品冠二梁御史加獬豸革帶用銀佩用藥玉綬用黃綠赤三色絲織成練鵲花錦下結青絲網綬環二用銀笏用槐木

八品九品冠一梁革帶用烏角佩用藥玉綬用黃綠二色絲織成鸂鶒花錦下結青絲網綬環二用銅笏用槐木

一文武官朝服於

大祀慶成正旦冬至
聖節及頒降開讀詔赦進表傳制則服之
一文武官公服用盤領右衽袍或紵絲紗羅絹
從宜製造袖寬三尺
一品至四品緋袍　五品至七品青袍
八品九品綠袍　未入流雜職官袍
笏帶與八品以下同
公服花樣
一品用大獨科花徑五寸
二品小獨科花徑三寸

三品散荅花無枝葉徑二寸

四品五品小雜花紋徑一寸五分

六品七品小雜花徑一寸八品以下無紋

幞頭用漆紗二等展角各長一尺二寸其

雜職官貟幞頭用垂帶

笏依朝服為之

腰帶

一品用玉或花或素　二品用犀

三品四品用金荔枝　五品以下用烏

角鞓用青革仍垂撻尾於下　靴用皂

其在京文武官於每日早晚

朝奏事及侍班謝

恩見辭則服之在外文武官員於每日清早公座服之

一凡各處雜職未入流品人員若遇大

朝賀進表等陪班行禮止用公服

一文武官陪祭服一品至九品青羅衣白紗中單俱用皂領緣赤羅裳皂緣赤羅蔽膝方心曲領其冠帶佩綬等第並同

朝服

一品官常服用雜色紵絲綾羅綵繡庶民止用

紬絹紗布不許別用

一花様公侯駙馬伯麒麟白澤

文官一品二品仙鶴錦鷄

三品四品孔雀雲鴈　五品白鷴

六品七品鷺鷥鸂鶒

八品九品黄鸝鵪鶉練鵲

風憲官用獬豸

武官一品二品獅子　三品四品虎豹

五品熊羆　六品七品彪

八品九品犀牛海馬

一官員及軍民僧道人等衣服帳幔並不許玄
黄紫三色并織繡龍鳳文違者罪及
染造之人其朝見人員四時并用顔
色衣服不許純素

命婦冠服

一品冠用金事件
珠翟五箇
珠牡丹開頭二箇　珠半開三箇
翠雲二十四片　翠牡丹葉一十八片
翠口圈一付上帶金寶鈿花八箇
金翟二箇口啣珠結二箇

二品至四品冠用金事件　珠翟四箇
珠牡丹開頭二箇　珠半開四箇
翠雲二十四片　翠牡丹葉一十八片
翠口圈一付上帶金寶鈿花八箇
金翟二箇口啣珠結二箇
一品至四品霞帔用雲霞紋鈒花金墜子褙子
用雲霞文
五品至六品冠用抹金銀事件　珠翟三箇
珠牡丹開頭二箇　珠半開五箇
翠雲二十四片　翠牡丹葉一十八片

翠口圈一付上帶抹金銀寶鈿花八箇
抹金銀翟二箇口啣珠結子二箇
霞帔用雲霞文
五品鍍金鈒花銀墜子　六品鈒花銀墜子
七品至九品冠用抹金銀事件　珠翟二箇
珠月桂開頭二箇　珠半開六箇
翠雲二十四片　翠月桂葉一十八片
翠口圈一付上帶抹金銀寶鈿花八箇
抹金銀翟二箇口啣珠結子二箇
七品霞帔褙子與八品同

八品九品霞帔用繡纏枝花墜子與七品同褙
子繡枝團花

房屋器用等第

一凡官員盖造房屋並不許歇山轉角重簷重
栱繪畫藻井其樓房不係重簷之例
聽從自便
公侯前廳七間或五間兩厦九架造中
堂七間九架後堂七間七架門屋三
間五架門用金漆及獸面擺錫環家
廟三間五架俱用黑板瓦盖屋脊用

花樣瓦獸梁棟斗栱簷角綵色繪飾
窻枋柱用金漆或黑油飾其餘廊廡
庫厨從屋等房從宜盖造俱不得過
五間七架
一品二品廳堂五間九架屋脊許用瓦
獸梁棟斗栱簷角青碧繪飾門屋三
間五架門用緑油及獸面擺錫環
三品至五品廳堂五間七架屋脊用瓦
獸梁棟簷角青碧繪飾正門三間三
架門用黑油擺錫環

六品至九品廳堂三間七架梁棟止用土黄刷飾正門一間三架黑門鐵環

一品官房舍除正廳外其餘房舍許從宜盖造比正屋制度務要减小不許太過其門窓戶牖並不許用朱紅油漆

一庶民所居房舍不過三間五架不許用斗栱及彩色粧飾

一器皿公侯一品二品酒注酒盞用金餘用銀三品至五品酒注用銀酒盞用金六品至九品酒注酒盞用銀餘皆用磁

漆木器並不許用硃紅及稜金描金
雕琢龍鳳文
庶民酒注用錫酒盞用銀餘磁漆
一傘蓋一品二品銀浮屠頂茶褐羅表紅絹裏
三簷
三品四品用紅浮屠頂茶褐羅表紅絹
裏三簷以上傘蓋俱用黑色茶褐兩
傘俱用紅油絹
五品用紅浮屠頂青羅表紅絹裏兩簷
雨傘同四品

六品至九品用紅浮屠頂青綃表紅絹
裏兩簷雨傘俱用油紙
一官員床面屏風槅子並用雜色漆飾不許雕
刻龍鳳文并金飾硃漆
一官員鞍轡公侯一品二品用銀減鐵事件鞊
用描銀
三品至五品用銀減鐵事件鞊用油畫
六品至九品用擺錫鐵事件鞊用油畫
一凡軍官軍士應用弓矢止是黑漆弓袋箭囊
並不許用硃漆描金粧飾

一已上服色器皿房屋等項並不許雕刻刺繡
古帝王后妃聖賢人物故事及日月
龍鳳獅子麒麟犀象等形

親王冠禮

一前期三日各執事官于本部習儀至日傳
制遣官持節行禮
一前期儀衛司先設
王邸在東序張帷幄設裀褥于序中又張帷于序儀禮
司設掌贊官
勅戒等官序立位于王邸東稍西向具九旒冕翼善冠絳

紗袍等服并網巾金簮二物各以箱
盛俟持節者至禮部儀禮司等官啓
上出迎門外贊禮導王行節入王邸置中庭樂作贊
王詣香案前四拜畢禮部等官啓就冠席西南向内侍
二人夾侍樂止引禮引賓贊以次詣
盥洗樂作搢笏盥手樂止通贊典儀
二人露臺東西向冠席在東序南西
向醴席在西南向行禮之時諸執事
官陞自東階稍西向掌冠者執網巾
陞賓降一等受之進

王席前稍北面立祝曰惟茲吉日冠以成人克敦孝友福祿來臻畢供奉官束髮掌冠跪進網巾樂作贊冠者跪正之興立掌冠後內侍跪進服訖樂止掌冠啓王復坐執翼善冠陞賓降二等受之右手執冠後左手執冠前進如前儀祝曰冠禮斯舉寔由成德敬慎威儀惟民之則畢跪進冠興樂作掌冠啓復坐贊冠進跪脫翼善冠興內侍跪脫袍服執衮冕者陞賓降三等受之進如

前儀祝曰冠至三加命服用章敬神
事上永固藩邦跪進服興樂作贊冠
跪簪結紘興立掌冠後
王興內侍跪進袞服訖樂止禮部官引
王降自東階樂作由西階陞醴席南向坐樂止引禮引
掌冠詣罍洗樂作搢笏盥手訖陞西
階樂止贊冠者取爵詣司尊所酌醴
授賓賓跪進席前北面祝曰旨酒嘉
薦載芬載芳受茲景福百世其昌畢
王搢圭受爵樂奏喜千春之曲飲訖奠爵出圭進饌饌

訖引
王降自西階詣東序易服訖樂止請
王詣拜位樂作引禮引宣勑戒官至中庭西向立稱有
制王跪樂止宣勅戒曰孝于君親友于兄弟親賢愛民率
由禮義毋溢毋驕永保富貴樂作俯
伏興四拜興樂止禮部官啓禮畢引
王還樂止掌冠等官復
命王是日謁
廟畢就詣
父皇及東宮前謝次日百官稱賀畢詣

王府行叩頭禮

婚禮

親王婚禮儀式

定親禮物

金五十兩

珎珠一十兩重 用紅綠紗銷金袋二箇

花銀四百兩重

各色紵絲四十疋 用紅綠羅銷金束子一百二十箇

大紅羅二疋 用紅綠羅銷金束子六箇

生紗二疋 用紅綠羅銷金束子六箇

裹絹四十疋
綿臙脂一百箇金花臙脂二兩重用抹金花銀合一對計六兩重
鉛粉二十袋計一十兩重用紅綠羅銷金袋二箇
北羊四牽用紅綠絹銷金蓋袱四條并牽羊紅麻索四條
豬二口
鵞二十隻
酒八十瓶用紅綠羅銷金小蓋袱八十條每條墜角折二銅錢四箇
圓餅八十箇用紅紙花貼面

末茶一十袋　用紅綠羅銷金袋一十箇

果六合

白熟米二石　作四合每合上用染紅米二升

麪四十袋　用紅紙花貼面

媒人

紵絲二疋　用紅綠羅銷金束子六箇

裏絹二疋

開合

紵絲一疋　用紅綠羅銷金束子二箇

裏絹一疋

已上禮物媒人并内官一員送至妃
家媒人就引妃家回奉禮物從
西華門入如命官則
皇帝前復命外命婦則
皇后前復命

納徵

禮物

玉穀圭一　褁圭圭錦袋二件盛玉圭剔金雲鳳硃紅木匣一箇内錦褥一斤

玄纁紵絲五疋　玄三疋纁二疋用紅綠羅銷

金束子一十五箇

珠翠燕居冠一頂冠盝全

冠上火珠博鬢結子等項全

金鳳二箇金寶鈿花二十七箇

金簪一對冠上珊瑚鳳冠觜一副

燕居服四套

大紅紵絲一件　大紅線羅一件

大紅素紗一件　青線羅一件

大帶四條內大紅線羅三條　青線羅一條

玉革帶一副

玉事件九件　金事件二件

玉花綵結綬一副紅綠線羅紵絲大紅紗羅繫帶

綵結上玉綬花一箇

綬帶上玉墜珠六顆

綬帶上金垂頭花板四片金葉兒六箇

白玉鉤碾鳳文珮一副

玉事件二十件串珠全

金鉤二箇

紅羅銷金夾袱大小五條包燕居服及玉宰帶等用

珠面花四副

珠花四枝金脚 八錢重

金脚四珠環一雙 金脚五錢重

梅花環一雙 金脚五錢重

金釵花釧一雙 二十兩重

金光素釧一雙 二十兩重

金龍頭連珠鐲一雙 一十四兩重

金八寶鐲一雙 八兩重外寶石一十四塊

金四百兩 九成色二百兩 八成色二百兩

花銀一千六百兩

珎珠二十四兩重 用紅綠紗釘金袋二筒

寶鈔五十貫
乘馬四疋　紅纏頭錦韉四副
各色紵絲六十疋　用紅綠羅銷金束子一百八十箇
各色綾六十疋　用紅綠羅銷金束子一百八十箇
各色紗六十疋　用紅綠羅銷金束子一百八十箇
各色羅六十疋　用紅綠羅銷金束子一百八十箇
各色錦六十疋　用紅綠羅銷金束子一百八十箇
大紅羅四疋　用紅綠羅銷金束子一十二箇
生紗四疋　用紅綠羅銷金束子一十二箇
各色絹三百疋

白綿二十觔
臙脂二合重二兩　金臙脂合一對重一十兩
鉛粉二十袋重一十兩　用紅綠羅銷金袋二箇
北羊三十二牽　用紅綠銷金盖袱三十二條
牽羊紅麻索三十二條
豬一十六口
鵞三十二隻
酒二百瓶　用紅綠羅銷金盖袱二百條
每條條𨽻角折二銅錢四箇
末茶三十二袋　用紅綠羅銷金袋三十二箇

果二十合

響糖二合　芝麻纏糖二合

茶纏糖二合　砂仁糖二合

胡桃纏糖二合　木彈二合

蜜煎二合　棗子二合

乾蒲萄二合　胡桃二合

圓餅六百箇　用紅紙花貼面

白麪一百二十袋　用紅紙花貼面

紅紗罩盂　大小一十二箇

開合

紵絲八疋用紅綠羅銷金束子二十四箇

媒人

紵絲一十二疋用紅綠羅銷金束子三十六箇

徵納禮儀

前一日尚寶司陳設

御座于

奉天殿內官監禮部設冠服首飾金銀段疋等儀物于

文樓下教坊司設中和樂于殿內其日清晨錦衣衛設

儀仗于

丹陛丹墀之東西教坊司設大樂于

丹陛之東西北向及設樂于
午門外設護衛將軍文武官執事官如常儀儀禮司設
百官侍立位于
文武樓南設玉帛案于殿内之東鼓三嚴文武官具朝
服至侍立位東西相向鐘聲止儀禮
司跪奏請陞殿
皇帝具皮弁服導駕奉引如常儀樂作陞座樂止鳴鞭訖
序班舉玉帛案置殿中引正使副使
入就拜位贊鞠躬樂作贊四拜興平
身樂止承制官詣

御前跪承
制俯伏興由東門稍東出序班舉玉帛案隨之置丹墀中
道承制官稱有
制賛禮賛跪宣
制曰今聘某官某女為某王妃命卿等行納徵禮賛禮賛
俯伏興樂作四拜平身樂止儀禮司
奏禮畢
駕興樂作鳴鞭樂止引禮引玉帛案由
奉天門東門及
午門東門出置玉圭玄纁于綵輿執事官引

文樓下儀物由
午門東門出以次陳列正副使行至
御橋外收服乘馬至妃家
妃家行納徵禮
前一日妃家設正副使幕次于大門外道左南
向設香案于正堂中設受玉帛案于
香案之南其日禮物至妃家引禮捧
玉圭玄纁先行正副使隨之至幕次
執事者陳禮物及冠服等物于正堂
捧玉帛者俟于幕次東西向禮官一

負先入至正堂立于東西向主婚者出見立于東西向禮官曰奉
制命正使某官某副使某官某爲某王行納徵禮引禮引主婚者出迎引禮引正使捧玉圭副使捧玄纁先行主婚者隨行引禮引至正堂置玉圭玄纁于案正使立于案之左西南向副使立于案之右東南向贊禮引主婚者就拜位贊鞠躬四拜興平身贊詣前跪贊捧圭正使捧玉圭授主婚者主婚者受玉圭以授

執事者執事者跪受與置于案贊捧帛副使捧玄纁授主婚者主婚者受玄纁以授執事者執事者跪受與置于案贊主婚者俯伏興平身贊復位贊四拜興平身禮畢正副使出主婚者至正副使前致詞云請禮從者酒饌畢主婚者捧帛以勞正副使正副使出主婚者送至門外正副使詣

皇帝前復命妃家同儀從

西華門入內官監監官奏

闕

發冊儀物

金冊一副 兩葉計八成色金一百兩每葉高一尺二寸闊五寸厚二分

籍冊錦一片 紅絹裹

聯貫冊葉 用紅絨條

墊冊錦褥一箇 紅絹裹

裹冊紅羅銷金小夾袱一條

渾金瀝粉雲鳳冊匣一箇 內用紅紵絲襆 襯花銀釘鉸一付重一兩二錢嵌金絲鐵鎖鑰一副

覆匣紅羅銷金大夾袱一條

九翟四鳳冠一頂

冠上大花九樹小花九樹寶鈿九箇翠

雲博鬢描金珠皂羅額珠眉心珠牌環

金冠上金鳳四箇

牌環脚一雙

翟衣三套描金雲鳳沉香色木匣一箇銅鎖鑰索扛全

青紵絲綉翟衣一件青紵絲綉蔽膝一件

玉色線羅中單一件紅緣襈

青線羅綉翟衣一件青線羅綉蔽膝一件

玉色線羅中單一件紅緣襈

青紗綉翟衣一件青紗綉蔽膝一件玉
色紗中單一件
青紅線羅銷金大帶一條上有青紵絲
副帶一條
五色線錦綬一副上有玉環二箇青紅
羅絲結全
白玉鈎碾鳳文珮一副
玉事件二十件串珠全
金鈎子并圈二箇
五色線錦襯一副

白玉革帶一副 青紵絲表鞓描金文翟衣

玉事件一十件 金事件五件

青紵絲舄一雙 上有珠六顆

青羅襪一雙

紅羅銷金夾袱大小五條 包裹翟衣玉佩玉帶等用

鳳轎一乘

錦坐褥一箇 錦踏褥一箇

紅交床一把 丸率條全 紅簾一扇 青綫銷金邊連綠帶全

紅羅銷金轎衣一件 瀝水頂罩全

紅油絹銷金雨轎衣一件 瀝水頂罩全

絲結四串抹金鍍香圓寶蓋四副
計八件共花銀一十六兩

儀仗

紅杖二　清道旗二
絳引旛二　戟氅二
班劒二 結子絹袋全　儀刀二 結子紅絹袋全
梧杖二 絹袋全　鐙杖二 絹袋全
立瓜二 絹袋全　卧瓜二 絹袋全
骨朶二 絹袋全　響節四 絹袋全
紅銷傘一把 絹袋全　青方傘二把 絹袋攀全

紅綉團扇四把絹袋全
青綉團扇四把絹袋全
紅紗燈籠四箇竿全
拂子二箇結子全
坐障一竿全　行障二竿全
抹金交椅脚踏一副除朮外計花銀一
百兩重搭座踏褥結子全
抹金銀水罐一箇重六十兩
抹金銀水盆一箇重六十兩
抹金銀唾壺一箇重一十六兩

抹金銀唾盂一箇重一十六兩
抹金銀香爐一箇重一十六兩
抹金銀香合一箇重一十六兩
擎執宮人銷金羅袍一十四領抹金鈒花銀
帶一十四條翠花紗帽一十四頂皂麂
皮靴一十四雙
女轎夫衣袍一十六領汗跨一十六副銅束
帶一十六條花紗帽一十六頂紅綿布
鞝鞋一十六雙

發冊命使儀注

其日清晨內官監錦衣衛尚寶司教坊司文武
執事等官于
奉天殿陳設如納徵儀儀禮司設冊案于殿內之東承
制官持節官位于殿內之東西向設
正使副使拜位于丹墀正使在東副
使在西錦衣衛設蓋冊黃傘一于殿
門外禮部陳設綵輿于
午門外內官陳王妃鳳轎儀仗于綵輿之南皷三嚴引
禮引文武官入就侍立位鍾聲止儀
禮司跪奏請陞殿

皇帝服皮弁服導駕官奏引如常儀樂作陞座樂止捲簾
鳴鞭訖引禮引正副使各就拜位贊
禮贊鞠躬樂作贊四拜平身樂止承
制官詣
御前跪承制俯伏興由東門稍東出持節官舉節舉冊官
舉案隨行亦由東門稍東出校尉擎
傘遮護冊行至丹墀御道中持節官
立于案東西向傳制官稱有
制贊禮唱跪宣
制曰今冊某官某女為某王妃命卿等持節行禮贊禮贊

俯伏興鞠躬四拜興平身樂止持節
官以節授正使引禮引節冊及正副
使由
東道至
奉天門由
東門出至
午門外置冊于綵輿儀禮司官奏禮畢
駕興樂作百官揆班以次出儀仗鳳轎前行引禮引節及
綵輿正副使隨行過
御橋收服持節正副使俱上馬至

妃府行冊禮

冊至妃家行禮儀注

是日妃府先設幕次于大門之外南向設香案于正廳冊使至引禮引正副使至幕次禮官先入見主婚者禮官曰奉

制命正使某官某副使某官某持節行冊禮主婚者出迎引禮引正使持節副使捧冊入主婚者隨行至正廳正副使立于香案東南向引禮引主婚者至拜位贊禮贊

鞠躬四拜興平身退立于西南　引禮

引捧冊内官詣前贊禮贊舉冊副使

以冊授内官内官跪受訖　贊禮贊請

詣中堂行禮内使二人引捧冊内官

入中堂正副使仍前立候内官出告

行禮畢正使副使以節出主婚者請

禮正副使如納徵儀

受冊儀注

其日妃府陳設香案于中堂設冊案

于香案之南設妃拜位于冊案之南

妃服翟衣訖俟內官捧册入置于案贊禮女官一員居東一員居西在妃拜位前相向立宣册女官展册女官立于東引禮女官二員分左右引妃出房至册案前拜位女使執事者立于西贊禮女官贊四拜興宣册女官稱有

制女官贊跪妃跪贊宣册宣册女官詣册案前取册立宣于香案東女官宣册訖以册入于盝贊受册宣册官捧册立授妃妃受册

女官賛以冊授執事者妃以冊授女使女使跪受興置于案女官賛妃興又賛四拜禮畢内官出告正副使行禮畢執事者徹香案冊案設妃座引禮請妃陞座衆命婦及應賀者序立于庭北向賛四拜禮畢妃降座

催粧禮物

壯羊二牽紅緑絹銷金蓋袱二條

酒二十瓶紅緑羅銷金蓋瓶袱二十條每條繫角新二銅錢四箇

果二合用花四枝

已上禮物内官一員送至妃家

鋪房

一妃家於親迎前擇日將房奩床帳等物至
京府鋪房禮部預先奏知至日妃家備鼓樂迎引從
午門東角門入鼓樂止于闕西妃母或親戚入
内陳設

醮戒儀注

其日内官監設
上位
中宮御座于宮中設大樂儀仗于丹陛之東西執膳内官

上位服皮弁服先備酒金爵果合以俟
中宮燕居服出樂作陞座樂止
王服袞冕贊引引王由殿東門入詣
上位前贊禮贊鞠躬樂作贊四拜興平身樂止執事者以
爵斟酒立于
御前之東贊禮贊王詣前跪贊搢圭贊受爵執事者以爵立
授王王受爵飲訖以爵授執事者執事者跪受以退
贊禮贊出圭恭聽
戒命讀旨意致戒詞王聽戒辭訖贊俯伏興平身贊復位

贊鞠躬 樂作 贊四拜興平身 樂止贊

禮引王詣

中宮前 禮同 贊禮畢引禮引王出收袞冕具皮弁服行親

迎禮

妃受醮戒儀

親迎日妃家先於祠堂陳設祭物妃

服燕居冠服妃父母同妃詣祖宗前

奠酒讀祝禮畢執事者具酒饌命妃

飲食訖父母坐於正堂女執事引妃

詣父母前各四拜父母隨意致戒辭

妃聽受訖次辭諸尊長禮畢改服翟衣以俟

親迎儀注

其日儀衛司先設王儀仗象輅于承天門外妃家先設王幕次于中門之外設香案帛案于正堂之中是日王受命訖引禮引王由午門東門出典儀具服跪請陞輅王陞輅儀從前導過御橋樂作至妃家門外引禮跪請王降輅導引至幕次

禮官一員先入至正廳立于東西向主婚者出見立于西東向禮官曰其

王奉

制行親迎禮引禮二人具服引主婚者迎王于幕次之外内官二員具服引王出幕次主婚者請王入中堂王先行主婚者後隨内官具服捧禮物入至于中堂主婚者進立于堂中之左妃母立于堂中之右東西相向王至中堂女執事二人引妃出房立于妃母之下内官引王至案

前内官捧帛進王王以帛置于案内官引王稍退近東西向立贊禮引主婚請帛案前行八拜禮退復位執事者徹案引禮内官導王先出女轎夫舉鳳轎至于中門之内内官具妃儀仗于中門之外女執事引妃出内官跪啓請王詣轎所啓請揭簾妃陞轎内官啓請王陞輅前行妃具儀從後行至

承天門外降輅候妃至内官跪啓請王揭簾妃降轎王

先行至内釋皮弁服具衮冕至
奉先殿前候妃入
午門陞轎將至
奉先殿降轎行
廟見禮

廟見儀注

是日内官于
奉先殿陳設牲醴祝帛訖每廟猪一羊一帛二共八篚祝共一
贊引二人引王二人引妃至
奉先殿詣

德祖玄皇帝皇后神御前王在東妃在西贊王與妃皆兩拜
贊跪王跪妃亦跪贊搢圭王搢圭贊進
帛執事者以帛跪進于王右贊受帛王受
帛以授執事者贊奠帛執事者以帛奠神御前
贊進爵執事者以爵跪進于王右贊受爵王
受爵以授執事者贊獻爵執事者以爵奠于
玄皇帝皇后前贊再進爵執事者以爵進贊受爵王受爵以授
執事者贊獻爵執事者以爵奠于
玄皇帝皇后前贊俯伏興王俯伏興妃亦興贊王復位贊王與
妃皆兩拜平身次詣

懿祖皇帝皇后
熙祖皇帝皇后
仁祖皇帝皇后相同上

贊詣讀祝位王詣讀祝位 贊跪王跪妃亦跪 讀祝訖贊俯伏興平身王俯伏興平身妃亦興 贊王復位贊王與妃皆兩拜平身贊執事者捧祝帛各詣燎所贊詣燎位王與妃詣燎位 贊禮畢引禮引王及妃還宮行合卺禮

合卺儀注

其日內官先于

王宮設王座于東西向設妃座于西東向各設拜位于座之南設酒案于正中稍南置兩爵兩巹于案上執事者啓請王具皮弁服訖贊引導王與妃至宮門贊引一人導王前陞二人導妃後陞贊請就拜位王與妃各就拜位贊兩拜王與妃皆兩拜訖贊請陞座王與妃皆陞座執事者二人舉饌案進于王及妃之前女官司尊者取金爵盞酌酒以進王與妃各受爵飲訖女官進饌王與妃皆舉饌訖女

官再以金爵進酒王與妃皆飲訖女官進饌王與妃皆舉饌訖女官再以巹盞酳酒合和以進王與妃皆飲訖又進饌王與妃皆舉饌凡三舉酒饌畢執事者徹饌案贊王與妃興就拜位相向贊兩拜禮畢王從者餕妃之饌妃從者餕王之饌

朝見儀注

第二日請晨王冕服妃翟衣贊引各啓請出宮至

宮門外以後

皇帝服皮弁服

中宮服燕居服陞座贊引引王及妃自東門入王先入妃

從之贊禮贊請

皇帝前王立于東妃立于西宮人以棗栗盤立于妃之右贊

王與妃皆四拜執事者二人舉案至

皇帝前宮人以棗栗盤授妃妃捧棗栗盤置于案上執事

者舉案妃隨捧進至

皇帝前妃復位贊禮贊王與妃皆四拜興贊引引王及妃

請

皇后前宮人以服脩盤立于妃左贊王與妃皆四拜興執
事者二人舉案至
皇后前正中宮人以服脩盤授妃妃捧服脩盤置于案上
執事者舉案妃隨舉進至
皇后前妃復位 贊四拜 王與妃皆四拜 興執事者以
皇帝前棗栗案徹于東
皇后前服脩案徹于西
贊禮畢贊引引王及妃出是日賜王
與妃宴

興饋

第三日清晨妃服翟衣贊引引妃出

陞輿將至

宮內門降輿由東門入俟膳至贊引引妃詣

皇帝前贊四拜尚食以膳授妃妃捧膳置于案復位又贊

四拜贊引引妃詣

皇后前禮同贊引引妃退立於西南俟膳畢贊引引妃出

王與妃見

東宮儀注

是日王與妃朝

見訖王具皮弁服妃服翟衣詣

東宮前行四拜禮

東宮皮弁服坐受

東宮妃翟衣立受兩拜荅兩拜

問門禮物

花銀三百兩重

雜色紵絲三十二疋 紅綠雜色銷金束手九十六箇

北羊四牽 紅綠絹銷金蓋袱四條 紅蔴索四條

酒四十瓶 紅綠銷金蓋袱四十箇

果四合

回門儀注

其日内官先將禮物至妃家

王與妃儀仗導從如常儀王先行至妃府妃父出迎王先入妃父從之至正廳王立東西向妃父立于西東向王於妃父母前行四拜禮妃父母立受兩拜答兩拜禮畢王中坐其餘親屬見王行四拜禮王皆坐受妃至入中堂於父母前行四拜禮父母正面坐受其餘親屬見妃各序家人禮

王府供用器皿

金器

壺瓶一對六十兩重
酒注一對六十兩重
盂子一對二十兩重
贄禮盤二面六十兩重
盤盞二副二十兩重
托裹胡桃木椀四箇六十四兩重
楞邊胡桃木托子四箇五兩重
托裹胡桃木鍾子一對一十一兩重
撒盞一對八兩重
葫蘆盤盞一副一十兩重

茶匙一雙一兩重
匙一雙五兩重
筯一雙五兩重

銀器

果盒一對一百六十兩重
汁瓶二對一百兩重
茶瓶一對五十兩重
湯鼓四箇八十兩重
按酒楪一十二箇四十二兩重
果楪一十二箇三十兩重

菜楪一十二箇二十四兩重

漆器

硃紅戧金大托盤二面紅紗罩二

硃紅戧金饅頭肉盤四箇紅紗罩二

小車子一乘貼金釘鉸全井頂上抹金銅
火珠一箇四角銅鳳四箇

紅紵絲車衣一副頂裙瀝水頂裏紫羅
帶全

錦坐褥一箇黃綿布骨子黃絹裏綿花
裝

紅平羅車衣一副頂裙瀝水頂裏絹絨

羅帶全

錦靠褥二箇綠紵絲邊黃綿布骨子黃

絹裏綿花裝

紅素油絹雨衣一副

紅油儀仗木架二座

公主婚禮

冊公主

前期告

奉先殿用祝帛猪羊行禮如常儀

冊文

維洪武某年歲次某某月某日

皇帝制曰古之君天下者有女必封爾長次女今已成人未有封號特以某郡為爾之號配某官某之子彼為駙馬爾為公主既入某官之門恪遵婦道以奉舅姑閨門整肅內助常佳毋累父母生身之恩爾惟敬哉

謁廟

受冊次日引禮引公主謁

奉先殿用香帛

駙馬受

誥其日駙馬受誥如常儀

誥文

夫婦之道人之大倫婚姻以時禮之所重介女下嫁必擇勳舊為姻此古今通義也朕今命爾某為駙馬都尉當堅夫道毋寵毋慢永肅其家以稱親親之意恪遵朕言勿怠

公主受醮戒

其日早公主具禮服辭

奉先殿申時內官陳設儀仗于

正宮內丹陛之東西大樂陳于

丹墀執事女官備金爵酒壺果合以俟內贊女官二員于

殿之東西

皇帝常服

皇后燕居服陞座公主具禮服引禮女官引公主詣

皇帝前贊拜樂作四拜樂止贊跪贊受爵女官以爵

斟酒立授公主 公主受酒飲訖以飲爵授

執事者執事者跪受虛爵退復

贊恭聽
戒命隨言意訓戒公主聽受訖贊興贊復位贊拜樂作四拜興樂止
引禮女官乂引公主詣
皇后前贊拜樂作四拜興樂止贊跪贊受爵執事女官斟酒立
授公主公主受酒飲訖以爵授執事者執事者受虛爵以退
贊恭聽
戒命隨言意戒訓公主聽受訖贊興贊復位贊拜樂作四拜興
樂止禮畢公主換燕居冠服命婦送
至宮門引禮引公主由宮門東門出
過宮門西上陞輦至右門內公主降

輦駙馬揭簾公主陞轎内使備儀仗鼓樂前導令女樂三十六人接引至府公侯百官命婦送至府各回家

駙馬受醮戒

其日早駙馬父與駙馬具家用祭服告祠堂畢至午後駙馬父坐于正堂駙馬具見尊長服引禮引駙馬至拜位贊鞠躬兩拜興平身贊跪贊搢笏贊受爵執事者斟酒授駙馬（駙馬受酒飲訖以爵授執事者）贊聽訓戒（駙馬父隨意

致戒辭駙馬聽訖贊出笏俯伏興贊復位贊鞠躬兩拜興平身禮畢駙馬便服上馬行親迎禮若駙馬父母俱存則父母同坐于正堂行禮如前儀

親迎

其日駙馬受醮戒訖具儀從鼓樂前導至午門西下馬至朝房具朝服候申時序班二人具服引駙馬由午門西角門入至右紅門內官二員具服接引駙馬至

內使監前候報公主醮戒將畢引駙馬至右門西東向立公主至駙馬揭簾公主陞轎駙馬先由午門西角門出至上馬處上馬先至府俟公主至揭簾公主降轎同謁祠堂

謁祠堂

執事者先於祠堂設祭物畢引禮女使引駙馬及公主至祠堂拜位駙馬立于東公主立于西贊禮贊鞠躬拜駙馬公主皆兩拜引禮引駙馬詣高祖

考妣神位前公主仍立于拜位贊跪駙馬跪
公主亦跪贊搢笏駙馬搢笏贊進爵執
事者以爵跪進于駙馬右贊受爵駙馬受爵
以授執事者贊獻爵執事者以爵奠于高祖
考神位前贊再進爵執事者以爵進贊
受爵駙馬受爵以授執事者贊獻爵執事
者以爵奠于高祖妣神位前贊出笏俯伏興
公主亦興引禮又引駙馬詣曾祖考妣
祖考妣各神位前如前儀訖贊詣讀
祝位駙馬至讀祝位贊跪駙馬跪公主亦跪

讀祝訖俯伏興 公主亦興 贊復拜位贊拜 駙馬公主俱兩拜 禮畢導還府行合巹禮

合巹

其日女使陳設駙馬座于室東 西向 公主座于室西 東向 各設拜位于座之南設酒案于室中 稍南 置兩盞兩巹 即葫蘆盞 于案上饌案二于室中贊引二人導駙馬二人導公主就拜位贊兩拜 駙馬公主相向皆兩拜 請就位

駙馬公主各就位 執事者捧饌案置于駙馬公主前執事者二人以二盞斟酒以進 駙馬公主皆飲酒 執事者進饌 駙馬公主皆舉筯 執事者再斟酒 駙馬公主皆飲酒 執事者再進饌 駙馬公主皆舉筯 執事者以兩卺盞斟酒合和以進 駙馬公主皆飲乾 執事者又進饌 駙馬公主皆舉筯 執事者徹饌案贊駙馬公主興就拜位 駙馬公主相向皆兩拜 禮畢

見舅姑

一公主見舅姑舅姑坐于東西向公主立于西
東向行四拜禮舅姑荅兩拜

賜駙馬冠帶衣服
紗帽一　金帶一
紵絲羅衣各一襲　斜皮靴一雙
鞍馬二

宴禮

大宴

一是日尚寶司設
御座于
奉天殿錦衣衛設黄麾于殿外之東西金吾等衛設護衛官二十四員于殿東西教坊司設九奏樂歌于殿内設大樂于殿外立二舞雜隊于殿下光禄司官設酒亭于
御座下之西膳亭于御座下之東珎羞醓醢亭于酒膳亭之東西設

御筵于御座之東西設群臣四品位于殿内之東西設群
臣酒尊食卓於殿外設五品以下位
卓於東西兩廊司壺尚食各供乃事
引禮引群臣殿外東西相向立儀禮
司跪奏請陞座
駕興大樂作陞座鳴鞭樂止鳴贊引文武官四品以上由
東西門入至殿中橫班北向立五品
以下官列于殿外丹墀北向立樂作
贊四拜樂止光禄司官進御筵大樂
作捧案至

御前樂止進花樂作進訖樂止光祿司官開爵注酒捧詣
御前進第一爵酒贊内外官皆跪教坊司跪奏進酒飲畢
贊衆内外官俯伏興樂作贊四拜平
身樂止贊各就位序班隨進群臣卓
散花樂作散訖樂止序班即進群臣
盞第二爵酒教坊司跪奏二奏皇風
之曲樂作光祿司官斟酒
御前序班隨斟群臣酒教坊司跪奏進酒候
皇帝舉酒群臣以次舉飲訖樂止光祿司官進湯鼓吹響
節前導至殿外鼓吹止殿上樂作群

御前群臣復位序班即供群臣湯樂止教坊司跪奏進湯
　　臣起立光祿司官進湯
　　樂作候
皇帝舉筯群臣次舉
皇帝進湯訖贊饌成樂止武舞入教坊司跪奏平定天下
之舞舞畢出第三爵酒教坊司跪奏
三奏眷皇明之曲樂作進酒如前儀
樂止教坊司跪奏樂奏撫安四夷之
舞舞畢出第四爵酒教坊司跪奏四
奏天道傳之曲樂作進湯如前儀食

畢教坊司跪奏樂奏車書會同之舞
舞畢出第五爵酒教坊司跪奏振皇
綱之曲進酒如第三爵儀飲畢教坊
司跪奏百戲呈應舞畢出第六爵酒
教坊司跪奏六奏金陵之曲進酒進
湯如前儀教坊司跪奏八蠻獻寶進
呈舞畢出第七爵酒教坊司跪奏七
奏長楊之曲進酒如前儀教坊司跪
奏採蓮隊子呈應畢出第八爵酒教
坊司跪奏八奏芳醴之曲進酒進湯

如前儀食畢教坊司跪奏魚躍于淵
呈應畢出第九爵酒教坊司跪奏九
奏駕六龍之曲進酒如前儀飲訖光
祿司官收
御前爵序班隨收群臣盞光祿司官進湯進大膳大樂作
群臣起立進訖復坐序班隨供群臣
飯教坊司跪奏進膳食訖贊膳成樂
止光祿司官收膳訖教坊司跪奏百
花隊舞呈應舞畢出馮贊唱徹案序
班徹群臣卓訖光祿司官即徹

御案贊宴成群臣皆出席北向立序班即徹群臣座殿外
官皆詣丹墀北向立贊鞠躬樂作贊
四拜平身樂止群臣分東西立儀禮
司跪奏禮畢
駕興大樂作鳴鞭百官以次出

中宴

一凡中宴禮儀同前但進酒七爵

常宴

一凡常宴同中宴禮儀但百官一拜三叩頭進
酒或三爵或五爵而止

一凡文武官每遇筵宴四品以上文東武西各
照品級上
殿侍坐五品以下於殿下丹墀內文東武西各照品級序
坐其奉特
旨賜殿內坐者不在此限如在奉天門則四品以上官坐
于門上五品以下官坐于丹墀內務
要容止恭肅不許攙越諠譁

傳制

一凡大祀前三日陳設如常儀文武官各具朝
服詣丹墀拜位鍾聲止儀禮司跪奏
請陞殿樂作
皇帝御華蓋殿具皮弁服出陞座樂止鳴鞭訖贊四拜傳
制官詣
御前跪傳制由東門出至傳制位稱有制贊跪宣
制云洪武某年正月某日大祀
天地於南郊爾文武百官自某日爲始致齋三日當敬慎
之傳訖贊俯伏興樂作又四拜平身

樂止奏禮畢

一凡遣官祭祀前一日陳設如常儀次日各官

具服於丹墀北向立

皇帝御華蓋殿具皮弁服鍾聲止執事官行一拜叩頭禮

訖儀禮司跪奏請陞殿樂作陞座樂

止捲簾鳴鞭訖唱排班班齊百官一

拜叩頭畢分東西立引禮引獻官詣

拜位贊四拜平身傳制官詣

御前跪奏傳制俯伏興由東門靠東出至丹陛東西向立

稱有制唱跪宣

制祭孔子則曰某年月日祭先師孔子大成至聖文宣王　祭帝王則曰先[illegible]歷代帝王

命卿行禮贊俯伏興樂作四拜樂止

禮畢

進春

一是日早文武百官各具朝服于丹墀北向立

應天府官置春案於丹墀中道之東

引禮引府縣官就拜位贊鞠躬樂作

四拜平身樂止典儀唱進春引府縣

官舉春案樂作由東階陞跪置于

丹墀中道俯伏興平身樂作又四拜禮畢鳴贊唱排班引

禮引文武官北向立贊班齊致詞官
詣中道之東跪奏云新春吉辰禮當
慶賀贊鞠躬樂作贊五拜三叩頭訖
樂止儀禮司奏禮畢

頒詔

一陳設如常儀至
皇帝陞殿鳴鞭百官一拜叩頭畢引禮引受詔官詣拜位
執事官舉詔案于丹墀中道或吏部
或兵部官奏訖贊鞠躬樂作四拜平
身樂止執事官舉詔案置于丹墀中

道贊跪俯伏興樂作又四拜樂止禮
畢

開讀

前期一日尚寶司設
御座於
奉天殿設
寶案于殿東錦衣衛設
雲蓋于
奉天門教坊司陳中和韶樂于殿内禮部設宣讀案于
承天門上西南向其日清晨陳設如常儀教坊司設大

樂于
午門外
承天門外東西相向儀禮司設百官拜位於
承天門外橋南校尉四人擎雲蓋于殿內簾前鼓初嚴
文武百官各具朝服鼓次嚴引禮引
公侯侍班于
午門外東西相向鐘聲止儀禮司跪奏請
陞殿
皇帝服皮弁服導駕官前導中和樂作
陞座樂止鳴鞭捲簾禮部官奉

詔書詣
寶案前用寶訖捧置雲蓋中校尉擎執雲蓋由殿東門
出大樂作自東陛降由
奉天門至
金水橋南
午門外樂作公侯前導迎至
承天門上鳴贊唱排班引禮引文武官就拜位唱班齊
鞠躬樂作贊四拜樂止宣讀展讀官
陞案稱有
制贊衆官皆跪禮部官捧

詔書授宣讀官宣讀官受
詔書唱宣讀宣讀官宣訖禮部官捧
詔書置雲蓋中贊禮唱俯伏興樂作四拜樂止唱搢笏鞠
躬三舞蹈跪唱山呼百官拱手加額
曰萬歲唱山呼百官拱手加額曰萬
歲唱再山呼百官拱手加額曰萬萬
歲凡呼萬歲樂工軍校擊鼓齊聲應
之唱出笏俯伏興樂作四拜興平身
樂止序班即報儀禮司跪奏禮畢禮
部官捧

詔書分授使者畢
摀與中和樂作鳴鞭樂止百官以次退
一凡遇有
詔書禮部差人賫往各處開讀所差人員必預先教其
擡詔進退禮儀
一凡使者欽賫詔書至各處開讀預期一日報
知本處官司照依已降儀式迎接行
禮
一凡使者欽賫
勑符丹符到處多係機密重事不許先期報知亦不許

本處官司迎接使者與衆官直至本衙門開看置

勅符於案使者立于案東衆官四拜使者取符宣讀訖復置于案衆官再行四拜禮畢本處官遂與使者行禮若與一二人止於本家接符從使安放使者以符授本官本官叩頭開看畢乃與使者行禮

一凡使者欽賫誥書至總兵官處近營十里先令人報知總兵官設香案于營內南向列金鼓旗仗率領諸將出營迎接

見使者下馬立于道傍候
詔書過總兵官并衆官上馬後從至營門外各下馬使
者前行總兵官并衆官後從至營內
使者捧
詔書置于案使者立于案東西向總兵官并衆官行四
拜禮使者取
詔書以授宣讀官衆官皆跪宣讀畢以授使者復置于
案衆官皆俯伏興平身行四拜禮禮
畢使者東立西向總兵官西立東向
行兩拜相見禮畢使者居東總兵官

居西相向敘坐

一凡使者欽賫

制諭勑符手詔至總兵官處干係機密軍務經過去處不許報知本處官司亦不許迎接徑至總兵官營外先容遣人報知總兵官設香案于兵幕南向總兵官親出營迎接使者下馬捧

制諭勑符前往總兵官後從至兵幕使者取

制諭勑符置于案使者立于案東西向總兵官行五拜禮禮畢悉令屏去左右使者取

制諭勅符親授總兵官開看畢即收卷復置于案使者東立西向總兵官西立東向行兩拜相見禮畢使者居東總兵官居西相向叙坐

一凡總兵官奉命征討凡遇使者賫到制諭勅符手詔依儀行禮即使依旨奉行如有應合復奏事理隨時具奏請旨不許遲延方命違則如律

表箋

一天壽聖節在外五品以上衙門止進表文一
通正旦冬至拜進
皇帝表文中宮箋文東宮箋文各一通在外各王府并各
布政司按察司及直隸府州表箋俱
各差官賫進禮部各州表箋進于各
府各府進于布政司其餘五品以上
衙門隸布政司者亦進于布政司布
政司差官類進禮部其各都司及直
隸衛所差官賫進五軍都督府至日

開

禮部官以各處所進表箋目通類奏

貢舉

一凡舉保孝廉人才秀才及山林隱逸本部即
行所屬委自正官選求民間果係名
實相副素無過犯之人有司起送到
部咨發吏部聽用

一歲貢生員到部本部奏

聞送翰林院考試如果中式者送國子監讀書其入學五
年以上及二次不中者發充吏典提

調官吏及教官訓導照例决罰

學校

一在京國子監中都國子監及天下府州縣學校本部悉掌之

一科舉凡遇子午卯酉年則鄉試辰戌丑未則會試畢則殿試其取中舉人咨發吏部聽用

一禮射書筭訖有定式各處學校生員務要講習精熟以備考試

旌表

一本部據各處申來孝子順孫義夫節婦理當
旌表之人直隸府州咨都察院差委
監察御史覈實各布政司所屬從按
察司覈實着落府州縣官同里甲親
鄰保勘相同然後明白奏
聞即行移本處旌表門閭以勵風俗

印信

一凡開設各處衙門合用印信劄付鑄印局官
依式鑄造給降其有改鑄銷毀等項
悉領之

新補

一凡本部缺吏負皂隸即行移當該衙門撥補

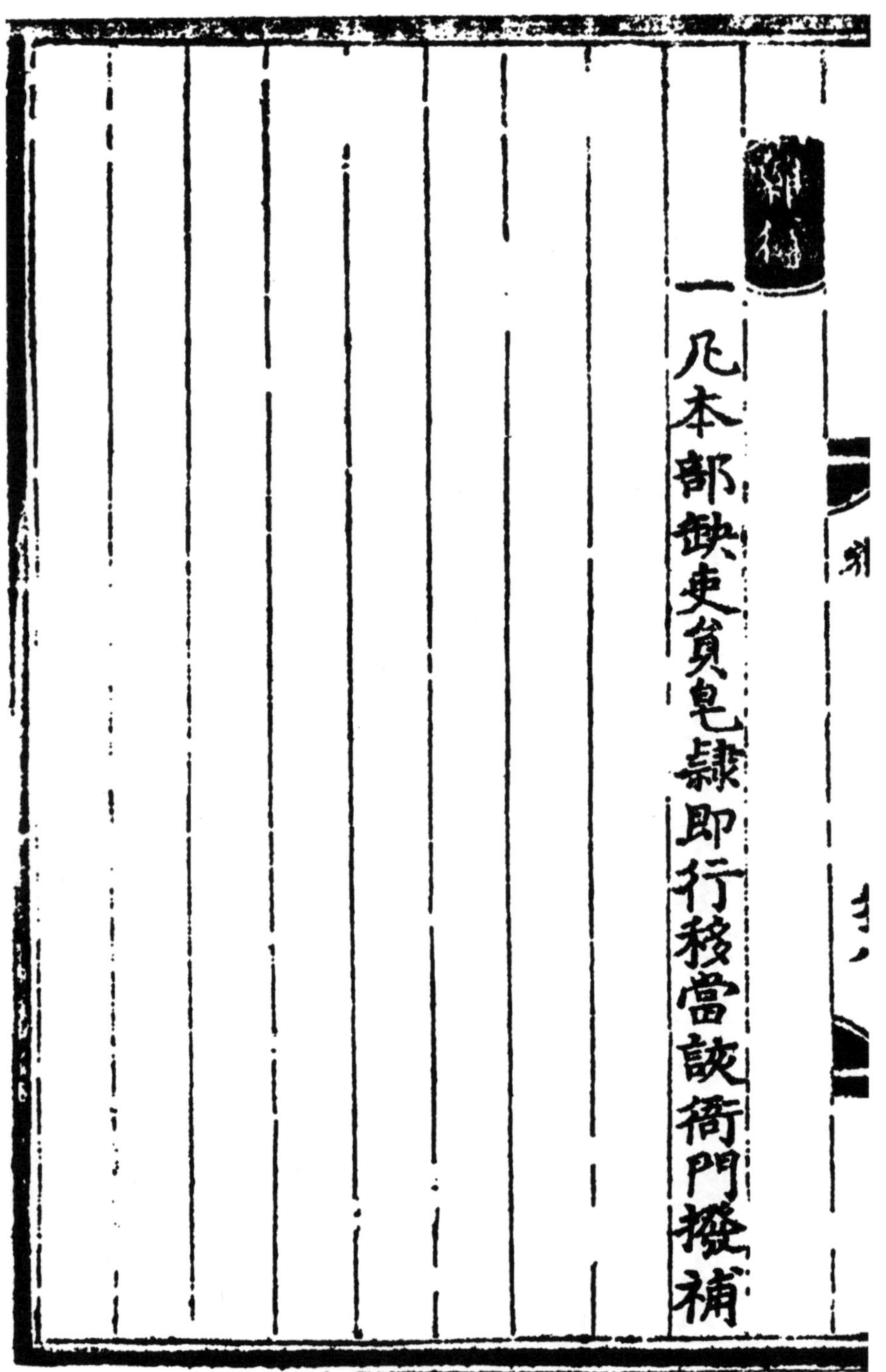

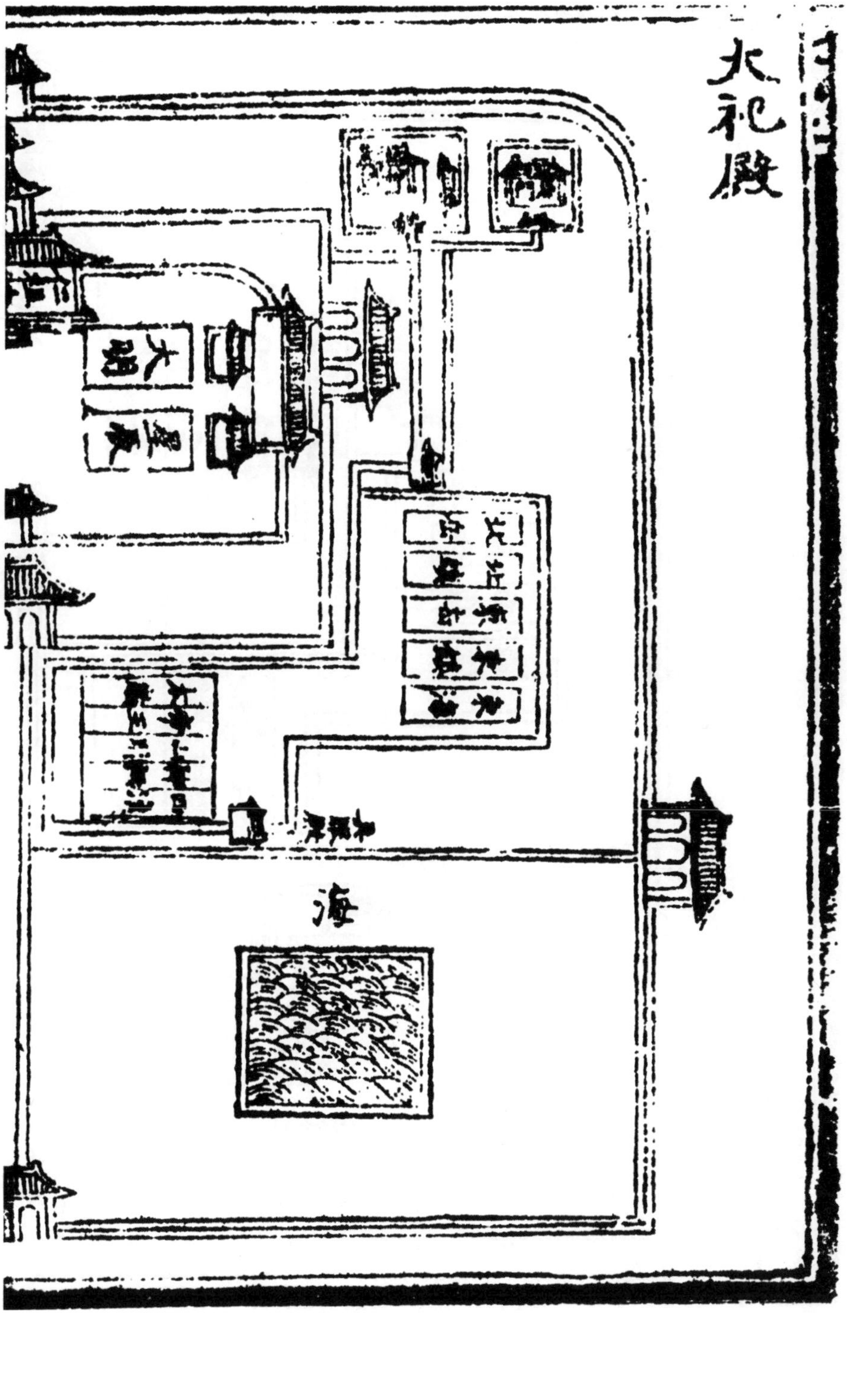
大祀殿
海

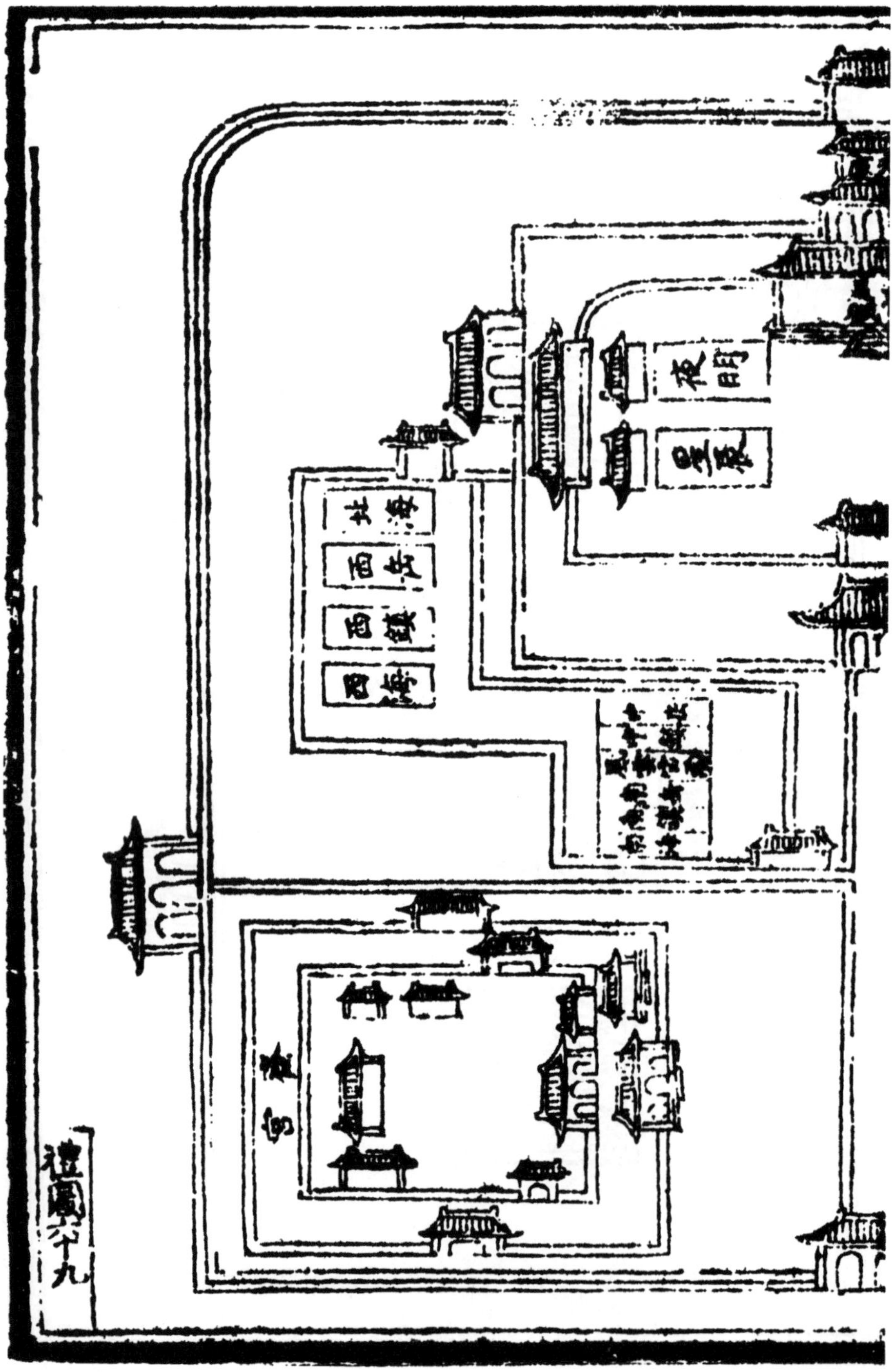
禮圖六十九

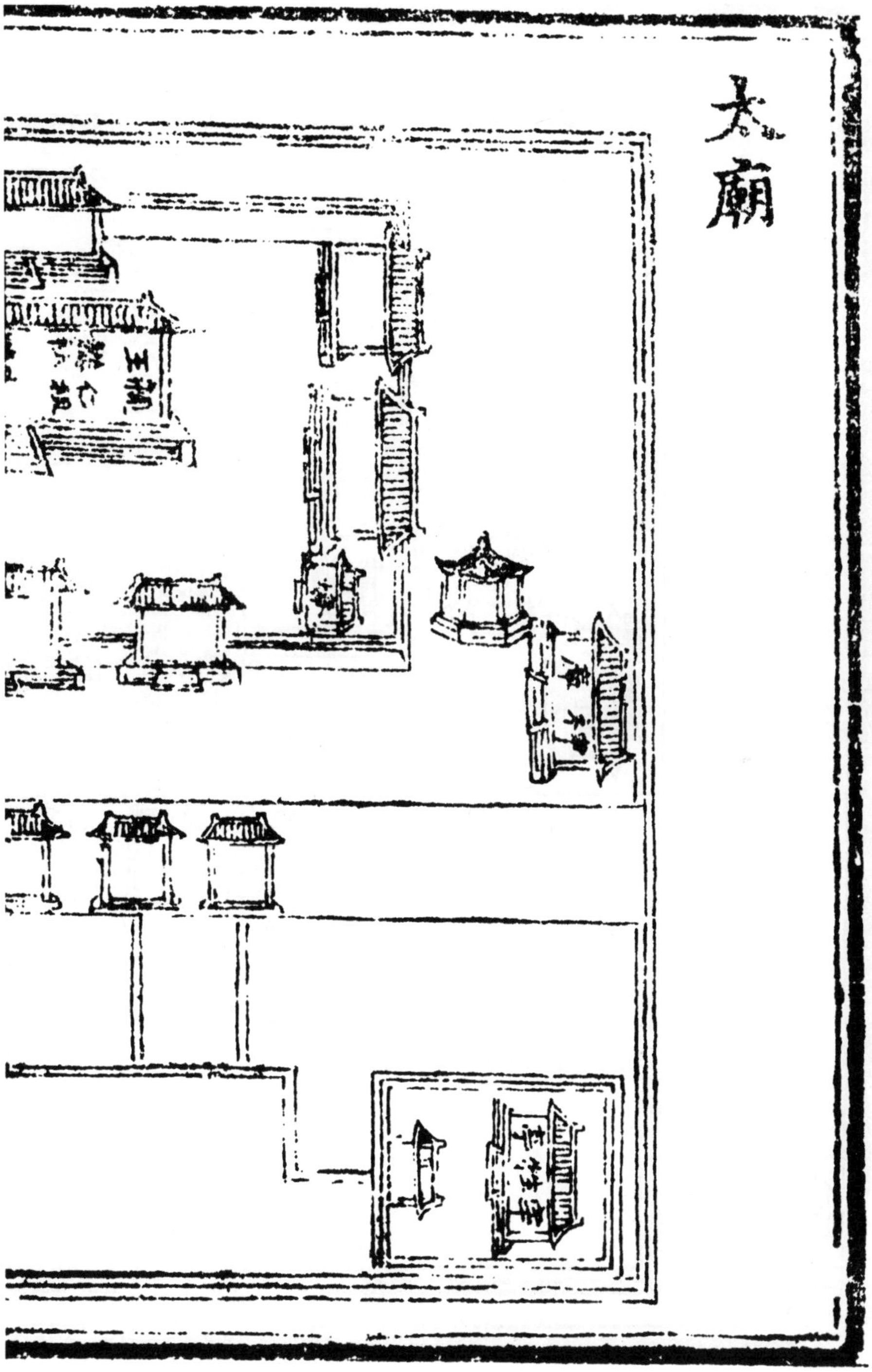
太廟

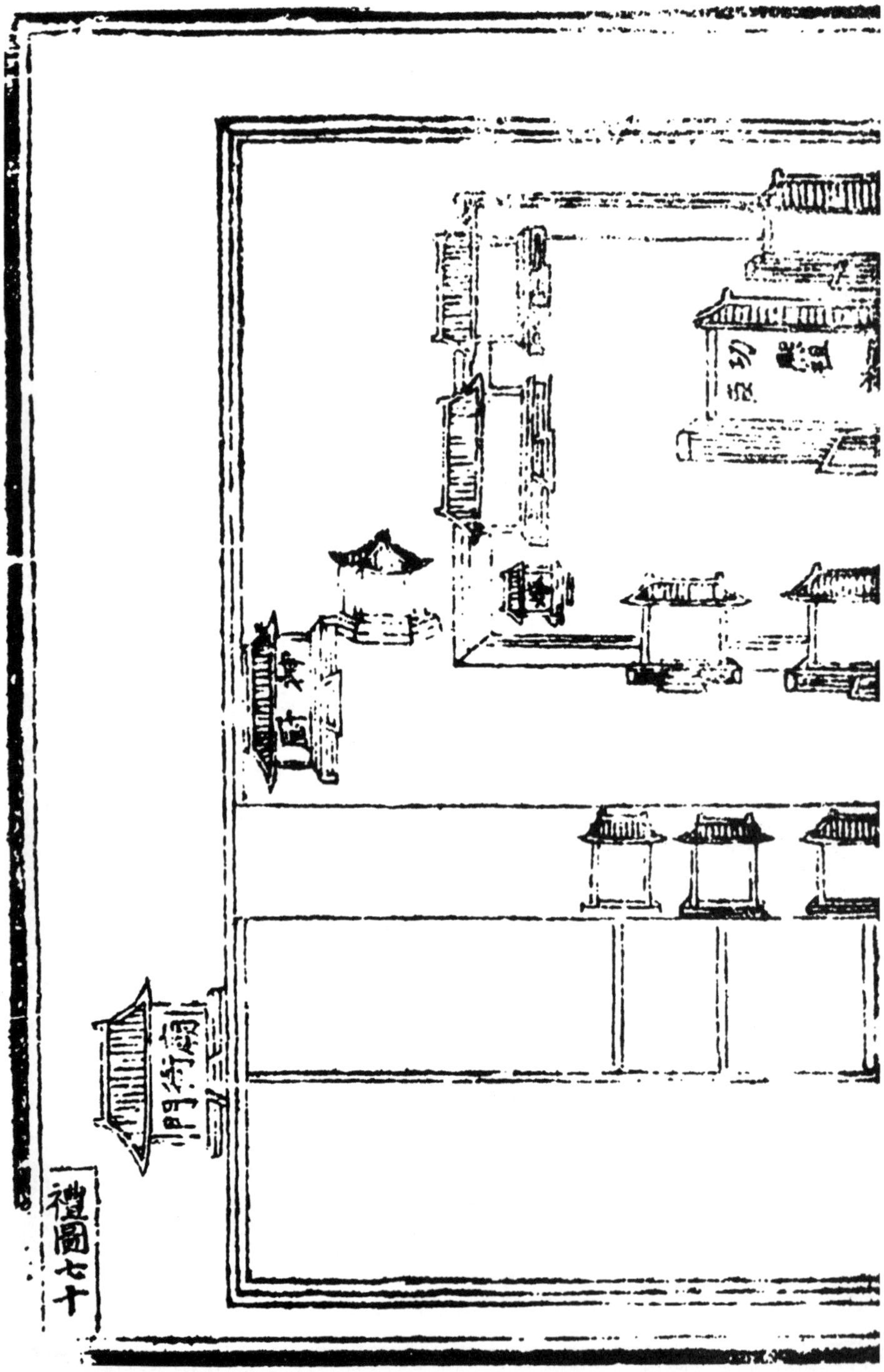

禮圖七十

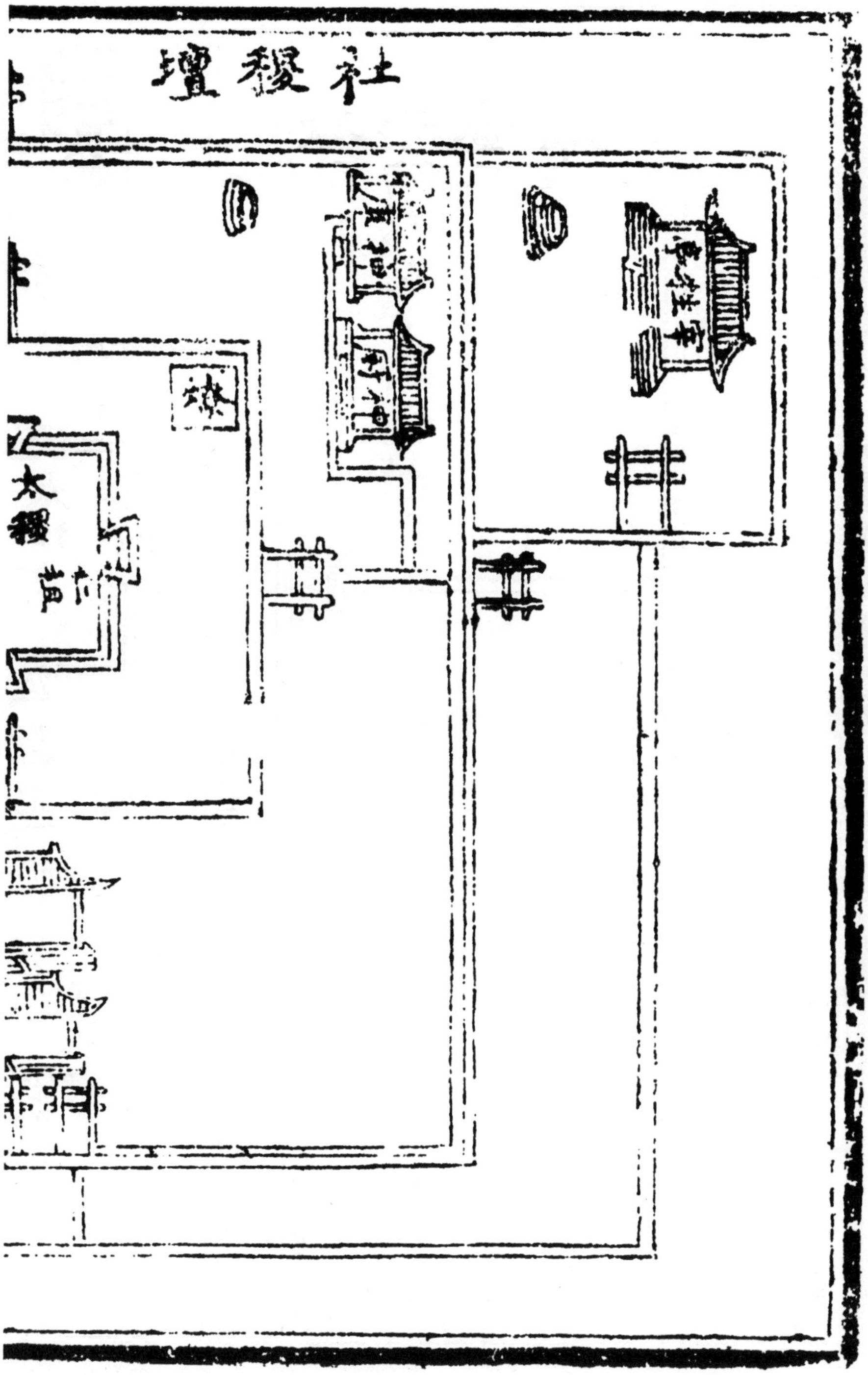
社稷壇

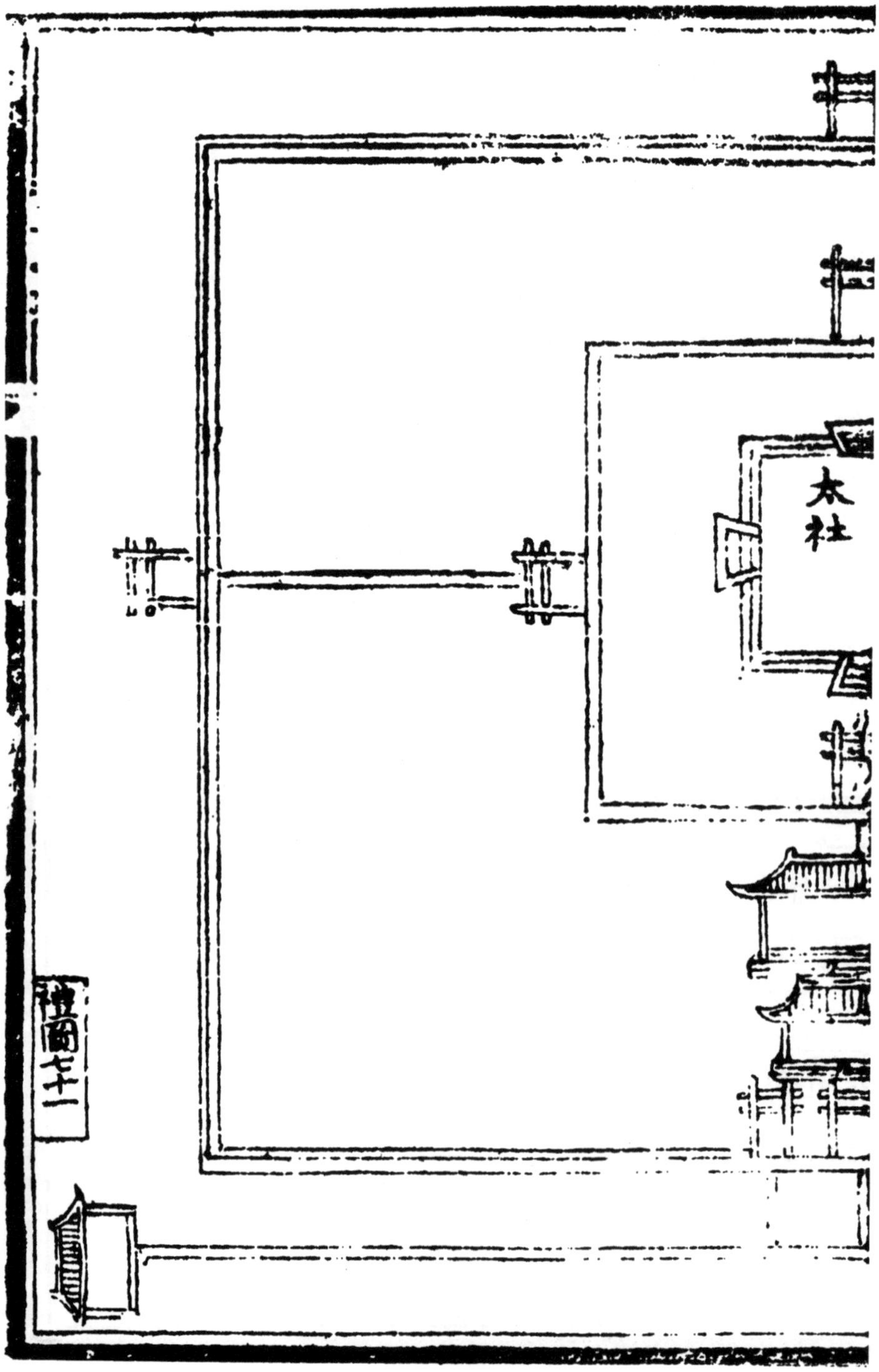
太社
禮圖七十一

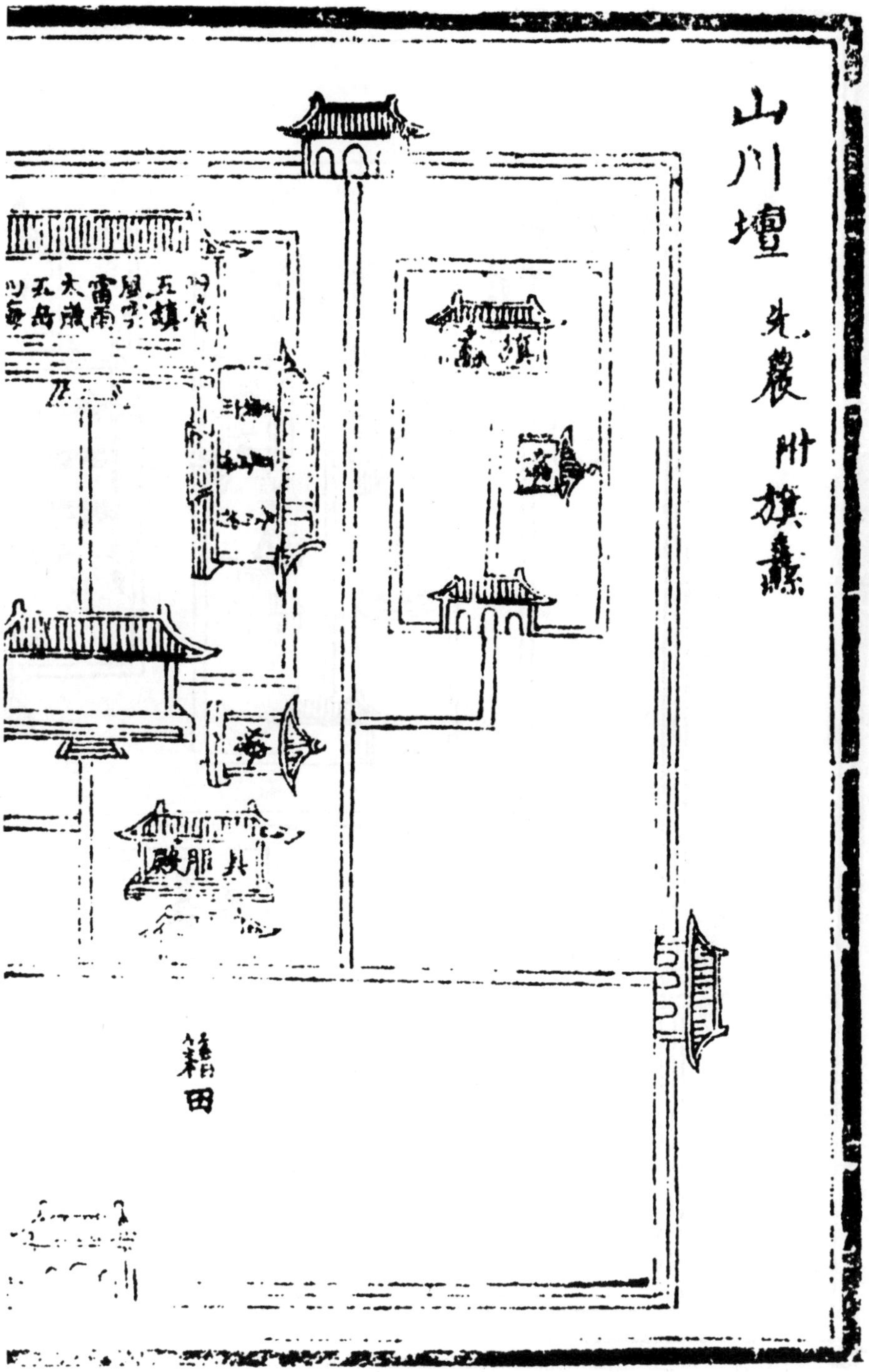
山川壇
先農附
旗纛
旗纛
具服殿
籍田

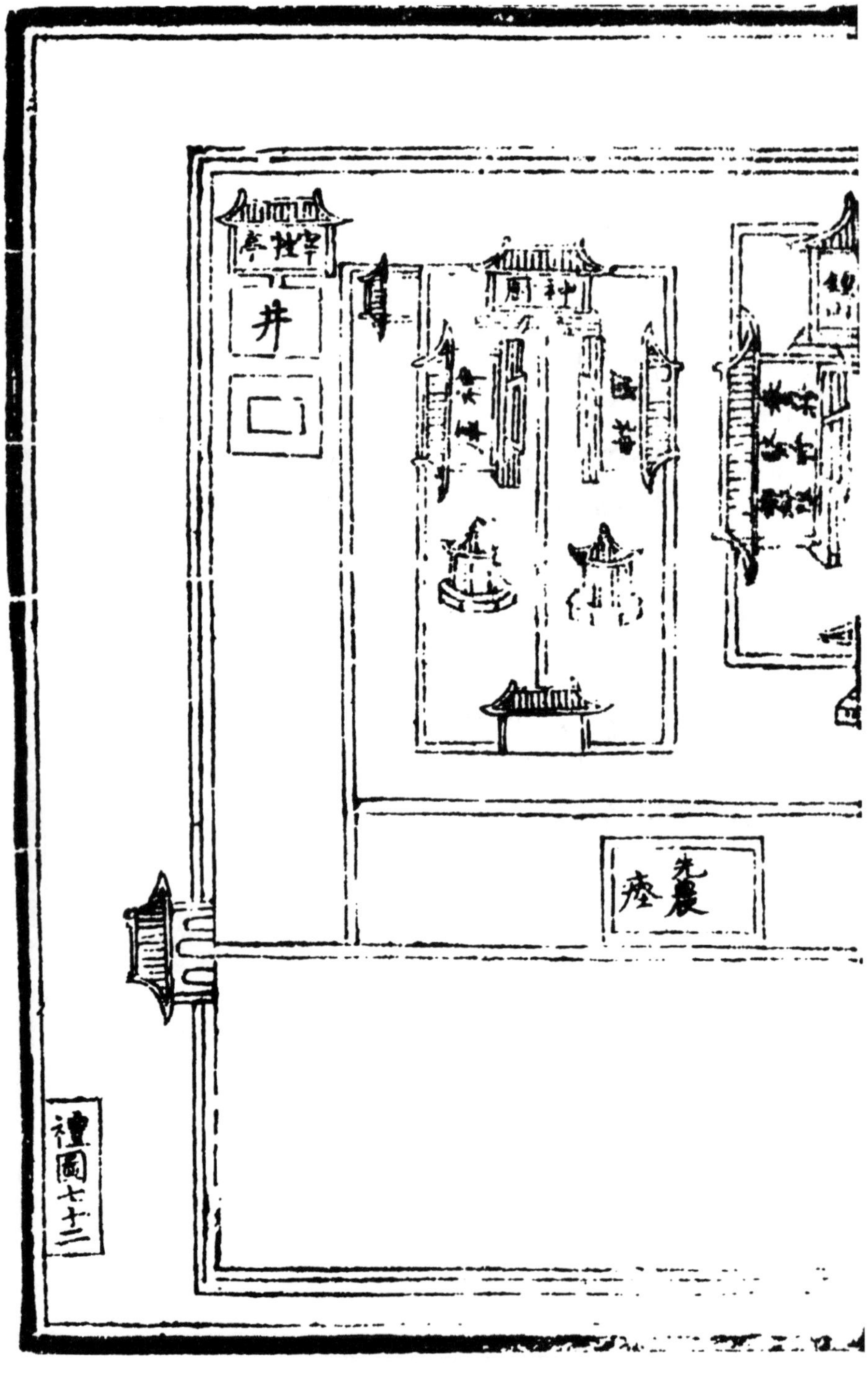
宰牲亭
井
神厨
神庫
先農壇
禮圖七十二

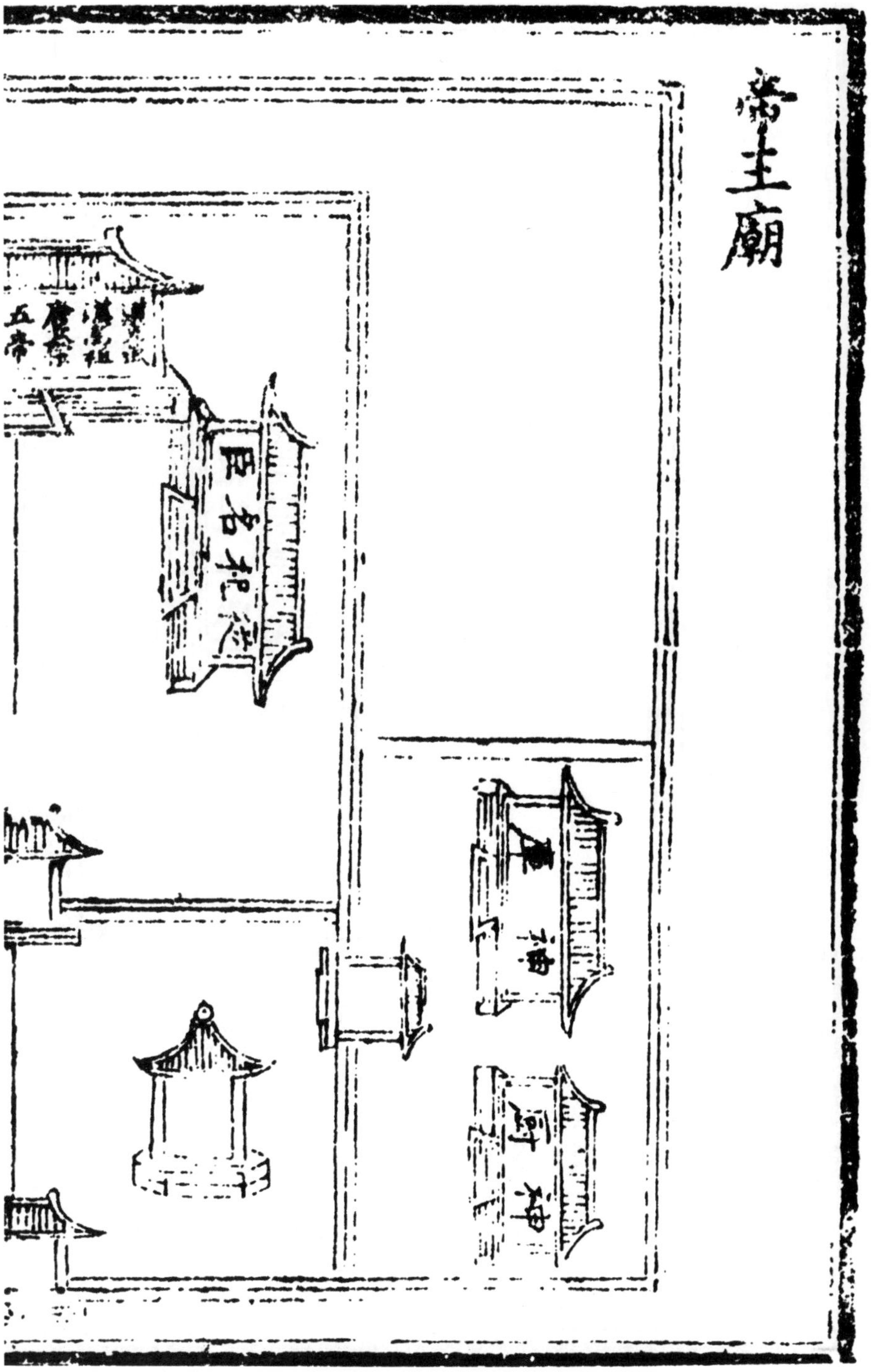
帝王廟
五帝

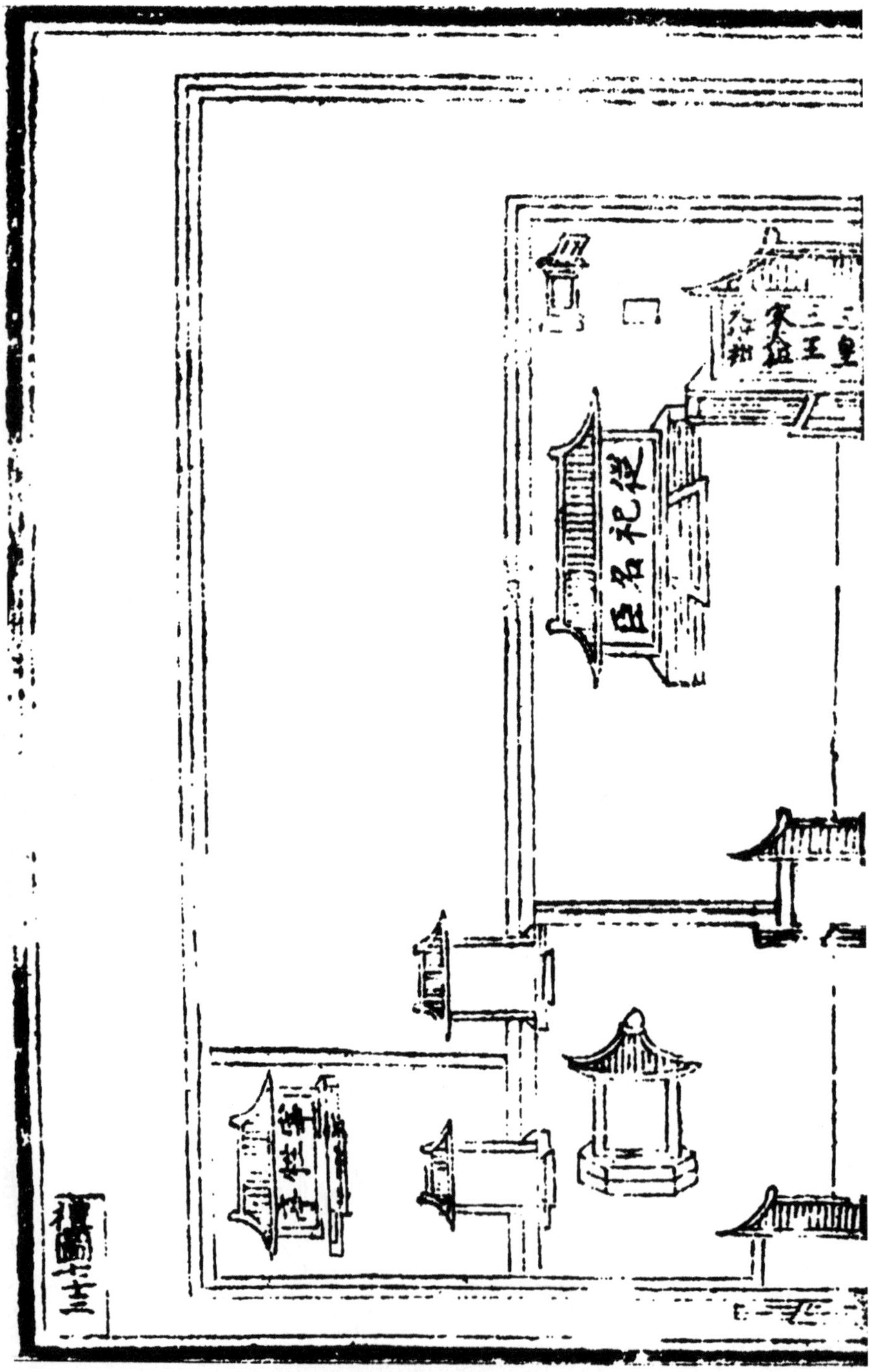
三皇
從祀名臣
禮圖十三

上帝　皇祇仁祖同

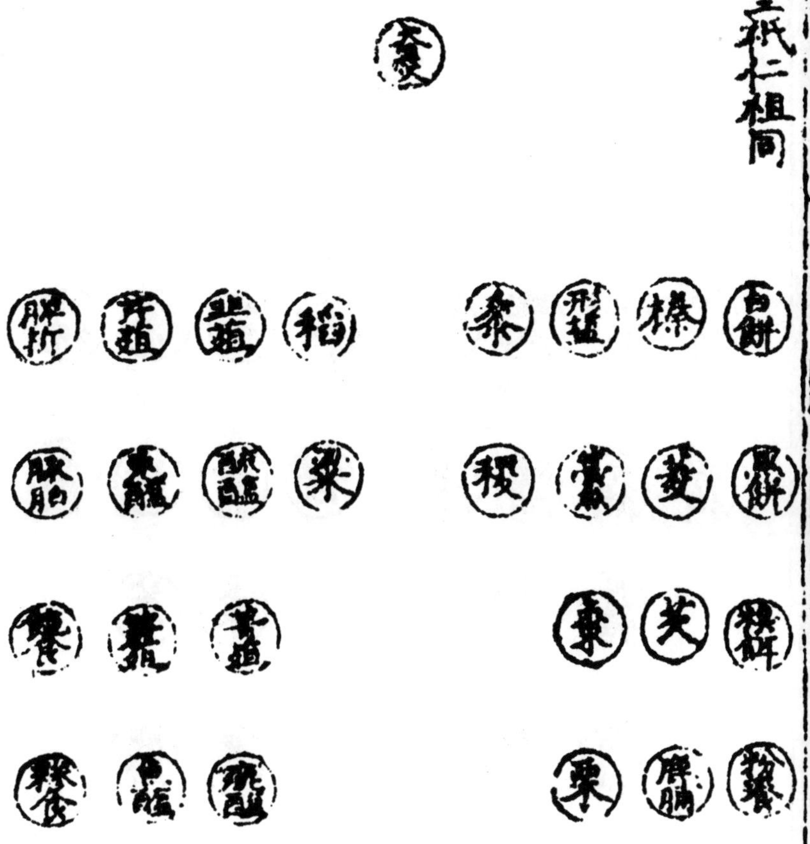

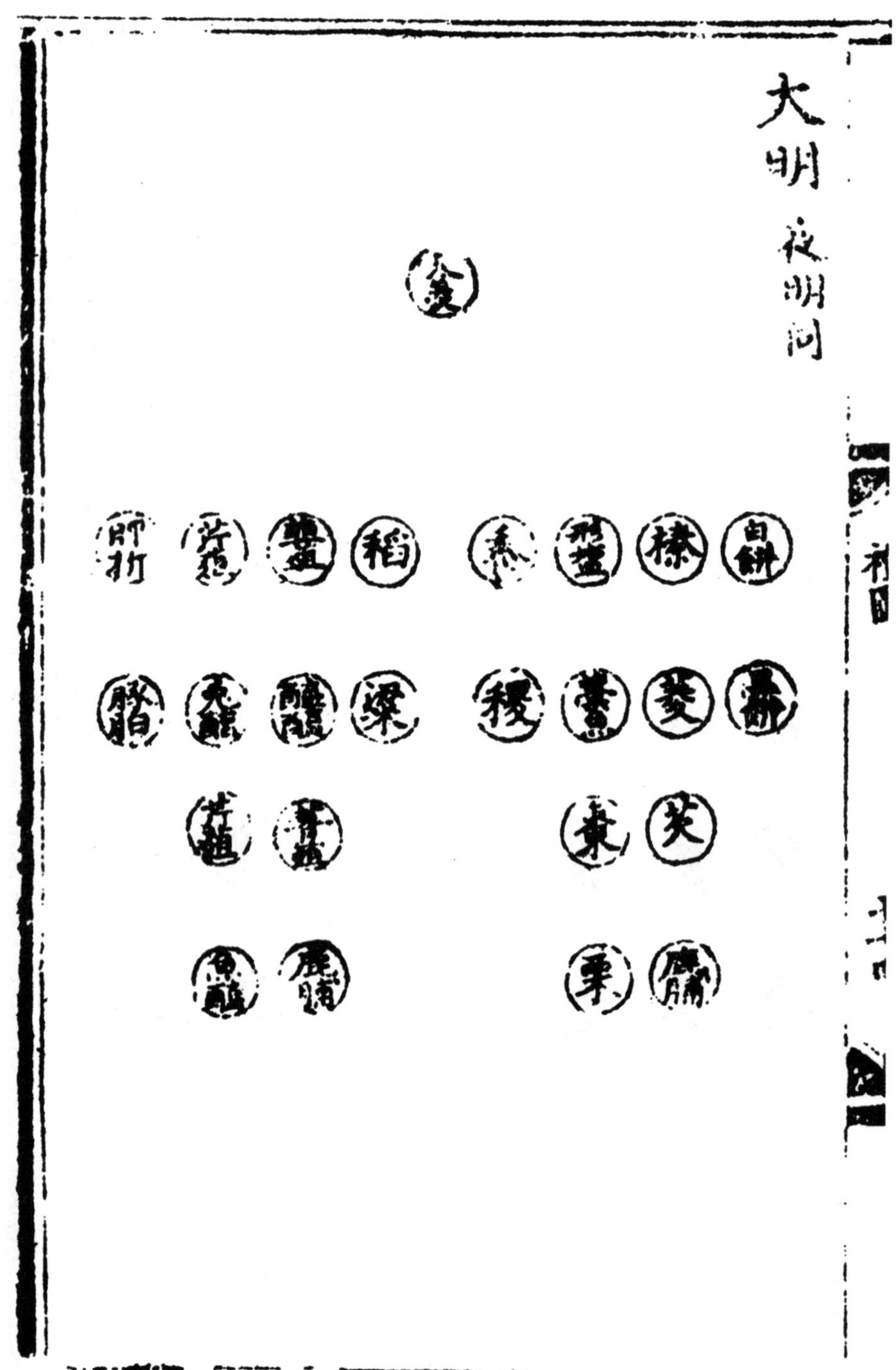

大明

夜明同

登

白餅　黑餅

榛　菱　芡　鹿脯

形鹽　薨魚　棗　栗

黍　稷

稻　粱

韭菹　醓醢　菁菹　鹿醢

芹菹　兔醢　筍菹　魚醢

脾析　豚胉

神祇
榛
菱
芡
稻
粱
稷

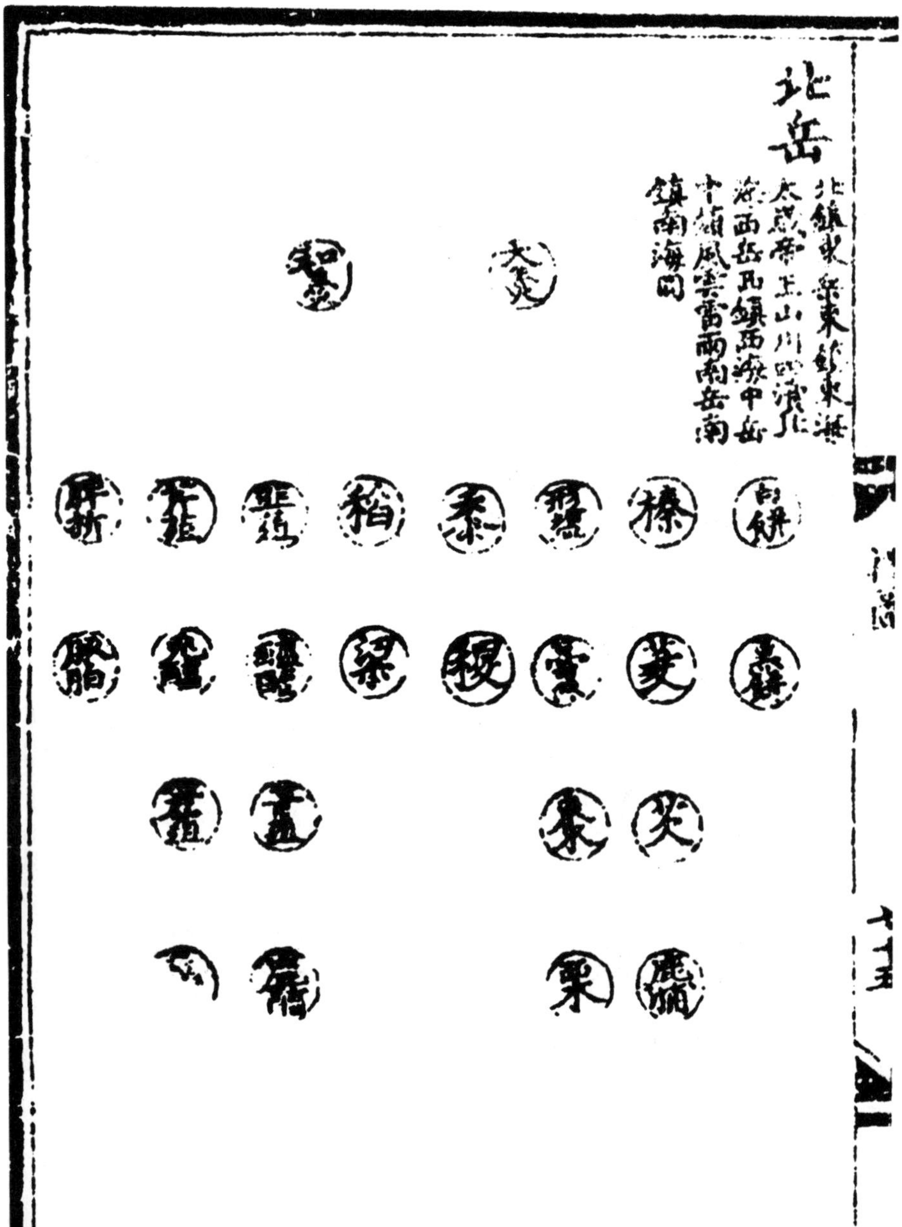
北岳
北鎮東岳東鎮東海
太歲帝王山川四瀆
海西岳西鎮西海中岳
中鎮風雲雷雨南岳南
鎮南海同
太羹
和羹
白餅
黑餅
榛
菱
芡
鹿脯
形鹽
薧魚
棗
栗
黍
稷
稻
粱
韭菹
醓醢
菁菹
鹿醢
芹菹
兔醢
脾析
豚胎

星辰 祭山川壇及帝王先師同

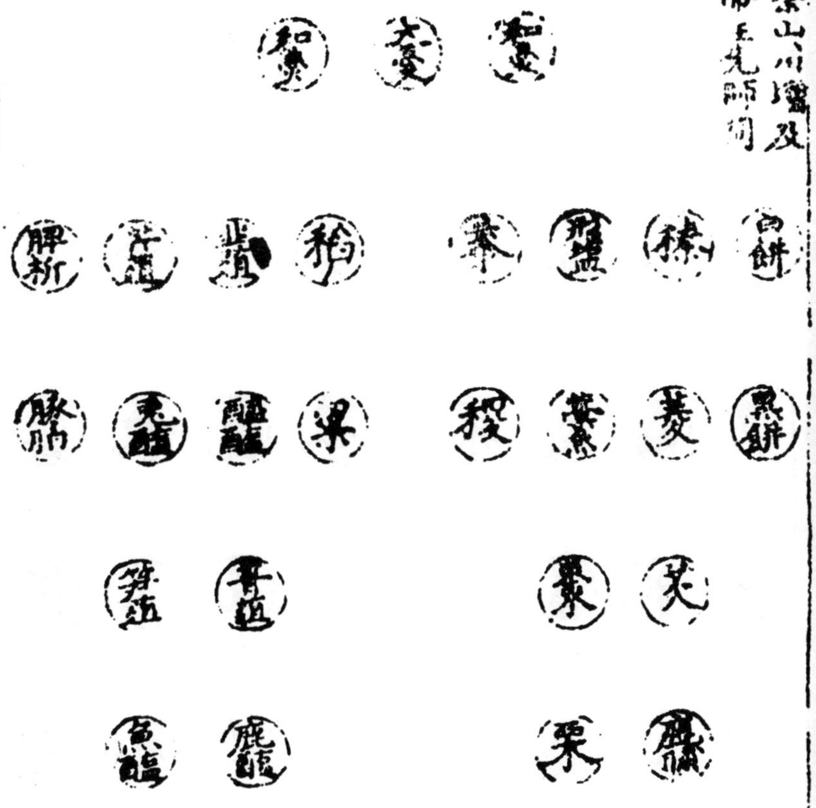

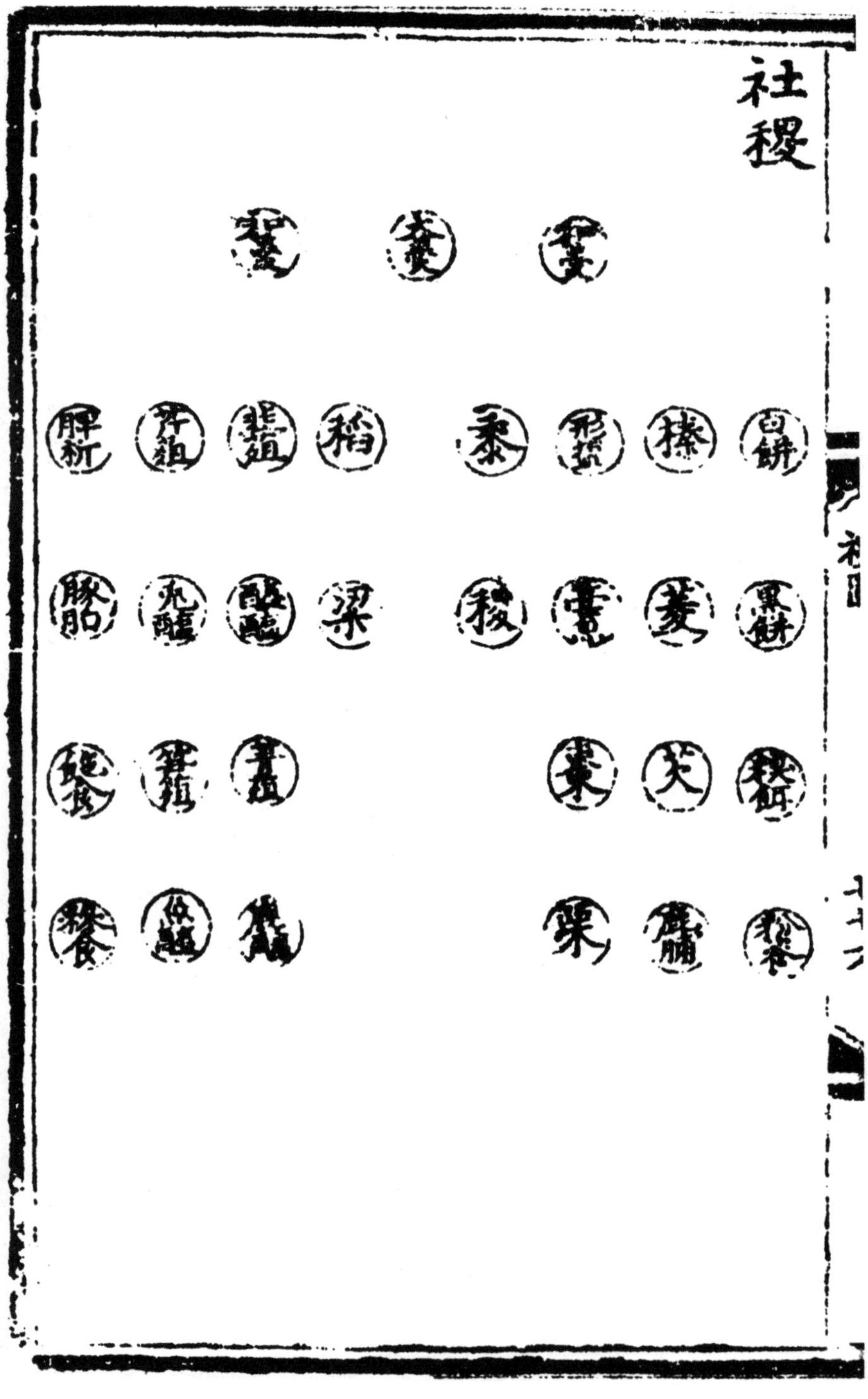
社稷
白餅
榛
形鹽
黍
稻
韭菹
芹菹
脾析
黑餅
菱
藁魚
稷
粱
醓醢
兔醢
豚拍
糗餌
芡
棗
菁菹
筍菹
粉餈
鹿脯
栗
糝食

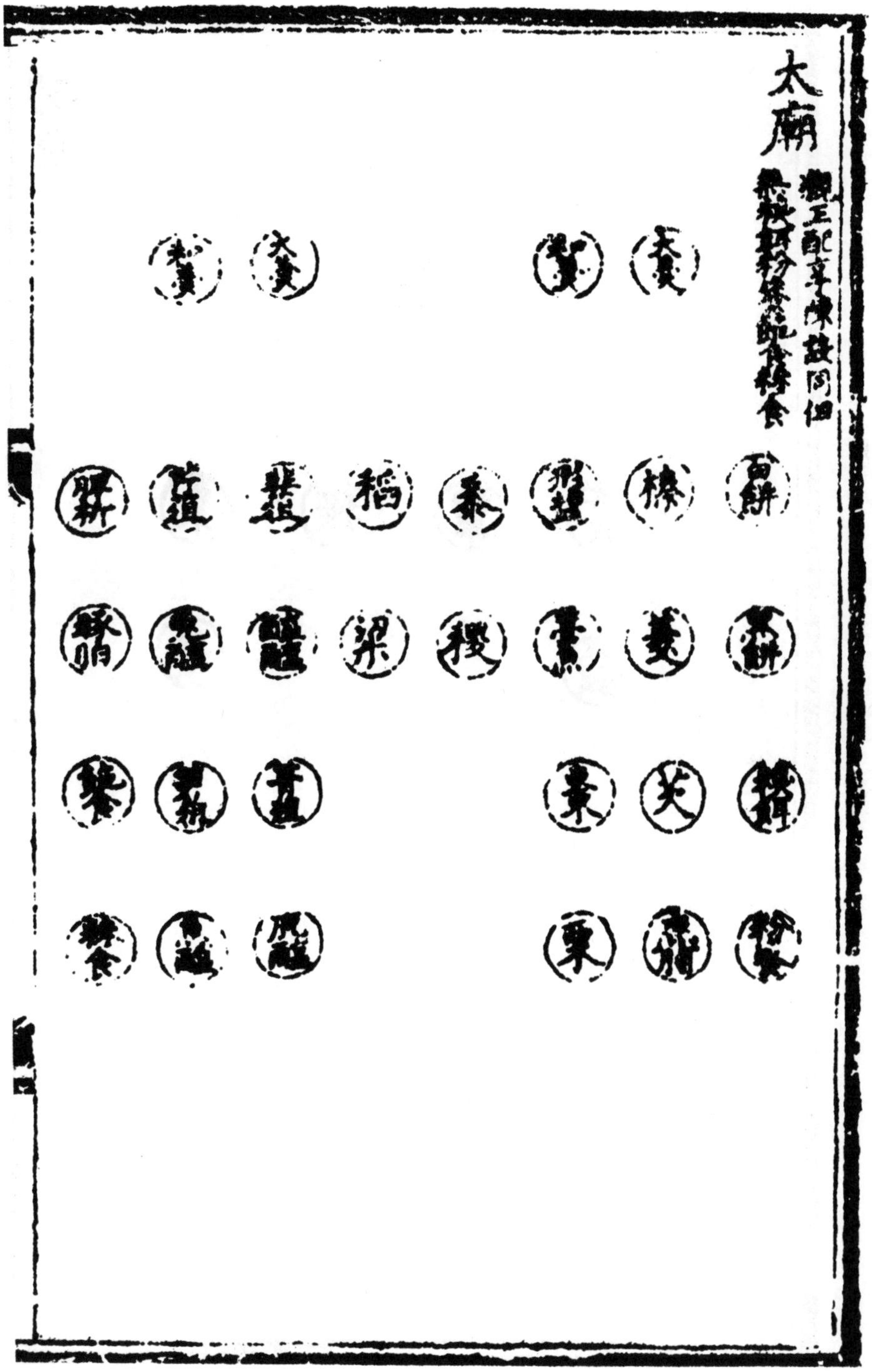
太廟
親王配享陳設圖
大羹
和羹
大羹
和羹
白餅
榛
形鹽
黍
稻
韭菹
菁菹
脾析
黑餅
菱
薧魚
稷
粱
醓醢
兔醢
豚拍
糗餌
芡
棗
芹菹
筍菹
糝食
粉餈
鹿脯
栗
鹿醢
魚醢
酏食

功臣

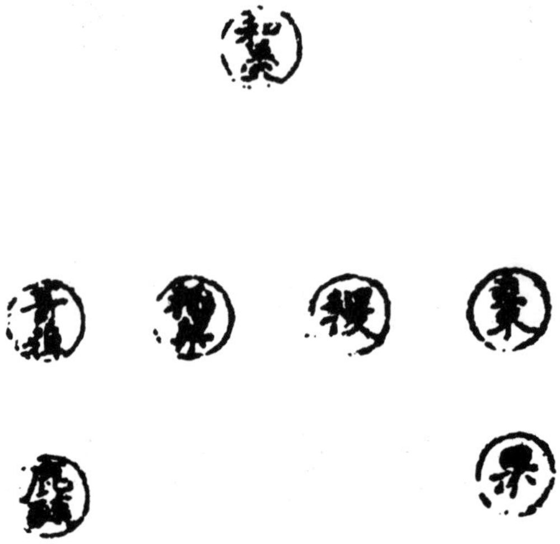

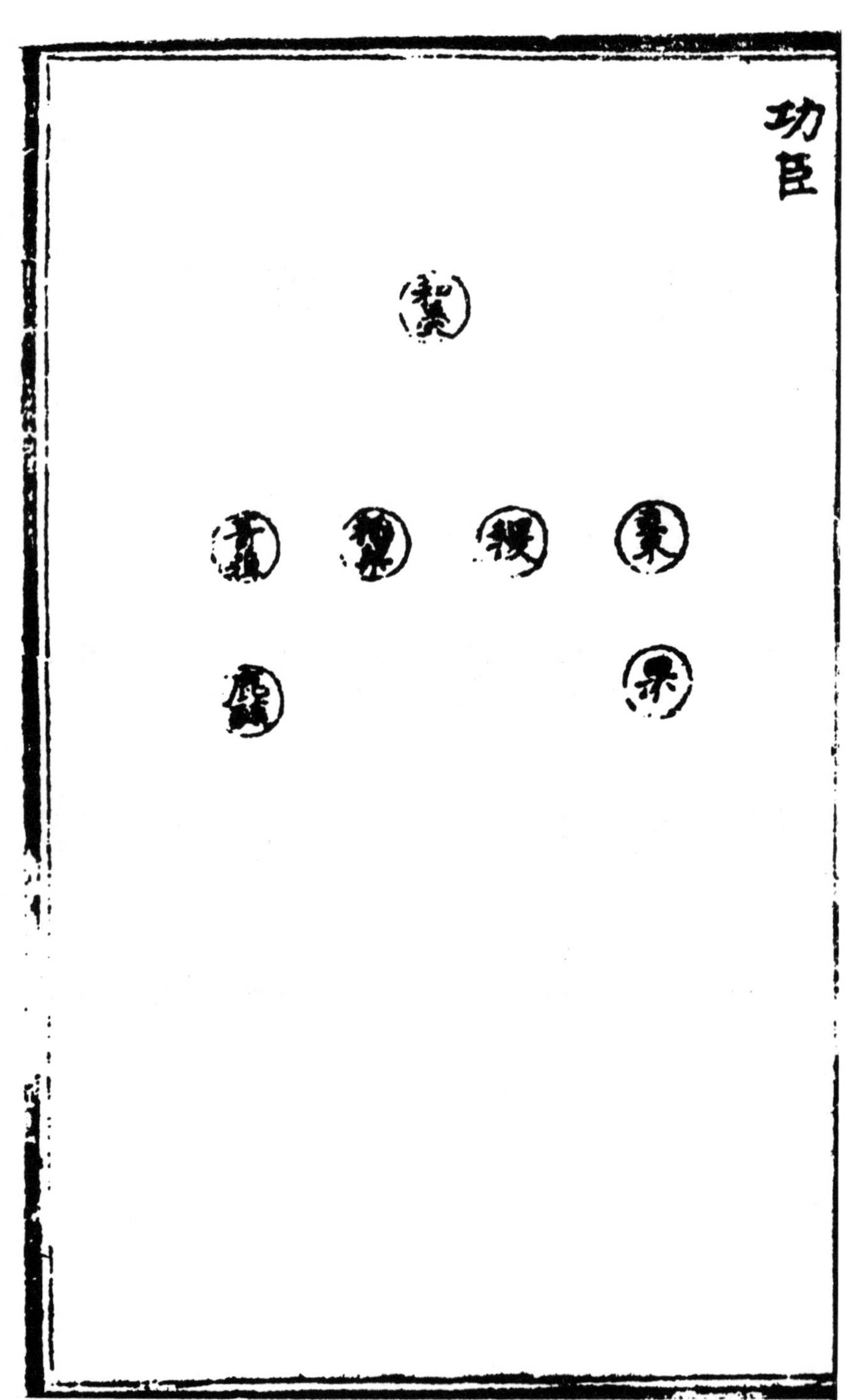

十哲

每位

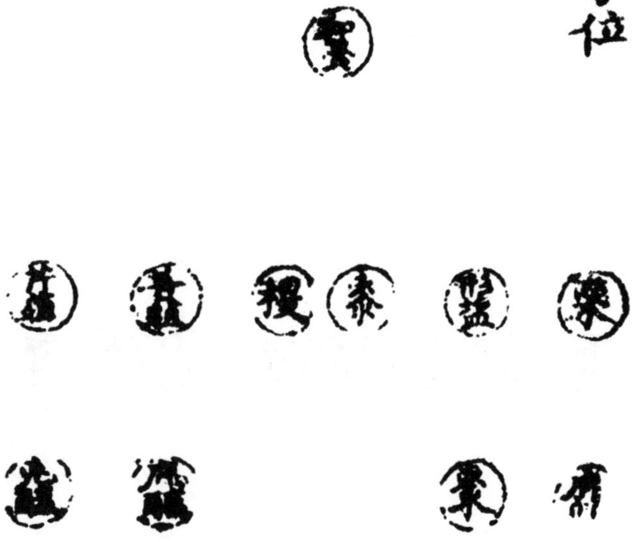

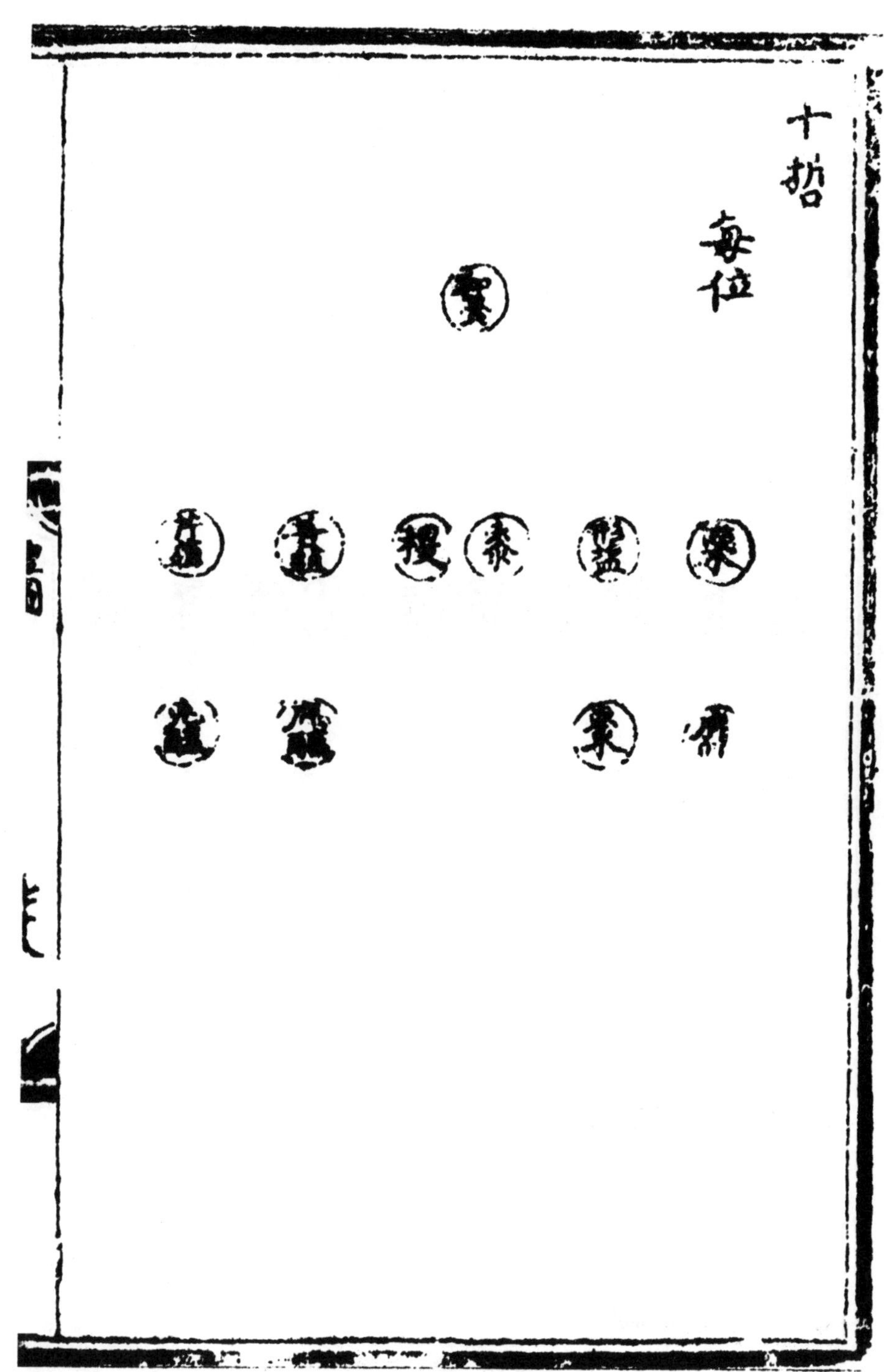

兩廡配享
每壇

鱐　栗　棗　鹽　黍　稷　菁菹　鹿醢　芹菹　兔醢

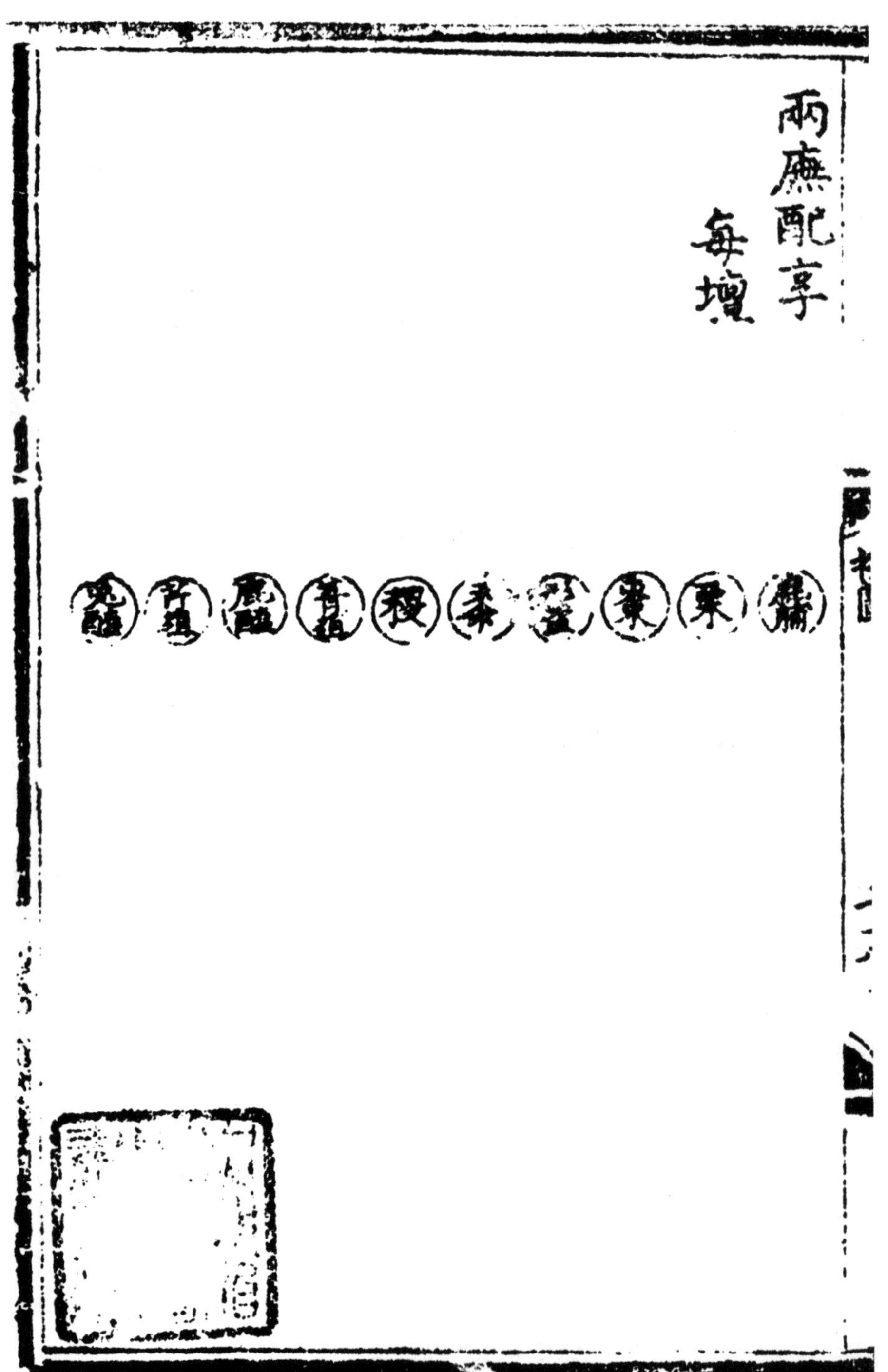

祠部

郎中員外郎主事掌祠祀享祭天文漏刻國歷廟諱卜筮醫樂道佛之事

祭祀

郊祀

一齋戒

凡齋戒前二日太常司官宿于本司次日具本奏聞致齋三日次日進銅人傳制諭文武官齋戒不飲酒又不

食葱韭薤蒜不問病不弔喪不聽樂不理刑名

不與妻妾同處

當日本部官同太常司官於城隍廟發咨仍

於各廟焚香三日

一告廟

凡正祭前二日用祝文酒果

奉先殿告

仁祖配

上帝

皇祇

告廟祝文

維洪武某年歲次某甲子某月某日

孝子皇帝　敢昭告于

皇考仁祖淳皇帝茲以正月某日恭祀

上帝

皇祇于大祀殿謹請

皇考配

神伏惟

監知謹告

一省牲　用牛二十八　羊二十三　豕三十四　鹿二　兔十二

正祭前二日太常司官奏
聞明日與光祿司官省牲次日省牲畢一同復
命就奏定分獻官二十四員
一正祭陳設 共二十七壇
正殿三壇
上帝南向
犢一
登一實以大羹 煮肉汁不用鹽醬
籩十二實以形鹽 藁魚 棗 栗 榛
菱 芡 鹿脯 白餅 白麪造

黑餅 蕎麥粉造 糗餅 米粉造

粉餈 糯米餈糕

豆十二實以韭菹 以韭切去本末取中四寸 菁菹

芹菹 筍菹 醓醢 猪肉鮓用鹽酒料物調和

鹿醢 兔醢 魚醢 脾析 用牛百葉

切細湯熟用鹽酒造用 豚拍 猪首上肉

酏食 用糯米飯羊脂蜜熬 糝食 用牛羊

豕肉細切與粳米飯用熬

簠簋各二實以黍 稷 稻 粱

玉用蒼璧

皇祇南向

帛一蒼色織成郊祀制帛四字

犢一　登一　籩十二　豆十二　簠簋各二

玉用黃琮

帛一黃色郊祀制帛

仁祖配位在東西向

犢一　登一　籩十二　豆十二　簠簋各二

玉用蒼璧

帛一蒼色郊祀制帛

共設酒尊六爵九篚三于東南西向

祝文案一于殿西

丹墀四壇

大明在東西向

犢一　登一　籩十無糗餌粉餈下同　豆十無酏食糝食下同

簠簋各二

帛一紅色禮神制帛

酒尊三　爵三　篚一

夜明在西東向

犢一　登一　籩十　豆十　簠簋各二

帛一白色禮神制帛

酒尊三　爵三　篚一

星辰一壇在東西向

犢一　羊三　豕三　登一　鉶二盛和羹

用肉鹽醬　籩豆各十　簠簋各二　酒盞三十

帛一白色禮神制帛

酒尊三　爵三　篚一

星辰二壇在西東向

陳設同前

東十壇

北嶽壇

犢一　羊一　豕一　登一　鉶二

籩豆各十　簠簋各二　酒盏十

帛一（黑色禮神制帛）

設酒尊三　爵三　篚一

北鎮壇

陳設同前

東嶽壇

陳設同　帛一（青色禮神制帛）

東鎮壇

陳設同

東海壇　陳設同

太歲壇　陳設同　帛一白色禮神制帛

帝王壇　陳設同　帛十六白色禮神制帛　酒盞三十

山川壇　陳設同　帛二白色禮神制帛　酒盞三十

神祇壇　羊五　豕五　鉶三無大羹　籩豆各八

簠簋各二　酒盞三十　帛一白色禮神制帛

酒尊三　爵三　篚三

四瀆壇

陳設與北嶽同　帛四黑色禮神制帛　酒盞二十

西十壇

北海壇

陳設與北嶽同

西嶽壇

陳設同　帛一白色禮神制帛下同

西鎮壇

西海壇　陳設並同

中嶽壇　鍾山附　陳設同　帛三　黄色禮神制帛　酒盞三十

中鎮壇　陳設同　帛一　黄色禮神制帛　酒盞十

風雲雷雨壇　陳設同　帛四　白色禮神制帛　酒盞三十

南嶽壇　陳設同　帛一　紅色禮神制帛　酒盞十

南鎮壇

南海壇

陳設並同

一儀注

典儀唱樂舞生就位執事官各司其事陪祀

官分獻官各就位導引官導引

皇帝至御位内贊奏就位典儀唱燔柴瘞毛血迎神協

律郎舉麾奏樂樂止内贊奏四拜百官同

典儀唱奠玉帛奏樂内贊奏陞壇至

上帝前奏搢圭執事官以玉帛跪進于

皇帝右奠訖奏出圭至
皇祇前奏搢圭執事官以玉帛跪進于
皇帝左奠訖奏出圭至
仁祖前奏搢圭執事官以玉帛跪進于
皇帝右奠訖奏出圭復位樂止典儀唱進俎奏樂齋郎
舁饌至内贊奏陞壇至
上帝前奏搢圭進俎至
皇祇前奏進俎出圭至
仁祖前奏搢圭進俎出圭復位樂止典儀唱行初獻禮奏
樂内贊奏陞壇至

上帝前奏搢圭執事官以爵跪進于
皇帝右奏獻爵出圭至
皇祇前奏搢圭執事官以爵跪進于
皇帝左奏獻爵出圭詣讀祝位跪讀祝樂止讀祝官取
祝跪于
神位右讀訖樂作奏俯伏興平身（百官同）至
仁祖前奏搢圭獻爵出圭復位樂止典儀唱行亞獻禮奏
樂內贊奏陞壇至
上帝前奏搢圭執事官以爵跪進于
皇帝右奏獻爵出圭至

皇祇前奏搢圭執事官以爵跪進于
皇帝左奏獻爵出圭至
仁祖前奏搢圭執事官以爵跪進于
上帝右奏獻爵出圭復位樂止典儀唱行終獻禮奏樂（儀同亞獻）樂止太常卿進立殿西向東
唱賜福胙内贊奏詣飲福位跪搢圭
光祿司官以福酒進跪奏飲福酒光
祿司官以胙跪進奏受胙出圭俯伏
興平身復位奏四拜（百官同）典儀唱徹
饌奏樂執事官各壇徹饌樂止典儀

唱送神奏樂內贊奏四拜百官同樂止
典儀唱讀祝官捧祝進帛官捧帛掌
祭官捧饌各詣燎瘞位奏樂執事官
各執祝帛饌出內贊奏禮畢

一分獻儀注
典儀唱行初獻禮贊引引獻官詣
神位前搢笏執事官以帛進于分獻官奠訖執事官以
爵進于分獻官贊引贊獻爵出笏贊
引引至酒尊南北向立典儀唱行亞
獻禮執事官以爵進于獻官贊引贊

獻爵典儀唱行終獻禮儀同亞獻贊引

引分獻官復位徹饌執事官各壇徹

饌典儀唱送神典儀唱讀祝官捧祝

進帛官捧帛掌祭官捧饌各詣瘞位

執事官各執帛饌詣燎所

一祝文

維洪武某年歲次某甲子正月

嗣天子臣　敢昭告于

昊天上帝

厚土皇地祇時維孟春三陽開泰敬率臣僚以玉帛犧齋

粢盛庶品恭祀于
大祀殿備茲燎瘞
皇考仁祖淳皇帝配
神尚
享
一樂章
迎神
荷蒙
天地兮君主華夷欽承踊躍兮備筵而祭誠惶無已兮寸
衷微仰瞻俯首兮惟願來期想龍翔鳳舞兮慶雲飛必

昭昭穆穆兮降壇壝

奠帛

天垂風露兮雨澤霈黃壤氤氳兮氣化全民勤畎畝兮束帛鮮臣當設宴兮奉來前

進俎

庖人兮列鼎肴羞兮以成方俎兮再獻願享兮以歆

初獻

聖靈兮皇皇穆嚴兮金床臣令樂舞兮景張酒行初獻兮

捧觴

亞獻

載斟兮再將百辟陪祀兮具張感聖情兮無已拜手稽首兮顧享

終獻

三獻兮樂舞揚肴羞具納兮氣藹而芳祥光朗朗兮上下方況日吉兮時良

徹饌

粗陳菲薦兮神喜將感聖心兮何以忘民福留兮佳氣揚臣拜手兮謝恩光

送神

旌幢燁燁兮雲衢長龍車鳳輦兮駕飛揚遥瞻冉冉兮

上下方必烝民兮永康

望燎

進羅列兮燎瘞方炬焰發兮煌煌神變化兮東帛將感

生恩兮無量

時享太廟

一齋戒

凡齋戒前一日太常司官宿於本司次日具

本奏致齋三日次日進銅人

一省牲

牛九　羊八　山羊十　豕十九　鹿一　兔四

凡正祭前二日太常司官奏明日與光禄司

官省牲至次日省牲畢同復

命

一正祭陳設

皇高祖前

犢一　羊一　豕一　登二　鉶二

籩豆各十二　簠簋各二　帛二白色奉先制帛

皇曾祖

陳設同

皇祖

陳設同

皇考

陳設同

共設酒尊三　金爵八　磁爵十六

篚四于殿東　設祝文案于殿西

親王配享四壇（共二十一位）

第一壇

犢一　羊一　豕一　登二　鉶二

籩豆各十　簠簋各二　帛二（展親制帛）　爵六

第二壇

犢一　羊一　豕一　登六　鉶六

籩豆各十　簠簋各二　帛六（展親制帛）爵十八

第三壇

陳設與二壇同

第四壇

犢一　羊一　豕一　登七　鉶七

籩豆各十　簠簋各二　帛七　爵二十一

共設酒尊三于殿東南北向　篚四

功臣配享十壇

各壇

羊一　豕一　鉶一　籩豆各二　帛一

報功制帛 簠簋各一 爵三 篚一

共設酒尊三于殿西南北向

一儀注

典儀唱樂舞生就位執事官各司其事導引

官導引

皇帝至御位内贊奏就位典儀奏迎神奏樂樂止内贊

奏四拜 百官同 典儀唱奠帛行初獻禮

奏樂執事官各捧帛金爵受酒獻于

神御前讀祝官取祝跪于

神御右内贊奏跪典儀唱讀祝讀祝訖進于

神御前内賛奏俯伏興平身百官同樂止典儀唱行亞獻禮
執事官各以磁爵受酒獻于
神御前樂止典儀唱行終獻禮儀同亞獻樂止太常司卿進
立殿東西向唱賜福胙光禄司官捧
福酒胙自
神御前中門左出至
皇帝前内賛奏跪搢圭光禄司官以福酒跪進内賛奏
飲福酒光禄司官以胙跪進内賛奏
受胙出圭俯伏興平身内賛奏四拜
百官同典儀唱徹饌奏樂執事官徹

饌樂止太常卿詣

神御前跪奏禮畢請還宮奏樂內贊奏四拜百官同樂止

典儀唱讀祝官捧祝進帛官捧帛各

詣燎位奏樂內贊奏禮畢

一祝文

維洪武　某年某月　日

孝玄孫皇帝　敢昭告于

高曾祖考四廟太皇太后

時維孟春夏秋冬禮嚴祭祀謹以牲醴庶品用伸

追慕之情尚

享

一歲暮祝文

時當歲暮明旦新正謹率群臣以牲醴庶品

恭請

太廟用伸追慕之情尚

享

一樂章

迎神

慶源發祥世德惟崇致我眇躬開基建功京都之内親

廟在東維我子孫永懷祖宗氣體則同呼吸相通來格

来崇皇靈顯馭

初獻

思皇

先祖燿靈于天源衍慶流發高遠玄玄孫受命追遠其先

明禋世崇億萬斯年

亞獻

對越至親儼然如生其氣昭明感格在庭如見其形如

聞其聲愛而敬之發乎中情

終獻

承前人之德化家爲國毋曰予小子基命成績欲報其

德昊天罔極殷勤三獻僾我心悅懌

徹饌

樂奏儀肅神其燕嬉告成于

祖亦佑皇妣敬徹不遲以終祀禮祥光煥揚錫以嘉祉

還宮

顯兮幽兮神運無迹鸞馭逍遙安其所適其靈在

天其主在室子子孫孫孝思無斁

祭社

春秋仲月上戊日

一齋戒　與祭太廟禮同

一告廟　祝文與大祀同

正祭前二月用祝文酒菓

奉先殿告

仁祖配

社稷

一省牲 禮與太廟同 牛三 羊三 豕二 鹿一 兔二

一正祭陳設

大社 在東北向

犢一 羊一 豕一 登一 鉶二

籩豆各十二 簠簋各二 帛一 黑色禮神制帛

玉用兩圭有邸

太稷 在西北向

陳設同

仁祖配位 在東西向

陳設同 無玉

共設酒尊三 爵九 篚三于壇西北東向

祝文案一

一儀注

典儀唱樂舞生就位執事官各司其事導引

官導引

皇帝至御位內贊奏就位典儀唱瘞毛血迎神奏樂樂

止內贊奏四拜百官同典儀唱奠玉
帛行初獻禮奏樂執事官各捧玉帛
爵獻于
神位前讀祝官取祝跪于
神位左內贊奏跪典儀唱讀祝讀訖進于
太社神位前內贊奏俯伏興平身百官同樂止典儀唱行
亞獻禮奏樂執事官各捧爵獻于
神位前樂止典儀唱行終獻禮儀同亞獻太常卿進立于壇
西東向唱賜福胙光祿司官捧福胙
自

神位前由正門左出至
皇帝前内贊奏搢圭光禄司官以福酒跪進内贊奏飲
福酒光禄司官以胙跪進内贊奏受
胙出圭俯伏興平身内贊奏四拜百官同典儀唱徹饌奏樂執事官各詣
神位前徹饌樂止典儀唱送神奏樂内贊奏四拜百官同
樂止典儀唱讀祝官捧祝進帛官捧
帛掌祭官捧帛饌各詣瘞位奏樂内
贊奏禮畢

一祝文

維洪武某年某月　日

皇帝　敢昭告于

太社之神

太稷之神惟

神贊輔

皇祇發生嘉穀粒我烝民萬世永賴時當仲春秋禮嚴告祀報謝

謹以玉帛牲齊粢盛庶品備茲瘞祭

皇考仁祖淳皇帝配

神尚

享

一樂章

迎神

予惟土穀兮造化功爲民立命兮當報崇民歌且舞兮
朝雍雍備筵率職兮候迎想聖來兮祥風生欽當稽
首兮告拜年豐

初獻

氤氳氣合兮物遂蒙民之立命兮荷陰功予將玉帛兮
獻微衷初斟醴薦兮民福洪

亞獻

予令樂舞兮再捧觴願神昭格兮軍民康思必穆穆兮

靈洋洋感厚恩兮拜祥光

終獻

干羽飛旋兮酒三行香煙繚繞兮雲旌幢于今稽首兮

忻且惶神顏悅兮霞彩彰

徹饌

俎陳微禮兮神喜將琅然絲竹兮樂舞揚願祥普降兮

遐迩方烝民率土兮盡安康

送神

氤氳氤氳兮祥光張龍車鳳輦兮駕飛揚遥瞻稽首兮

去何方民福留兮時雨暘

望瘞

捧肴羞兮詣瘞方鳴鑾率舞兮聲鏗鏘思

神納兮民福昂予今稽首兮謝恩光

祭山川

仲秋

一齋戒

凡齋戒前一日太常司官宿於本司次月具

奏本奏致齋二日次日進銅人

凡正祭前二日太常司官同本部官詣城隍

廟發咨

一省牲 禮與太廟同 牛十四 羊十三 豕十四 鹿一 兔七

一正祭陳設

正殿七壇

太歲

犢一　羊一　豕一　登一　鉶二　籩豆各十

簠簋各二　帛一白色禮神制帛

酒盞三十

風雲雷雨

陳設同　帛四白色禮神制帛

五嶽

陳設同　帛五五色禮神制帛各依方位下同

五鎮

陳設同　帛五（五色禮神制帛）

四海

陳設同　帛四（四色禮神制帛）

四瀆

陳設同　帛四（黑色禮神制帛）

鍾山

陳設同　帛一（白色禮神制帛）

共設酒尊三爵七篚七于殿東南西向設祝文案于殿外正道西

東廡三壇

京畿山川

犢一　羊一　豕一　登一　鉶二　籩豆各十

簠簋各二　帛一 白色禮神制帛　酒盞三十

夏季月將

陳設同　帛三 白色禮神制帛

冬季月將

陳設同　帛三 白色禮神制帛

共設酒尊三爵三篚三于壇南北向

西廡三壇

春季月將
秋季月將
陳設同前
都城隍
陳設同帛一白色禮神制帛
共設酒尊三于壇南北向爵三籩二
一儀注
典儀唱樂舞生就位執事官各司其事導引
官引
皇帝至御位内贊奏就位典儀唱迎神奏樂執事官各

詣

神位前斟第一爵酒樂止內贊奏四拜百官同典儀唱奠帛行初獻禮奏樂執事官各捧帛爵獻于

神位前讀祝官取祝跪于

皇帝左內贊奏跪典儀唱讀祝讀畢置于案上內贊奏俯伏興平身百官同樂止典儀唱行亞獻禮奏樂執事官各詣

神位前斟第二爵酒樂止典儀唱行終獻禮執事官各詣

神位前斟第三層酒樂止太常司卿立殿東西向唱賜福
胙典儀唱飲福受胙光禄司官捧福
胙自
神位前由正門左出至
皇帝前内賛奏跪搢圭光禄司官以福酒跪進内賛奏
飲福酒光禄司官以胙跪進内賛奏
受胙出圭俯伏興平身奏兩拜百官同
典儀唱徹饌奏樂執事官各于
神位前徹饌樂止典儀唱送神奏樂内賛奏四拜百官同典
儀唱讀祝官捧祝掌祭官捧帛饌各

詣燎位奏樂内賛奏禮畢

一祝文

維洪武某年某月　日

皇帝　致祭于

太歲之神

風雲雷雨之神

嶽鎮海瀆山川月將城隍之神惟

神主司民物絫賛

天地化機發育有功歷代相承有秋報之禮今農事告成

謹以牲帛醴齊粢盛庶品用伸報祭

尚享

一樂章

迎神

吉日良辰祀典式陳京畿山川城隍之神濯濯厥
靈昭鑒我心以候以迎來格來歆

奠帛

靈旗涖止有赫其威一念潜通幽明弗違有帛在篚物
薄而微
神兮安留尚祈享之

初獻

神兮安留有薦必受享祀之初奠茲醴酒晨光初昇祥徵
應候何以侑觴樂陳雅奏
亞獻
我祀維何奉茲犧牲爰酌醴齊二觴再升洋洋如在式
燕以寧庶表微衷交于
神明
終獻
執事有嚴品物斯薦黍稷非馨式將其意薦茲酒醴成
我常祀
神其顧歆永言樂只

徹饌

春祈秋報率爲我民我民之生賴于尒
神維神佑之康寧是臻祭祀云畢神其樂歆

送神

三獻禮終九成樂作神人以和既燕且樂雲車風馭
靈光昭灼瞻望以思邈彼寥廓

望燎

俎豆既徹禮樂已終
神之云旋倏將焉從以望以燎庶幾感通時和歲豐惟
神之功

祭歷代帝王

一齋戒

凡齋戒前一日太常官宿于本司次日具本奏

致齋二日傳

制遣官行禮

一省牲　牛五　羊五　豕六　鹿一　兔八

凡正祭前一日獻官承

制畢詣本壇省牲

一正祭陳設

五室十六位

每室

犢一　羊一　豕一

每位

登一　鉶二　籩豆各十　簠簋各二

帛一白色禮神制帛

已上五室共設酒尊三爵四十八篚五于中

室東南西向設祝文案于西

一儀注

典儀唱樂舞生就位執事官各司其事贊引

引獻官至盥洗所贊搢笏出笏引至

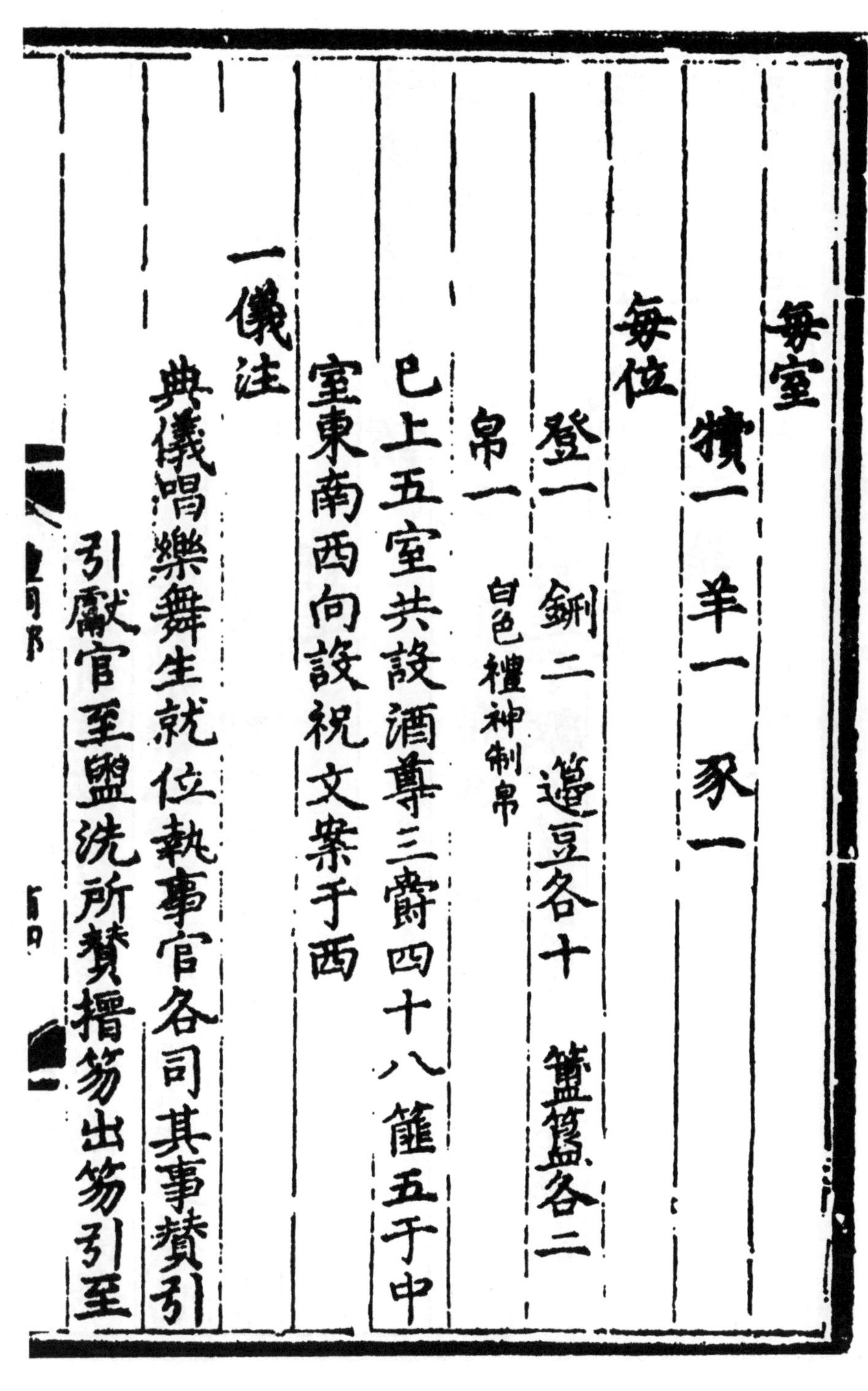

拜位贊就位典儀唱迎神協律郎舉
麾奏樂樂止贊四拜（陪祭官同）典儀唱
奠帛行初獻禮奏樂執事官各捧帛
爵進于
神位前贊引贊詣
三皇神位前搢笏執事官以帛進于獻官奠訖執事官以
爵進于獻官贊獻爵（凡三）出笏詣
五帝神位前（儀同前爵凡五）詣
三王神位前（爵凡三）詣
漢高祖光武唐太宗皇帝神位前（爵凡三）詣

宋太祖元世祖皇帝神位前（爵凡二儀並同前）出笏詣讀祝所
跪讀祝讀祝官取祝跪于獻官左讀
畢進于
神位前贊俯伏興平身復位樂止典儀唱行亞獻禮奏樂
執事官各以爵獻于
神位前樂止典儀唱行終獻禮（儀同亞獻）典儀唱飲福受
胙贊詣飲福位跪搢笏執事官以爵
進飲福酒執事官以胙進受胙出笏
俯伏興平身復位贊兩拜典儀唱徹
饌奏樂執事官各于

神位前徹饌樂止典儀唱送神奏樂贊四拜平身樂止典
　儀唱讀祝官捧祝掌祭官捧帛饌各
　詣瘞位樂止贊禮畢

從祀名臣

東廡第一壇

風后　皐陶　龍　伯益　傅說　召公奭　召穆公虎

張良　曹參

羊一　豕一　鉶九　籩豆各二　棗　栗　菁菹　鹿醢

簠簋各一　黍稷共　稻粱共　帛九　白色禮神制帛

酒盞二十七　饌盤一　篚一

第二壇
周勃　馮異　房玄齡　李靖　李晟　潘美　岳飛
木華里　博尒忽　伯顔
羊一　豕一　鉶十　籩豆各二　簠簋各一
帛十　酒盞三十　饌盤一　罏一
西廡第一壇
力牧　夔　伯夷　伊尹　周公旦　太公望　方叔
蕭何　陳平
陳設與東廡第一壇同
第二壇

鄧禹　諸葛亮　杜如晦　郭子儀　曹彬　韓世忠
張浚　博尒朮　赤老温
陳設同
一祝文
維洪武某年歲次某甲子某月　日
皇帝謹遣具官某致祭于
太昊伏羲氏
炎帝神農氏
黄帝軒轅氏
帝金天氏

帝高陽氏
帝高辛氏
帝陶唐氏
帝有虞氏
夏禹王
商湯王
周武王
漢高祖皇帝
漢光武皇帝
唐太宗皇帝

宋太祖皇帝
元世祖皇帝
曰昔者奉
天明命相繼爲君代
天理物撫育黔黎彛倫攸序井井繩繩至今承之生民多
福思不忘而報特祀以春秋惟
帝兮英靈來歆來格尚
享
一樂章
迎神

仰瞻兮
聖容想鑾輿兮景從降雲衢兮後先來俯鑒兮微衷荷
聖臨兮蒼生有崇睠諸帝兮是臨予頓首兮幸蒙

奠帛

秉微誠兮動
聖躬來列坐兮殿庭予今顒兮效勤捧禮帛兮列酒尊鑒
予情兮欣享方旋駕兮雲程

初獻

酒行兮爵盈喜氣兮雍雍重荷蒙兮再瞻再崇群臣忻
兮躍從顒觀穆穆兮

聖容
亞獻
酒斟兮禮明諸
帝熙和兮悦情百職奔走兮滿庭陳籩豆兮數重亞獻兮
顒成
終獻
獻酒兮至終早整雲鑾兮將還宫予心眷戀兮
神聖欲攀留兮無蹤躡雲衢兮緩行得遥瞻兮達九重
徹饌
納肴羞兮領陳烝民樂兮幸生將何以兮崇報維歲時

兮載瞻載迎

送神

旙幢繚繞兮導來瑽鸞輿冉冉兮歸天宮五雲擁兮祥風從民歌聖佑兮樂年豐

望燎

神機不測兮造化功珎着禮帛兮薦火中望瘞庭兮稽首願神鑒兮寸衷

祭先師孔子

春秋中月上丁日遣官行禮

一齋戒

一省牲　儀並同前　牛一　山羊五　豕九　鹿一　兔五

一正祭陳設

正壇

犢一　羊一　豕一　登一　籩豆各十

鉶二　簠簋各二　帛一白色禮神制帛

共設酒尊三　爵三　篚一于壇東南西向

設祝文案于壇西

四配位

每位羊一　豕一　登一　鉶二　籩豆各十

簠簋各一　爵三　帛一　篚一

十哲

東五壇豕一分五帛一 䤠一 爵三
每位鉶一 籩豆各四 簠簋各一 酒盞一
西五壇
陳設同
東廡五十三位共十三壇
共豕一 帛一 䤠一 爵三
每壇籩豆各四 簠簋各一 酒盞四
西廡五十二位共十三壇
陳設並同東廡
一儀注

典儀唱樂舞生就位執事官各司其事分獻
官陪祀官各就位贊引引獻官至盥
洗所贊詣盥洗位搢笏出笏引至拜
位贊就位典儀唱迎神奏樂樂止贊
四拜陪祭官同典儀唱奠帛行初獻禮
奏樂執事官捧帛爵詣
神位前贊引贊詣
大成至聖文宣王神位前搢笏執事以帛進奠訖執事以
爵進贊引贊獻爵出笏詣讀祝位跪
讀祝讀祝官取祝跪于獻官左讀訖

俯伏興平身贊詣
兗國復聖公神位前搢笏獻爵出笏詣
郕國宗聖公神位前儀同前詣
沂國述聖公神位前詣
鄒國亞聖公神位前儀並同前贊復位樂止典儀唱行
亞獻禮奏樂執事以爵獻于
神位前樂止典儀唱行終獻禮奏樂儀同亞獻樂止典儀
唱飲福受胙贊詣飲福位跪搢笏執
事以爵進贊飲福酒執事以胙進贊
受胙出笏俯伏興平身復位贊二拜

陪祭官同典儀唱徹饌奏樂執事官

各詣

神位前徹饌樂止典儀唱送神奏樂贊引贊四拜陪祭官同

典儀唱讀祝官捧祝掌祭官捧帛饌

各詣瘞位典儀唱望瘞奏樂贊引贊

詣望瘞位樂止贊禮畢

一祝文

維洪武某年歲次某甲子某月　日

皇帝遣具官某致祭于

大成至聖文宣王惟

王德配
天地道冠古今删述六經垂憲萬世謹以牲帛醴齊粢盛
庶品祗奉舊章式陳明薦以
兗國復聖公
郕國宗聖公
沂國述聖公
鄒國亞聖公配尚
享
一樂章
迎神

大哉

宣聖道德尊崇維持王化斯民是宗典祀有常精純並隆

神其來格於昭聖容

奠帛

自生民來誰底其盛維王神明度越前聖粢帛具成禮

容斯稱黍稷非馨惟神之聽

初獻

大哉聖王實天生德作樂以崇時祀無斁清酤惟馨嘉

牲孔碩薦羞神明庶幾昭格

亞獻終獻

百王宗師生民物軌瞻之洋洋神其寧止酌彼金罍惟
清且旨登獻于三於嘻成禮

徹饌

犧象在前豆籩在列以享以薦既芬既潔禮成樂備人
和神悅祭則受福率遵無越

送神

有嚴學宮四方來宗恪恭祀事威儀雍雍歆格惟馨神
馭還復閟禋斯畢咸膺百福

祭先農 遣應天府官祭

一齋戒 二日

一省牲 牛一 羊一 豕一 鹿一 兔一

一正祭陳設

先農之神 南向

犢一 羊一 豕一 登一 鉶二

籩豆各十 簠簋各二 帛一 青色禮神制帛

設酒尊三 爵三 篚一于壇東南西向

設祝文案于壇西

一儀注

典儀唱樂舞生就位執事官各司其事贊引引

獻官至盥洗所贊詣盥洗所搢笏出

笏贊引贊就位畢典儀唱瘞毛血迎
神奏樂樂止贊引贊四拜陪祭官同典
儀唱奠帛行初獻禮奏樂贊引贊詣
神位前搢笏執事官以帛跪進于獻官奠訖執事官以爵
跪進于獻官贊引贊獻爵出笏詣讀
祝所跪讀祝讀祝官取祝跪于獻官
左讀祝畢進于
神位前贊引贊俯伏興平身復位樂止典儀唱行亞獻禮
奏樂執事以爵獻于
神位前樂止典儀唱行終獻禮儀同亞獻典儀唱飲福受胙

贊引贊詣飲福位執事以爵進贊引
贊飲福酒執事以胙進贊引贊受胙
出笏俯伏興平身復位贊引贊兩拜
典儀唱徹饌奏樂執事于
神位前徹饌樂止典儀唱送神奏樂贊引贊四拜樂止典
儀唱讀祝官捧祝掌祭官捧帛饌各
詣瘞位典儀唱望瘞贊引贊詣望瘞
位贊禮畢

一祝文

維洪武某年歲次某甲子某月　日

皇帝謹遣具官某致祭于
先農之神惟
神初興農事乃種嘉穀爲民立命萬世永賴今將東作
親晔籍田謹以牲醴庶品用修常祀尚
享

一樂章

迎神

東風啓蟄地脉奮然蒼龍掛角燁燁天田民命惟食創
物有先圖鍾旣奏有降斯筵

奠帛

帝出乎震天發農祥神降于筵蔼蔼洋洋禮神有帛其色
惟蒼豈伊具物誠敬之將

初獻

九穀未分庶草攸同表爲嘉種實在先農黍稌斯豐酒
醴是共獻奠之初以蘄感通

亞獻

倬彼甫田其隰其原耒耜云載驂御之間報本思享亞
獻惟虔

終獻

神其歆之自古有年

帝籍之典享祀是兹潔豐嘉粟咸仰于斯時惟親耕享
我農師禮成于三以訖陳詞

徹饌

於赫先農歆此潔修□□爵于饌于羞禮成告徹
神惠敢留餕及終畝豐年是求

送神

神無不在於昭于
天曰迎曰送于享之筵冠裳在列金石在懸往無不之其
佩翩翩

望燎

祝帛牲醴

先農既歆不留不畱之厚深有幽其瘞有赫其臨曰禮之常匪今斯今

祭旗纛

旗手衛指揮祭

一齋戒 二日

一省牲 牛一 羊一 豕一

一正祭陳設

神七位 南向

旗頭大將

六纛大將

五方旗神

主宰戰船正神

金鼓角銃砲之神

弓弩飛鎗飛石之神

陣前陣後神祇五昌等衆

犢一　羊一　豕一　登一　鉶二

籩豆各十　簠簋各二　帛七黑二 白五 禮神制帛

共設酒尊三　爵一　篚一于壇東南西向

設祝文案于壇西

一儀注

贊引引獻官至盥洗所贊詣盥洗所贊就位迎
神作樂執事官于
神位前斟酒訖贊引贊四拜陪祭官同贊奠帛行初獻禮作
樂執事捧帛爵進贊引贊詣
神位前執事以帛進奠訖執事以爵進贊獻爵訖贊復位
跪讀祝讀訖贊俯伏興平身樂止贊
引唱行亞獻禮執事于
神位前斟酒樂止唱行終獻禮儀同亞獻唱飲福受胙贊詣
飲福位跪飲福酒受胙以下儀與祭
先農同

合祀神祇

一在京十一廟

北極真武 祭物用素

道林真覺普濟禪師 祭物用素

都城隍

祠山廣惠

五顯靈順

漢秣陵尉蔣忠烈

晉成陽卞忠貞公

宋濟陽曹武惠王

南唐劉忠肅王

元衛國忠肅公

敵功臣

一各處聖帝明王忠臣烈士載在祀典不係淫祀者其廟宇陵寢皆要備知其處每年定奪日期或差官牲祭或令有司自祭本部悉理之

一天下府州縣合祭風雲雷雨山川社稷城隍孔子及無祀鬼神等有司務要每歲依期致祭其壇壝廟宇制度牲醴祭器體式具載洪武禮制

犧牲

一凡祭祀所用牲醴脯醢等物必須預備看養
臨期依數供辦不可有缺

曆日

一在京欽天監每歲算曆已成則預先行移各
布政司刊印九月初一日進曆仍頒
賜京官

一頒曆儀注
前期一日尚寶設
御座于奉天殿教坊司設中和樂于殿内其日陳設如常

御曆案于殿中設曆案于丹陛中道設百官曆案于丹陛
儀儀禮司設
下鼓初嚴引禮引文武官進曆官入
詣侍立位鼓三嚴執事文武官詣
華蓋殿行五拜三叩頭禮畢傳制受曆侍從等官各就位
皇帝服皮弁服出樂作陞座捲簾樂止鳴鞭訖引禮引進
曆官就位贊禮唱鞠躬樂作贊四拜
平身樂止典儀唱進曆引禮引進曆
官由東階陞詣
丹陛案前贊跪搢笏取曆由殿東門靠東入至殿中內

贊唱跪外贊唱衆官皆跪唱進曆監
官以曆置于案内贊唱出笏俯伏興
外贊亦唱俯伏興平身內贊唱復位
引禮引進曆官由百官門出樂作引
至拜位樂止贊禮唱鞠躬樂作四拜
平身樂止進曆官退執事舉百官曆
案于丹墀中道鳴贊唱排班班齊鞠
躬樂作贊四拜平身樂止傳制官詣
御前跪奏傳制俯伏興由殿東門靠東出至丹陛東西向
立稱有

制贊禮唱跪衆官皆跪宣

制曰欽天監進某年大統曆其賜百官頒行天下贊禮唱

俯伏興樂作贊四拜平身唱頒曆頒

曆官取曆散于百官散畢

駕興百官以次出

藝術

一凡天文地理醫藥卜筮師巫音樂等項藝術

之人本部務要備知以憑取用

在外行術占卜之人聽於本鄉不許越境興

造妖妄等事

僧道

一僧道度牒欽依三年一出給仍要各司考試能通經典者申送到部具奏出給

一各布政司并直隷府州縣申呈開設僧道衙門舉保到僧人劄付僧錄司道士劄付道錄司考試如果中式就申吏部施行

祥異

凡各處獻來祥瑞本部准其事收下如有非時災異即時奏

聞若遇日月交蝕則預先行移諸司救護

一日蝕儀注

前期結綵於禮部儀門及正堂設香案于露臺上向日設金鼓于於儀門內兩傍設樂人于露臺下設各官拜位于露臺上下俱向日立至期欽天監官報日初蝕百官具朝服典儀唱班齊贊禮唱鞠躬樂作四拜興平身樂止跪執事捧鼓詣班首前班首擊鼓三聲衆鼓齊鳴候欽天監官報復圓贊禮

唱攽躬樂作四拜平身樂止禮畢
一月食儀注同前但百官便服於都督府救護

喪葬

一優給則例
凡陣亡失陷傷故渰没者全支邊遠守禦出
征并出海運粮病故者減半
一品米六十石麻布六十疋
二品米五十石麻布五十疋
三品四品米四十石麻布四十疋
五品六品米三十石麻布三十疋

一公侯亡故
不分病故陣亡止給麻布一百疋本部奏輟
朝三日仍具手本行移在京衙門知
會
一將引本官家人赴
內府給與布疋
一咨工部造辦冥器棺槨及撥與人匠磚
石造墳安葬
一劄付欽天監選擇墳地
一具手本赴光祿司備辦祭物遣官行禮

一本部奏議封謚

一自初喪至除服以次遣官致祭

聞喪　入歛　首七至終七　下葬

百日　新冬　周年　二周　除服

一都督至都指揮亡故

本部奏輟朝二日移咨工部造辦棺槨葬墳

仍備辦祭物自初喪至除服節次遣

官致祭　聞喪　下葬　百日

周年　除服

如合優給者照前則例并咨兵部照例追贈

一指揮使至指揮僉事亡故
本部移咨工部造墳安葬亦節次遣官致祭
安靈　下葬　周年　除服
照例優給追贈
一衛所鎮撫千百戶亡故
本部移咨工部造墳安葬止二次遣官致祭
安靈　下葬　照例優給追贈
一公侯及在京一品二品父母妻喪三品四品
父母喪曾授封贈及致仕者各照品
級造墳安葬在外止祭祀未封贈者

無

一在外都指揮使至指揮僉事止是本部遣人
往祭一次若回京安葬則照例祭祀
造墳千百戶別照祭葬例

一公侯在外病故聞喪止輟朝一日靈櫬到京
仍輟朝三日下葬輟朝一日

膳部

郎中員外郎主事掌邦國牲豆酒膳辨其品數

膳羞

一凡遇正旦

聖節冬至或吉慶筵宴所用諸品膳羞酒醴並須提調光祿司供辦若管待諸番國朝貢等使客并四夷來降土官人等茶飯物料本部自行備辦其宴之日赴會同館管待令教坊司供應若奉

旨管待之人俱於本部筵宴正官主席

一土官使客到會同舘除柴米鋪陳本舘應付外本部照依正從名數每五日一次支送下程

一管待物料先期一日本部劄付膳部照依時價收買仍令物户親賫赴部對物給價其合用羊隻主事廳具手本赴光禄司關領原編羊隻字號勘合於司牧局照號關取造辦管待畢日仍回呈本部開具買過物件同支過價鈔

數目主事廳回呈關過羊隻字號毛
色斤重本部判送立案通類開銷

一管待物件則例每正一卓
菓子五色　按酒五色　湯三品
小割　正飯用羊

一支送下程則例五日每正一名
猪肉二斤八兩　乾魚一斤四兩　酒一瓶
麪二斤　鹽醬各二兩　茶油各一兩
花椒二錢五分　燭每房五枝
已上下程若奉

旨優待不拘此例

一衍聖公張真人到京下程

鵝二隻　麪一十五斤　酒四瓶

茶醬鹽各一斤　燭一十枝

一買辦管待物料鈔貫若支銷盡絶本部照例

具奏依數關領鈔錠回部收貯在庫

聽候買辦如支銷已盡依上關用

廚役

一凡選取各項廚役或事故新僉光禄司具呈

本部照數類行各處選取精壯慣熟

無過犯殘疾之人起送到部轉發光
祿司着役若有厨役病故遺下家小
呈送到部劄付應天府給引或遞送
回還原籍

俸給

一每歲會計合用俸米數目戶部定撥粮長到
部送納本部劄付膳部并委官眼同
依數交收在倉隨即出給倉鈔付納
戶收領候齊足出給通關一樣三本
交付粮長收領仍將收過米數通咨

戶部其所收糧米專一放支本部并
合屬衙門官吏月俸
一本部官吏該支月俸每月初本部通類立案
劄付膳部及委官或儀部祠部主客
部官一員眼同放支膳部主事廳出
給印信俸帖付官吏收執赴倉關支
仍將放過其字號倉糧米數目分豁
正米附餘開呈本部判送膳部立案
一帶支太常司翰林院等衙門官吏俸給每月
預先將合支數目開呈本部立案通

類劄付膳部委官照依各衙門實到
印信俸帖赴倉依數關支畢日依數
開呈

一帶支衙門

太常司　光祿司　翰林院　春坊
儀禮司　司經局　欽天監　行人司
鑄印局　教坊司　欽天回回監

藏冰

一每歲冰結之時本部堂上官預先奏
聞膳部官赴內官監關支鑰匙錦衣衛差撥力士或工部差

撥脚夫各備器具赴正陽門外打掃
氷窨就行戶部關撥新鮮稻草并蘆
席襯墊完備伺候氷凍揀擇潔净去
處取氷節次挑赴氷窨内如法收藏
封鎖將鑰匙送赴内官仍移付祠部
照例祭祀着軍人看守以備應用

内府氷窨收藏氷雪係内官監官自行提調合用襯墊蘆
席稻草本部照例移咨戶部依數支
撥就差人送

内府氷窨處所交收

器皿

一凡宴享合用　應器皿及各項廚役懸帶雙
魚銅牌光祿司開呈本部移咨工部
照數造完轉發光祿司收用

一鑄完廚役雙魚銅牌本部具印信手本開寫
號數送赴
內府印綬監收掌凡遇光祿司廚役合用銅牌本司自具
手本赴本監關用

行移

一凡有一應行移在外事務儀部等四部各開

事件移付通具印信手本赴禮科關填勘合照會各布政司并劄付直隸府州照依坐去勘合内事件轉行所屬作急理辦如有遲誤不完仍行催督每遇年終各該有司分豁已未完結事件連原填去勘合張數造冊差人親賫奏繳仍用備細關報本部以憑查鎖

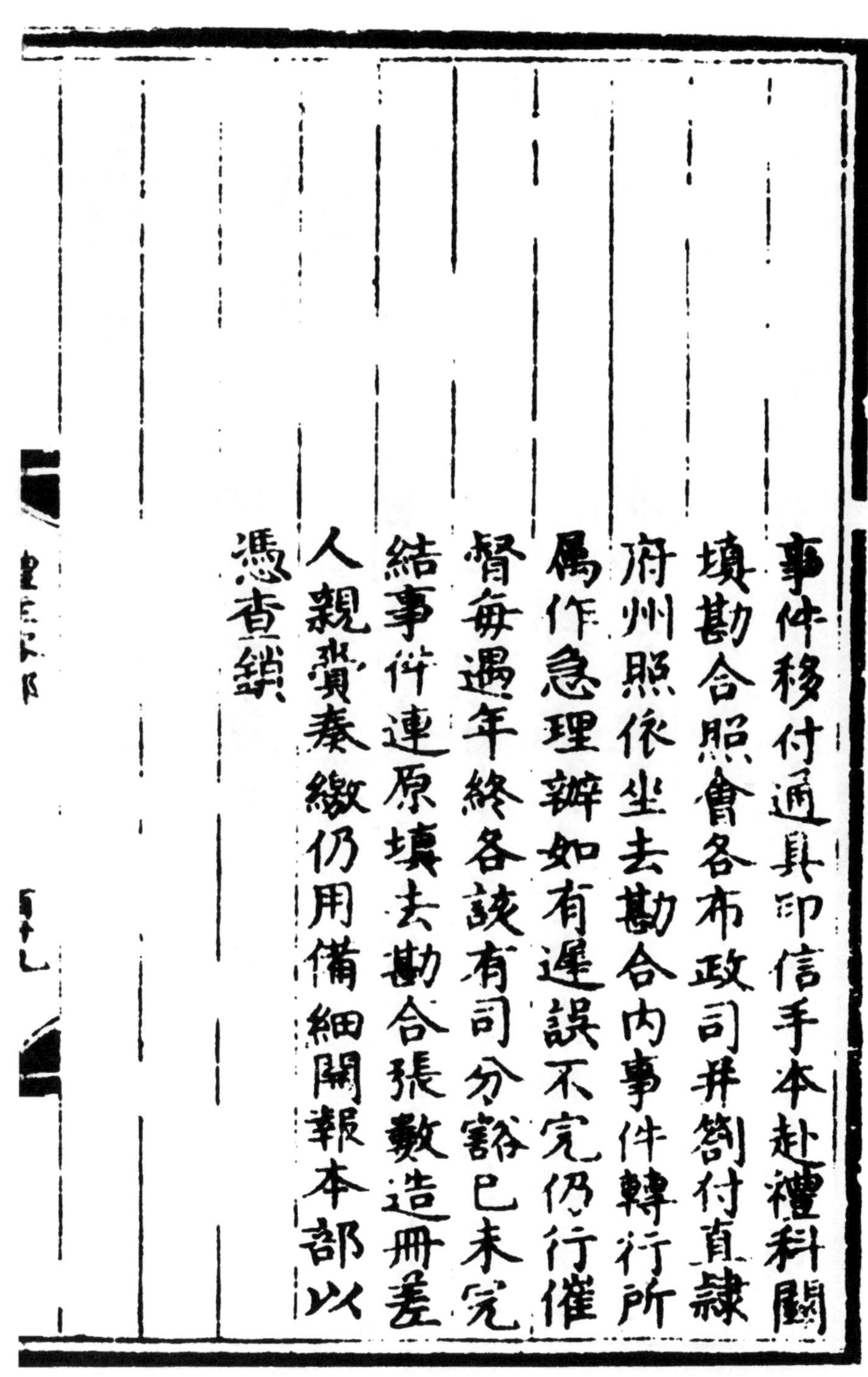

主客部

郎中員外郎主事掌諸蕃朝貢等事

朝貢

一凡諸蕃國及四夷土官人等或三年一朝或
每年朝貢者所貢之物會同館呈報
到部主客部官赴館點檢見數遇有
表箋移付儀部其方物分豁進貢
上位若干
殿下若干開寫奏本發落人夫管領先具手本關領

内府勘合依數填寫及開報門單於次日早
朝照進
内府或於
奉天門或
奉天殿丹陛或
華蓋殿及
文華殿前陳設本部正官奏啓
進納若遇慶賀
聖節正旦貢獻之物初到即以數目具本奏
聞物候至日通進

内府陳設交收

一凡進馬騾到於會同館即令典牧所差醫獸辨驗兒騍騸及毛色齒歲明白備寫手本交收及令本館放支草料喂養仍撥人夫管領至期進

内府行列於丹墀東伺候

御前牽過同手本交付御馬監官收領

一凡進象駝到於會同館令本館喂飼次日早進

内府

御前奏進如僎
聖節正旦冬至陳設進收日遠先行奏
聞象送馴象所馳送御馬監收養至期令進
　内府陳設
　一凡進虎豹禽鳥之類到於會同館就令畜養
之人喂養具數奏
聞送所司收領至期進
　内府丹墀内陳設
　一凡進金銀器皿珎寶段疋之類須同貢獻之
人驗視明白具寫奏本仍以器具裝

盛或黃袱封裹分撥館夫一同貢獻
之人收管先期一日闕填勘合開報
門單次日早照進

内府於
殿前丹陛等處陳設一一交付長隨内使收受
一凡進蘇木胡椒香蠟藥材等物萬數以上者
船至福建廣東等處所在布政司隨
即會同都司按察司官檢視物貨封
貯完密聽候先將番使起送赴京呈
報數目除國王進貢外番使人伴附

搭買賣物貨官給價鈔收買然後布
政司仍同各衙門官将貨稱盤見數
分豁原報附餘數目差人起觧前来
本部委官及行戸部都察院委官會
同差督人夫運進承運等庫稱盤入
庫本部先期開寫各庫該收物貨手
本於
午門關領各門勘合填寫照進并出給長單令該庫
批寫實收數目回部備照

一朝貢諸番及四夷土官去處

番國

高麗國東海　暹羅國南海　琉球國南海

占城國南海　真臘國南海　安南國南海

日本國東海　爪哇國南海　瑣里

西洋瑣里　三佛齊　浡泥國

百花國　覽邦國　彭亨國

淡巴國　須文達那國

西南夷

四川

烏蒙軍民府　烏撒軍民府

芒部軍民府　金筑安撫司
盧山長官司　慕役長官司
西堡長官司　大華長官司
寧谷寨長官司　頂營長官司
十二營長官司　安順州
貴州宣慰司　平茶洞長官司
播州宣慰司　龍州
程番長官司　永寧州
鎮寧州　康佐長官司
建昌衛　建安州

禮州　栢興州
酉陽宣撫司　木瓜長官司
方番長官司　黎州
邛部軍民府　德昌府
普安軍民府　東川軍民府
長河西　天全六番招討司
阿昔簇長官司　占藏先結簇長官司
蛒匝簇長官司　北定簇長官司
祁命簇長官司　阿昔洞簇長官司
勒都簇長官司　班班簇長官司

者多簇長官司
麥匝簇長官司
石硅宣慰司
泥溪長官司
雷坡長官司
沐川長官司
平夷長官司
蠻夷長官司
馬湖府
岳希蓬長官司
隴木頭長官司
靜州長官司
里州
建昌府
闊州
中縣
碧舍縣
會川府
武安州
永昌州

隆州　姜州
黎溪州　麻龍縣
會理州　威龍州
昌州　普濟州

廣西

龍英州　江州
龍州　思明府
陀陵縣　養利州
上下凍州　思陵州
萬承州　安平州

太平州　都結州
羅陽縣　思城州
結倫州　鎮遠州
左州　崇善縣
茗盈州　南丹州
結安州　永康縣
思同州　東蘭州
那地州　全茗州
利州　鎮安府
田州府　泗城州

奉議州

雲南

姚安軍民府　姚州

元江府　廣通縣

平緬宣慰司　車里軍民宣慰司

八百宣慰司　麗江府

景東府　楚雄府

鶴慶府　尋甸府

鄧川州　海東土官

賓居土官　小雲南土官

臨安府習義縣　大理府

湖廣

施南宣慰司　忠建安撫司

思南宣慰司　永順宣慰司

臻部六洞黄坡等處長官司

保靖宣慰司　曲靖軍民府

西域

西天泥八剌國　朵甘

沙州　烏思藏

撒立畏兀兒　撒來

撒馬兒罕

賓客

凡四夷歸化人員及朝貢使客初至會同館主
客部官隨即到彼點視正從定其高
下房舍鋪陳一切處分安妥仍加撫
綏使知
朝廷恩澤

一下程分豁正從人數扎付膳部五日一次照
例支送酒肉茶麪飲食之物

一管待量其來人重輕合與茶飯者定擬食品

卓數扎付膳部造辦主客部官一員或主席或分左右隨其高下序坐以禮管待仍令教坊司供應

給賜

一凡諸番四夷朝貢人員及公侯官員人等一切給賜如往年有例者止照其例無例者斟酌高下等第題

奏定奪然後本部官具本奏

聞關領給賞

一凡賞賜金銀鈔錠四帛之類金銀請長隨內

官關領匹帛係內承運庫收貯冠帶
衣靴係工料工部官收掌鈔錠係戶部
官收掌主客部官分投關領其物或於
奉天門或
奉天殿丹墀或
華蓋殿用卓頓放引受賜人朝北立置物於前受賜人
叩頭畢以物授之如多至十人百人
則先以所賜之物唱名分投各人將
列叩頭畢於該科出帖赴
午門倒換勘合照出所賜之物復命次日謝

恩

一凡遠夷之人或有長行頭疋及諸般物貨不係貢獻之數附帶到京願納入官者照依官例具

奏關給鈔錠酬其價值

兵部

尚書侍郎之職掌天下軍衛武官選授之

四曰司馬職方駕部庫部

司馬部

郎中員外郎主事掌武官勲禄品命

銓選

官制

凡内外大小軍職衙門官員俱有額數

都督府

左都督　右都督　都督同知　都督僉事

留守司

正留守　副留守　指揮同知

都指揮司

都指揮使二員　都指揮同知二員

都指揮僉事四員

衛

指揮使一員　指揮同知二員

指揮僉事四員　衛鎮撫二員

所

正千戶一員　副千戶二員

所鎮撫二員　百戶一十員

儀衛司

儀衛正一員　儀衛副二員

典仗六員

勳祿

凡武官一品至六品所授上柱國至武騎尉曰勳歲支俸米曰祿遇有除授官員須要明白照品定擬其品級次第詳於吏部

職掌

武官資格

凡內外軍職官員俱有原定資格

正一品

左都督　右都督

從一品

都督同知

正二品

都督僉事　正留守　都指揮使

從二品

都指揮同知
正三品
副留守　都指揮僉事
各衛指揮使
從三品
留守司指揮同知　各衛指揮同知
正四品
各衛指揮僉事
正五品
儀衛正　正千户

從五品

衛鎮撫　儀衛副　副千户

正六品

典仗　百户

從六品

所鎮撫

除授官員

凡武官或有功陞除或調除別衛或爲事復職若見缺官員應合調補遇有前項官員到部須要審取從軍脚色委官賫赴

內府比對貼黃中間歸附年月征克地方陞轉月日衛所流官世襲相同然後具本明著緣由

連人引至

御前陳奏請

旨轉調除授或奉

特旨陞遷隨將欽與職事花名衛所流官世襲及陞調緣由就於

御前陞選仍照選簿內條寫榜文次日入奏將引選過官員看畢抄榜給憑定限到任仍行該府轉行所在衛所催任繳憑

襲職替職

凡軍官亡故年老征傷須以嫡長兒男承襲替職或嫡長男早喪及篤廢殘疾則嫡孫襲替如無嫡子嫡孫則庶長子孫襲替若嫡庶子孫俱無方許弟姪襲替其應合承繼弟男子姪務要曾經操練弓馬熟閑并當該衛所正官保結呈送其審供查黄引選等項緣由並與除授官員相同

陞用總小旗

貼黃

凡總小旗欽役務選年深精壯勇敢軍人小旗
併鎗軍人併鎗得勝陞小旗小旗併鎗
得勝陞總旗須憑各府照會開繳當該
衛所保結文狀到部然後類寫具奏請
旨准用仍咨呈該府行下各該衛所收補或奉
旨取用年深總旗除授須自各衛取勘從軍脚色保結呈
送到部仍審實來歷相同具本引奏選
用其附選出榜抄榜給憑催任一如除
授官員施行

寫黃續黃

凡除官開寫年籍從軍脚色赴

内府清理明白寫黃仍寫内外貼黃與正黃關防走號

合同請

寶鈐記正黃送銅櫃收貯内外黃各置文簿附貼亦於

内府收掌遇有陞調襲替官員次日即具陞轉襲替緣

由奏

聞貼揭續附如有事故亦須總為置簿揭下附貼以憑稽考

缺官

凡遷調致仕并犯罪罷職等項官員行移到部

知會即便作缺類寫缺本進赴
内府遇有欽依除調補缺官員隨於
御前銓注次憑附選

更名復姓

凡軍官或年幼過房乞養今將本姓或幼名到
部更改必須明著緣由奏
聞准改仍將改換緣由續附貼黃

優給

凡軍官亡故遺下嫡長子女年未出幼或母年
老或篤廢嫡子嫡孫次及庶子或弟或姪

合得優給養贍者須憑各衛保結起送
到部審取故官從軍脚色一體委官賫
赴
內府比對貼黄相同具奏如是奉
旨欽與優給隨即於
御前附寫欽與優給文簿扣筭出幼年分明白開寫歲數
至某年住支或奉
特旨陞等優給及流官特與世襲亦須隨即明白注寫通
行抄出緣由立案行移錦衣衛作數放
支其征進陣亡傷故病故總小旗兒男

一體引奏定奪

誥勑

給授

凡武官所授一品至五品曰誥命六品以下曰勑命其有應合給授者須憑各官報到從軍脚色比對内外貼黄年籍并見授職事流世相同然後奏

聞謄黄照品定奪散官寫誥給授如犯法得罪應合追奪到部進送

内府收貯若充軍征進者置簿編收其典刑及亡故無

嗣者會官燒毀

正一品　初授特進榮祿大夫　陞授特進光祿大夫

從一品　初授榮祿大夫　陞授光祿大夫

正二品　初授驃騎將軍　加授龍虎將軍　陞授金吾將軍

從二品　初授鎮國將軍　加授奉國將軍　陞授定國將軍

正三品　初授昭勇將軍　加授昭武將軍　陞授昭毅將軍

從三品　初授懷遠將軍　加授安遠將軍　陞授定遠將軍

正四品　初授明威將軍　加授廣威將軍　陞授宣威將軍

從四品　初授宣武將軍　加授信武將軍　陞授顯武將軍

正五品　初授武德將軍　陞授武節將軍

從五品陞授武略將軍　初授武毅將軍
正六品陞授承信校尉　初授昭信校尉
從六品陞授忠武校尉　初授忠顯校尉

封贈

凡武職有功應封贈祖父母父母妻室者照依
欽定資格一品封贈三代二品三品封
贈二代四品以下封贈一代各照見任
職事依例封贈
正一品至從六品
曾祖父祖父父各照見授職事對品封贈

正從一品
曾祖母祖母母妻各封贈夫人
正從二品
祖母母妻各封贈夫人
正從三品
祖母母妻各封贈淑人
正從四品
母妻各封贈恭人
正從五品
母妻各封贈宜人

正從六品
母妻各封贈安人

加贈
凡武官歿於王事者照依生前職事加贈二等
死於鋒鏑者照依生前職事褒贈三等

軍務
開設衛所
凡天下要衝及邊防去處奉
旨剏立衛所即便行移禮部鑄印作缺入奏請
旨除調官員仍行所在官司開設撥軍守禦

整點軍士

凡內外衛所軍士隊伍俱有定數如是奉
旨差人點視填給勘合戶由於內明寫收軍來歷緣由除
開設衛門原有旗軍外其續後調到補
伍軍士必須窮究原伍旗軍下落明白
庶不迷失軍伍如是伍內空歇未填勘
合亦須咨呈該府着令勾補以憑填給
其新收軍人應關戶由者一體照戶出
給勘合戶由

聲息

凡腹裏邊境險要去處或有嘯聚者飛報聲息
到部火速入奏毋得遲滯

賞賜

凡奉
特旨賞賜軍官須憑來文開寫姓名職事衛所欽賞銀鈔
段匹等項數目審對明白具本引奏給
賞

職方部

郎中員外郎主事之職掌天下地圖及城隍鎮戍烽堠之政

城隍

謂城池也

凡天下都司并衛所城池軍馬數目必合周知或遇所司移文修築須要奏聞差人相度准令守禦軍士或所在民人築造然後施行

計天下都司衛所

都司一十七處　留守司一處

內外衛三百二十九處守禦千戶所六十五處

上十二衛

金吾前衛　金吾後衛　羽林左衛

羽林右衛　府軍衛　府軍左衛

府軍右衛　府軍前衛　府軍後衛

虎賁左衛　錦衣衛　旗手衛

五軍都督府所屬衛所

左軍都督府

在京

留守左衛　鎮南衛　水軍左衛

驍騎右衛　龍虎衛　英武衛

瀋陽左衛　瀋陽右衛

在外

浙江都司

杭州右衛　杭州前衛　台州衛

寧波衛　處州衛　紹興衛

海寧衛　昌國衛　温州衛

臨山衛　松門衛　金鄉衛

定海衛　海門衛　磐石衛

觀海衛　海寧千户所　衢州千户所

嚴州千戶所　湖州千戶所

遼東都司

定遼左衛　定遼右衛　定遼中衛

定遼前衛　定遼後衛　鐵嶺衛

東寧衛　瀋陽中衛　海州衛

蓋州衛　金州衛　復州衛

義州衛　遼海衛　三萬衛

廣寧左屯衛　廣寧右屯衛　廣寧前屯衛

廣寧後屯衛　廣寧中護衛

山東都司

青州左護衛　青州護衛　兗州護衛
兗州左護衛　登州衛　青州左衛
萊州衛　寧海衛　濟南衛
平山衛　德州衛　樂安千戶所
膠州千戶所　諸城千戶所　滕縣千戶所

右軍都督府

在京

虎賁右衛　留守右衛　水軍右衛
武德衛　廣武衛

在外

雲南都司

雲南左衛　雲南右衛　雲南前衛

大理衛　楚雄衛　臨安衛

景東衛　曲靖衛　金齒衛

洱海衛　蒙化衛　馬隆衛

平夷衛　越州衛　六涼衛

鶴慶千户所

貴州都司

貴州衛　永寧衛　普定衛

平越衛　烏撒衛　普安衛

層臺衛　赤水衛　威清衛
興隆衛　新添衛　清平衛
平壩衛　安莊衛　龍里衛
安南衛　都勻衛　畢節衛
黃平千戶所

四川都司

成都左護衛　成都右護衛　成都中護衛
成都左衛　成都右衛　成都前衛
成都後衛　成都中衛　寧川衛
茂州衛　建昌衛　重慶衛

叙南衛　蘇州衛　盧州衛

松潘軍民指揮司　巖州衛

青州千戶所　保寧千戶所　威州千戶所

雅州千戶所　大渡千戶所

陝西都司

西安左護衛　西安右護衛　西安中護衛

西安左衛　西安右衛　西安前衛

西安後衛　華山衛　秦山衛

延安衛　綏德衛　平涼衛

慶陽衛　寧夏衛　臨洮衛

鞏昌衛　西寧衛　漢中衛
凉州衛　莊浪衛　蘭州衛
秦州衛　岷州軍民指揮司
洮州衛　河州軍民指揮司
甘肅衛　山丹衛　永昌衛
鳳翔千戶所　金州千戶所　寧夏中護衛
甘州中護衛　西河中護衛

廣西都司

桂林左衛　桂林右衛　桂林中衛
南寧衛　柳州衛　馴象衛

梧州千户所

中軍都督府

在京

留守中衛　神策衛　廣洋衛

應天衛　和陽衛　牧馬千户所

在外

直隸

揚州衛　和州衛　高郵衛

淮安衛　鎮海衛　滁州衛

太倉衛　泗州衛　壽州衛

邳州衛　大河衛　沂州衛
金山衛　新安衛　蘇州衛
儀真衛　徐州衛　安慶衛
宿州千户所

中都留守司

鳳陽右衛　鳳陽衛　鳳陽中衛
留守左衛　留守中衛　長淮衛

皇陵衛

懷遠衛　洪塘千户所

河南都司

歸德衛　陳州衛　弘農衛

汝寧衛　潼關衛　河南衛
睢陽衛　宣武衛　信陽衛
彰德衛　武平衛　南陽衛
寧國衛　懷慶衛　寧山衛
潁川衛　安吉衛　潁上千户所
河南左護衛　河南中護衛　河南右護衛

前軍都督府

在京

天策衛　龍驤衛　豹韜衛
龍江衛　飛熊衛

在外

直隸

九江衛

湖廣都司

茶陵衛　武昌衛　武昌左衛

黃州衛　永州衛　岳州衛

蘄州衛　施州衛　長沙護衛

辰州衛　安陸衛　襄陽衛

常德衛　沅州衛　寶慶衛

沔陽衛　長沙衛　衡州衛

衢塘衛　鎮遠衛　平溪衛
清浪衛　偏橋衛　五開衛
九溪衛　荆州左護衛　荆州中護衛
靖州衛　永定衛　郴州千戶所
夷陵千戶所　桂陽千戶所　德安千戶所
忠州千戶所　安福千戶所　道州千戶所
大庸千戶所　天平千戶所　麻寮千戶所
枝江千戶所　武岡千戶所　崇山千戶所
長寧千戶所　武昌左右中三護衛

福建都司

福州中衛　福州左衛　福州右衛

興化衛　泉州衛　漳州衛

福寧衛　鎮東衛　平海衛

永寧衛　鎮海衛

福建行都司

建寧左衛　建寧右衛　建陽衛

延平衛　邵武衛　汀州衛

將樂千户所

江　都司

南昌左衛　南昌前衛　袁州衛

贛州衛　吉安衛　饒州千戶所

安福千戶所　會昌千戶所　永新千戶所

南安千戶所　建昌千戶所　撫州千戶所

鉛山千戶所　廣信千戶所

廣東都司

廣州前衛　廣州左衛　廣州右衛

南海衛　潮州衛　雷州衛

海南衛　清遠衛　惠州衛

肇慶衛　廣州後衛　程鄉千戶所

高州千戶所　廉州千戶所　萬州千戶所

儋州千戶所　崖州千戶所　南雄千戶所

韶州千戶所　德慶千戶所　新興千戶所

陽江千戶所　新會千戶所　龍州千戶所

後軍都督府

在京

橫海衛　鷹揚衛　興武衛

江陰衛　蒙古左衛　蒙古右衛

在外

北平都司

燕山左衛　燕山右衛　燕山前衛

大興左衛　永清左衛　永清右衛
濟州衛　濟陽衛　彭城衛
通州衛　薊州衛　密雲衛
真定衛　永平衛　山海衛
遵化衛　居庸關千戶所

北平行都司

大寧左衛　大寧右衛　大寧中衛
大寧前衛　大寧後衛　會州衛
營州中護衛　興州中護衛

山西都司

太原左衛　太原右衛　太原前衛
振武衛　平陽衛　鎮西衛
潞州衛　蒲州千戶所　廣昌千戶所
沁州千戶所　寧化千戶所　鴈門千戶所
山西行都司
大同左衛　大同右衛　大同前衛
蔚州衛　朔州衛
北平三護衛
燕山左護衛　燕山右護衛　燕山中護衛
山西三護衛

太原左護衛　太原右護衛　太原中護衛

軍役

凡内外衛所軍士俱有定數大率以五千六百名為一衛一千一百二十名為一千户所一百一十一名為一百户所其有衛分軍士數多千百户所統則一每一百户内設總旗二名小旗一十名管領鈐東大小相維以成隊伍管軍官員操練撫綏務在得宜毋敢紊亂空歇若逃故老疾勾丁代補中間冒觧同名并各項

充軍重復非止一端條開于後

收補軍士

凡遇各布政司并直隸府州縣勾解内外衛所迯故軍人正身并戶丁到部審實明白迯軍照例斷發有能自首者免罪復役其補役戶丁如在京衛分填給勘合差人送發該衛交割在外衛所送赴該府通類差人押送取收管回照仍行移各衛收役年老殘疾發回充換壯丁其幼小戶下無丁者年十三四以上送衛操

緣七八歲以下或發在營或發原籍依親行移該衛紀錄俟長成勾補其有姦頑故推老疾不將壯丁補役者問罪如律仍勾壯丁若長觧不行用心管押以致逃脫依律責限發回根捕受贓脫放送法司問罪其有民人首報投軍并遠年歇役軍丁首報着役無衛分者照發外衛有原衛者就發充軍仍行原籍官司體勘若有窺避提送法司問罪

重役

凡有陳告一戶或爲埰集首報收集或爲事問
發在京在外衛所重復充軍二名三名
者須行各衛着落當該官吏保勘明白
及揭照黃冊果係同戶别無人丁具
奏定奪其有爲事免罪充軍正身并丁多者不准如有
隱瞞丁口朦朧陳告者問罪如律

冒名

凡有陳告本戶係是民籍止與故軍同名同姓
被里甲人等賣放正軍朦朧冒解者發
回合干有司提對曾經府縣陳告不理

着令所管上司衙門歸問若俱不理必須給批差人先提當該吏典并事內干問人數送法司對問其有干問府縣官員具

奏提取着被在衛軍人供指就便送法司對問果係故軍生前妄稱坐名勾取者揭照黃冊是實改正發回為民仍行原衛着落親管官旗挨勾應補正軍

軍士缺伍

凡內外衛所軍人或有死亡戶絕或有陞調或

為事起發等項缺下隊伍須要行移衛所保勘明白許令除豁即於多餘軍內撥補若死亡止有幼丁許令本衛紀錄在伍作數其在逃未獲務要根勾正身俱各不許撥補

老疾軍人

凡內外衛所軍人或征進工作傷殘或患癱疾及年老不堪征差者須要保勘相驗是實許令戶下壯丁代役若無少壯止有幼小人丁許令該衛紀錄操練仍令老

疾隨營如果户絶無人揭籍查勘明白
具
奏除豁聽令隨營或依親還鄉缺下軍伍於多餘軍内
撥補

關津

設置巡檢司

凡天下要衝去處設立巡檢司專一盤詰往來姦細及販賣私鹽犯人逃軍逃囚無引面生可疑之人須要常加提督或遇所司呈禀設置巡檢司差人踏勘果係緊

聞地面奏
聞准設行移工部蓋造衙門吏部銓官禮部鑄印行移有
司照例於丁粮相應人户内僉點弓兵
應役

斷發逃軍囚徒

凡各處巡檢司弓兵并老人里甲人等獲解内
外衛所逃軍及囚徒無引人并販賣私
鹽犯人等項到部審問明白一次二次
在逃囚軍本部照例刺字依律杖斷原
伍舊軍并餘丁照例刺字若係在京軍

人調發外衛在外衛所軍人仍發原衛着役隨營鹽徒編發充軍私鹽進納載鹽船隻驢匹入官原捕弓兵人等照例給賞其有征進在逃并三次在逃軍人及囚徒無引等項俱送法司并原問衙門查照發落

烽堠 謂煙墩也

凡邊防去處合設煙墩并看守堠夫務必時加提調整點須要廣積稈草晝夜輪流看望遇有警急晝則舉煙夜則舉火接遞

通報毋致損壞有悮軍情聲息

圖本

凡天下要衝及險阻去處合畫圖本并軍人版
籍須令所司成造送部務知險易

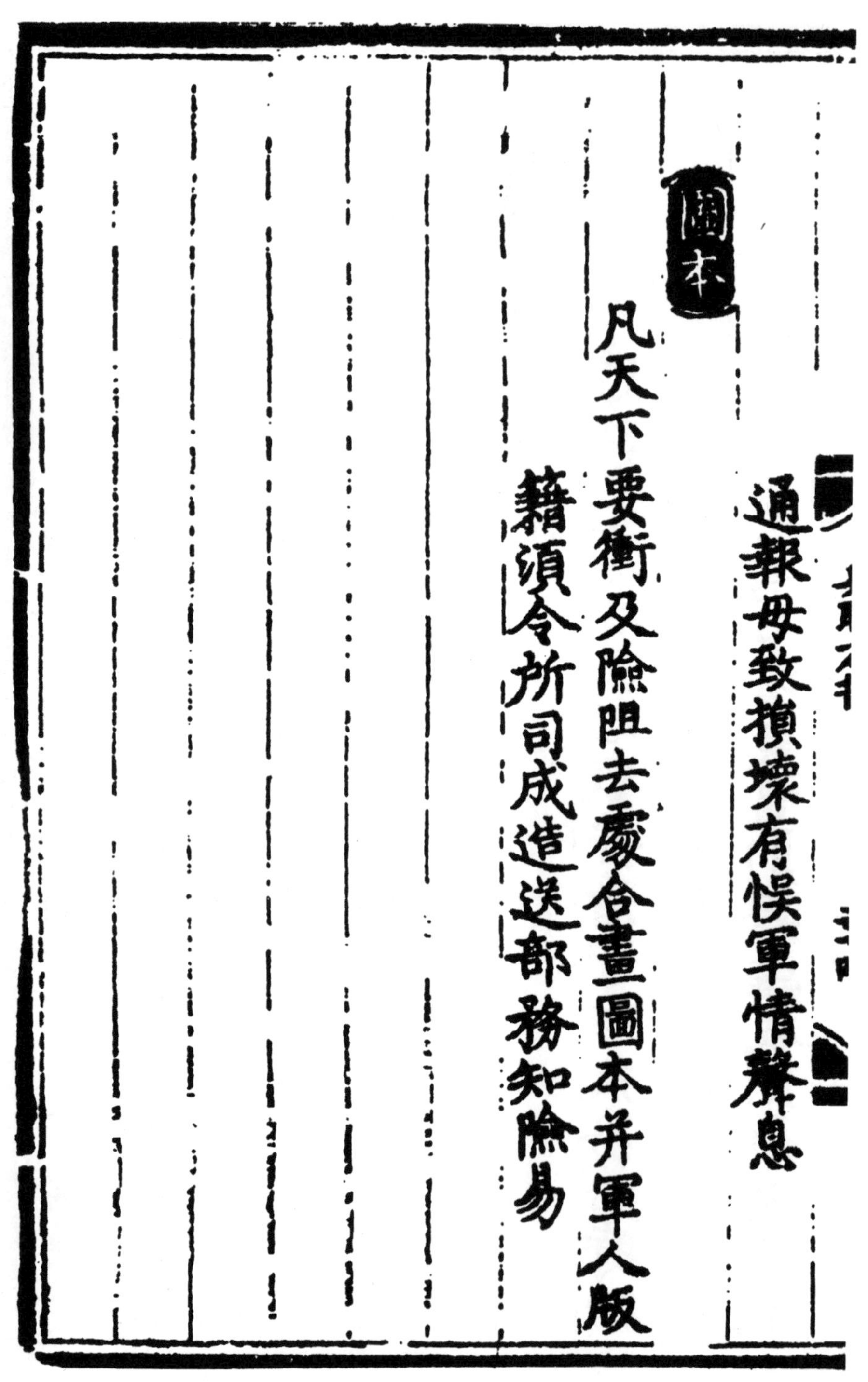

駕部

郎中員外郎主事掌邦國輿輦車乘及天下傳驛

廐牧

鹵簿

凡正旦冬至

聖節會同錦衣衛陳鹵簿大駕於殿之東西須要各依次序毋得錯亂有失朝儀

黃麾一對　降引旛五對　告止旛五對

傳敎旛五對　信旛五對　龍頭竿五對

戈氅十對　戟氅十對　儀鍠氅十對
朱雀幢一　玄武幢一　青龍幢一
白虎幢一　金節三對　豹尾二對
羽葆幢三對　梧杖三對　立瓜三對
卧瓜三對　儀刀三對　戟十二對
班劍三對　響節十二對　龍戟三對
鐙杖三對　金鉞三對　骨朶三對
金水罐一　金盆一　金脚踏一
金馬杌一　鞭籠一　紅紗燈籠一對
紅油紙燈籠三對　紫羅素方傘四把

紅羅素方傘四把　黃羅直柄綉傘四把
紅羅曲柄綉傘四把　紅羅單龍扇十把
黃羅單龍扇十把　黃羅雙龍扇二十把
紅羅雙龍扇二十把　紅羅素扇二十把
黃羅素扇二十把　紅羅綉雉方扇十二把
紅羅綉花扇十二把　玉輅一乘　大輅一乘
九龍車一乘　步輦一乘　馬十二疋

羽儀

凡郊祀弔喪臨祭車駕出入合用某等羽儀導引會同錦衣衛須要各依定制陳布毋

得相參

儀仗

凡

皇太子親王出入合用儀仗依制陳導如有損壞移咨

工部如法修飾

皇太子儀仗

金交椅一把脚踏全　金盆罐一副手巾全

紅紵絲拜褥一條　青孔雀扇六把

青花扇四把　青方扇四把

紅綉直柄傘二把銀鈴全　青方傘二把

紅羅銷金傘一把
紅羅銷金雨傘一把　羽葆幢三對
降引旛一對　儀鍠氅三對　戈氅三對
戟氅三對　金節二對　響節六對
骨朶二對　金鉞二對　金鐙二對
立瓜二對　卧瓜二對　儀刀二對
班劍二對　梧杖二對　戟六對
紗燈三對　魫燈三對　帳房一座
幰幙一對　金馬杌一副

親王儀仗

金交椅一把脚踏全　間抹金盆鑵一副
金香爐一箇　抹金銀香盒一箇
班劒一對　儀刀四對　梧杖一對
響節四對　羽葆幢一對　降引旛一對
骨朶一對　卧瓜一對　立瓜一對
金鉞一對　金鐙一對　儀鍠氅一對
殳叉一對　傳教旛一對　信旛一對
告止旛一對　金節一對　挑心節一把
麾幢一對　戟十對　夾矟一對
矟十對　盾十對　戈氅一對

戟氅一對　紅羅銷金圓傘一把
紅羅曲蓋繡傘二把　紅羅繡圓傘二把
紅羅青方傘四把　紅羅青圓傘二把
紅羅青方傘二把　紅絹銷金雨傘一把
紅羅繡方扇四把　紅羅繡圓扇四把
青羅繡孔雀圓扇二把　紅紗燈籠一對

守衛軍士食錢

凡在京上十二衛守衛隨
駕軍人每名一直三日食錢鈔三百文先期一日令各
衛将軍名數具手本報進

内府本部官一員攢類軍名并該支鈔錠總數送禮科關鈔令該管守衛官領去給散如有公差患故名數食錢明白扣除不許別將軍人頂替冒支

牌面

凡隨駕官員力士校尉須憑牌面守衛其牌面内府印綬監掌管輪直官員人等於簿上明白附寫花名畫字給領如遇下直務要交割明白勾消庶無差失其在外新設衛所申索

守禦夜廵銅牌須要定奪數目編置字號移咨禮部鑄印就送該府給發

驛傳

凡天下水馬驛遞運所專一遞送使客飛報軍情轉運軍需等項合用馬驢船車人夫必因地理要衝偏僻量宜設置其合點人夫設置馬驢船車什物等項俱有定例須要常加提督有司整治或差人點視不許空歇但有人夫馬驢船車什物損壞缺少將有司并驛所當該官吏坐

罪仍督併脩理補買

馬驛

凡馬驛設置馬驢不等如衝要去處或設馬八十疋六十疋三十疋其餘雖非衝要亦係經行道路或設馬二十疋十疋五疋大率上馬一疋該粮一百石中馬一疋該粮八十石下馬一疋該粮六十石其僉點人戶先儘各驛附近去處僉點如果不敷許於相隣府縣點差如一戶粮數不及百石者許衆戶輳數共當一夫

其收買馬疋鞍轡氊衫什物驛夫名照
田粮驗數出備
一各驛馬疋須分上中下三等馬膊上懸挂小
牌明寫等第憑符應付
一各驛馬夫須置銅鈴遇有緊急公務將懸帶
馬上前路驛分專一聽候鈴聲隨即供
應不致妨誤
一各驛馬鞍已置木綿及氊塌軟座經過使客
不許將氊衫於馬鞍上墊坐如遇陰雨
方許給付氊衫雨帽

水驛

凡水驛設船不等如使客通行正路或設船二十隻十五隻十隻其分行偏路亦設船七隻五隻大率每船該設水夫十名於有司人户納粮五石之上十石之下點充不拘一户二户相合俱驗所該粮數輪流應當

遞運所

凡遞運所設置船隻不等如六百料者每隻水夫十三名五百料者每隻水夫十二名

四百料者每隻水夫十一名三百料者
每隻水夫十名其水夫皆於五石以下
粮戶內點差

一每所設置車輛不等如大車一輛載米十石
者人夫三名牛三頭布袋十條小車一
輛載米三石者人夫一名牛一頭每夫
一名辦牛一頭於十五石粮戶內點充
如無相應人戶許衆戶輳粮共當

一遞運船隻俱用紅油刷飾每船置牌一面開
寫本船字號料數及水夫姓名檣柁篙

櫓篷索鐵猫筏纜等項一應浮動什物
數目常川懸挂務要牌不離船以憑點
視如是船隻什物損壞鈌少即申合干
有司委官計料脩補
一遞到官物所官驗實物件斤重擔數多寡隨
即計筭船隻料數差撥裝運不許將前
路運船越過遞送其長押人員不許索
要過料船隻及多取水夫夾帶私己物
貨所官亦不許徇情應付
開設驛所

凡新開地方堪設驛分遞運所或舊設驛所廂
離窵遠往復不便可以添設須要差人
踏勘明白取勘彼處鄉村市鎮畫圖貼
說回報驗其里路遠近同應設驛所船
車馬驢數目具奏移咨工部蓋造衙門
吏部銓官禮部鑄印合用人夫行移有
司照例僉點

市民馬戶

凡市民馬戶俱係浙江并直隸蘇松等府市居
人民編發鳳陽河南陝西北平等處繫

要驛分當站每上馬一疋一百三十八戶中馬一疋一百十八戶下馬一疋九十八戶每馬各就原定戶內選丁多者四戶充馬頭在驛走遞如馬頭戶絶體勘明白仍於本馬原編戶內僉補

囚充站戶

凡囚充水馬人夫俱係為事免罪發充前役正身病故須要戶丁補役不在消乏之例

應合給驛

一賫擎

詔旨制諭
一飛報軍務重事
一奉
特旨差遣給驛者
一
親王進賀
表箋及差官賫王奏本赴京奏事
一欽差各部官監察御史往各處追問等項并
帶去問事人監生書吏人等水路驛船
陸路驢疋

一公侯駙馬都督將帶從人一名

應付腳力

一在京差辦事官行人舍人往各處催攝公事
水路應付順便船隻陸路遠者應付腳
力或車輛驢疋

一四夷番使各處土官來
朝并回還水路遞運船陸路腳力

一力士校尉差去雲南四川兩廣福建水路應
付巡檢司船裝送

一文武官員到任一千五百里之外

一老疾軍人軍屬寡婦并病故官員遺下家小
還鄉
一為事編發差試百戶管領前去雲南遼東大
寧等處充軍并撥守雲南大寧遼東等
處補役軍人水路應付船隻

陳告消乏
凡糧僉水馬遞運人戶陳告消乏驛所即申有
司體勘是實就便僉替不許刁蹬靠損

符驗
凡在內公差人員係軍情重務及奉

特旨差遣給驛本部填給勘合所差人員轉赴
内府關領符驗給驛前去事完就便銷繳

急遞鋪

凡十里設一鋪每鋪設鋪長一名鋪兵要路十
名僻路或五名或四名於附近有丁力
田粮一石五斗之上二石之下點充須
要少壯正身每鋪設十二時日晷一箇
以驗時刻鋪門首置立牌門一座并牌
額全常明燈燭一副簿曆二本鋪兵每
名合置夾板一副鈴攀一副纓鎗一把

一遞送公文照依古法一晝夜通一百刻每三刻行一鋪晝夜須行三百里但遇公文到鋪不問角數多少須要隨即遞送無分晝夜鳴鈴走遞前鋪聞鈴鋪司預先出鋪交收隨即於封皮格眼内填寫時刻該遞鋪兵姓名速令鋪兵用袱包裹夾板拴繫賫小回曆一本急遞至前鋪交收於回曆上附寫到鋪時刻以憑稽考毋致停滯差迷如是公文到來不即

梘一條回曆一本

遞送停積等待因而失誤事機者問罪

一各州縣於額設司吏内選充鋪長一名專一

巡點所轄鋪分督令各鋪司兵如法走

遞親臨府州縣提調官常加檢點鋪長

失於整點隨即問罪每月置立文簿當

該提調官署押附寫遞過公文時刻角

數以憑稽考

一無印信文字不許入遞其各衙門但有入遞

公文須要堅厚好紙封裹轉遞各鋪明

白附曆於上開寫並無破損并不曾拆

動原封但有磨擦破壞及拆動原封者就將來文封皮上寫記原遞鋪兵姓名遞發及將遞來鋪兵拘提解官有司即爲追究

一鋪舍損壞什物不完鋪兵數少及有老弱之人在鋪當役者有司提調官吏即便修理僉點補替

馬政

廄牧

凡大僕寺所屬十四牧監九十八群專一提調

牧養孳生馬騾驢牛其養户俱係近京民人或五户十户共養一疋每騍馬歲該生駒一疋若人户不行用心孳牧致有虧欠倒死就便着令補買還官每歲將上年所生馬駒起觧赴京調撥本寺每遇年終比較或群監官員怠惰或人户奸頑致有馬疋瘦損虧欠數多依例

坐罪

關撥

凡官軍關撥馬疋操練行移到司須要該衛官

吏保結關馬官軍原有馬疋下落果係曾經征進慣戰人數及無馬疋方纔具
奏關撥後有事故該衛拘收還官其官軍人等奉
旨關換馬疋亦須備知數目

折粮

凡各處起解折粮馬疋到部須令獸醫辨驗明白具奏送御馬監交收

收買

凡官給價鈔於各處收買并茶易到馬疋或就

彼處給軍騎坐或起解赴京交納須知
其數

力士校尉

凡力士校尉俱係隨
駕人數於民間丁多相應人戶內僉點有力精壯無過
犯體氣之人應當皆撥錦衣旗手等衛
着役如有事故即照原籍另戶僉補如
解到部照依所補姓名送發該衛果係
在逃正身就送該衛發落若正身不獲解
到戶丁照地方發遣充軍仍挨勾正身

庫部

郎中員外郎主事掌邦國戎器儀仗辨其出入之數

軍器

凡内外官軍合用衣甲鎗刀弓矢等器必須總知其數如遇各衛移文到部申索轉行工部定奪關撥

勘合

凡本部應有行移并催攝一應公務須將出事緣由開寫手本赴

内府關填勘合照會各布政司劄付直隸府州務要將坐去事件施行作急回報每遇年終查理但有未完事件將各司府州承行官吏具奏提問務要完結

給聚

凡文武官員并軍士人等搬取家小完聚行移所在官司起取審實送發完聚或有陳告父母兄弟伯叔子姪先因遠年兵革離散今知下落告取完聚須要行移所在官司體勘相同以憑給聚其有應給

之人見當軍役具奏定奪及單丁寡婦
還鄉行移應天府給引照回

根捕逃軍勾捕軍士

凡各衛所開報逃故并老疾勾丁代役軍人先
須查對鄉貫住址明白具手本赴
內府給批差人前去着落有司官吏逃軍根捉正身如
正身未獲先將戶丁起解補役仍根捉
正身補替其故軍勾取戶內壯丁補役
如別無壯丁止有幼小兒男取官吏保
結回報行移該衛照勘相同紀錄候長

成勾補若送回老疾軍人就留原籍住
坐將戶下壯丁起解替役如勾無戶籍
或住址差拗名姓不同或係另籍民戶
及有戶絕無丁有司體勘回申到部行
移該衛照勘在營有無長幼人丁并着
落原管官旗務要挨究明白回報定奪
勾補若衛所官吏并老疾軍人朦朧妄
報依律問罪如原勾軍數不完及勾到
軍人中途在逃仍着落原差人員前去
勾捉若在外遷延違限送法司問罪

雜行

俸給

凡本部官吏人等并合屬五城兵馬司典牧所
大勝關會同館等衙門官吏俸給每月
初明白立案將實支官吏姓名并該支
米數劄付該部填給勘合委官下倉放
支如有事故臨倉扣除還官仍將實支
米數回呈立案

印色

凡本部合用印色支銷盡絶移咨工部轉行該

庫放支

紙劄

凡本部合用紙劄移咨刑部於贓罰鈔內關支價鈔買用明白立案開銷以憑稽考

考覈

凡本部所屬太僕寺并各牧監群五城兵馬司典牧所大勝關會同館等衙門官吏但有考滿必從本衙門開報年籍鄉貫脚色職役并行過事蹟到部以憑考覈咨送吏部定奪

拘收皮張

凡軍民官司解到馬騾驢牛等項皮張鬃尾并肉臟變賣錢鈔到部錢鈔具手本送赴該庫交納皮張鬃尾咨送工部交收仍取實收附卷

軍士鹽粮

凡馬步軍士月支粮鹽并典牧所養馬象人冬夏布疋月支鹽粮遇有公文到部總其名數行移該部放支

皂隸

凡各衙門官員合用根隨皂隸俱於法司取撥笞杖囚人應役必須明立文案簿籍開寫姓名鄉貫應該拘役年月發送其衙門着役遇滿撥替其有在逃即便根捉仍送法司問罪若病故者照名行移法司撥補

刑部

尚書侍郎之職掌天下刑名及徒隸勾覆關禁之政令其屬古有四部曰憲部比部司門部都官部洪武二十三年因天下庶務浩繁欽改為十二部曰浙江江西福建山東北平四川山西湖廣廣東廣西河南陝西各令清理一布政司刑名等事其雲南布政司隸陝西部仍量其繁簡帶管直隸府州并在

京衛門每部仍分憲比司門都官四科以領其事凡遇刑名各照部分送問發落

浙江部帶管

中軍都督府　神策衛　和陽衛

留守中衛　廣洋衛

直隸和州

江西部帶管

前軍都督府　龍驤衛　府軍前衛

龍江衛　天策衛

直隸廬州府

福建部帶管

戶部　金吾後衛　應天衛

牧馬千戶所

直隸常州府　廣德州

山東部帶管

左軍都督府　兵部　羽林右衛

尚寶司　典牧所

直隸鳳陽府　滁州

北平部帶管

吏部　金吾前衛　太醫院

直隸蘇州府

四川部帶管

工部　府軍衛　僧錄道錄司

直隸松江府

山西部帶管

旗手衛　驍騎右衛　龍虎衛

翰林院　欽天監　五城兵馬司

直隸鎮江府　徐州

湖廣部帶管

右軍都督府　虎賁右衛　留守右衛
水軍右衛
直隸池州府　寧國府
廣東部帶管
府軍左衛　水軍左衛　虎賁左衛
錦衣衛　留守左衛
直隸應天府
廣西部帶管
通政使司　鎮南衛　五軍斷事官
直隸徽州府　安慶府

河南部帶管

禮部　羽林左衛　武德衛

府軍右衛　光祿司　太常司

國子監　儀禮司　教坊司

直隸揚州府　淮安府

陝西部帶管

後軍都督府　豹韜衛　府軍後衛

蒙古左右衛　橫海衛　興武衛

江陰衛　鷹揚衛　大理寺

行人司

直隸太平府
雲南布政司
浙江等十二部郎中員外郎主事各掌本布政司幷
帶管在京衙門直隸府州刑名等事

憲科

律令

職制　公式　儀制　人命
名例　盜賊　詐譌　鬬毆
伸寃

問擬刑名

凡鼓下并通政司等衙門送原告連狀到部先於原告簿内附寫告人姓名鄉貫住址并將告詞於詞狀簿内全文抄畢連人狀判送該部承行該部先行立案責差皂隸將引原告前去召保聽候提人對問取訖保狀附卷照出合問人數具呈本部具手本赴

内府刑科給批差人提取及提人到部判送該部歸問先將犯人名數立案責令司獄司監

收聽候引問仍差原召保皂隸前去
拘換原告與被告通行對問復行案
呈本部將原給批文赴

內府刑科銷繳其引問一干人證先審原告詞因明白
然後放起原告拘換被告審問如被
告不服則審干證人如干證人供與
原告同詞却問被告如各執一詞則
喚原被告干證人一同對問觀看顔
色察聽情詞其詞語抗厲顔色不動
者事理必真若轉換支吾則必理虧

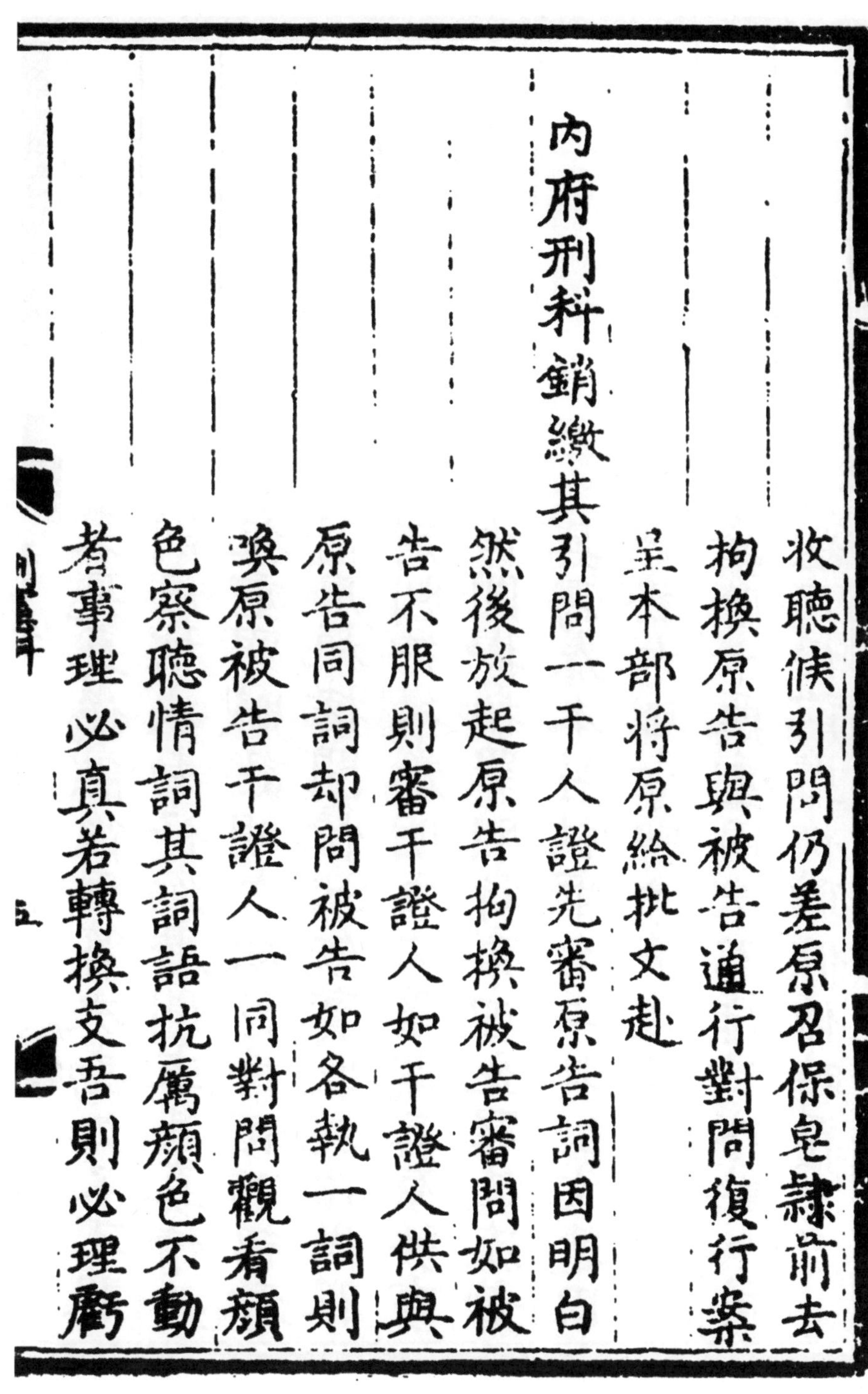

畧見真偽然後用笞決斷如又不服則用杖決斷仔細磨問求其真情若犯重罪贓證明白故意恃頑不招者則用杻拷問情狀既實取訖招供服辯判押入卷明立文案開具原發事由問擬招罪照行事理死罪徒流者具寫奏本笞杖罪名止具公文連囚牒發大理寺審候平允回報復行立案除十惡重囚決不待時外餘令司獄司仍前監收聽候依時覆

奏處决其餘各付該部發落工役付河南部編軍付陝西部贓罰付湖廣部其有發回寧家者

主事廳出批送應天府經歷司交割

給引寧家

除撥官吏

凡本部十二部遇有除到官員并撥到吏典北

平部掌行将年籍鄉貫住址備細脚

色開供明白明立文案遇有官吏陞

除調用及事故即便作鈌行移吏部

除撥

會計粮儲

凡本衙門官吏人等合用俸給每歲會計若干
移咨戶部定撥粮長到部送納劄付
福建部并委官眼同依數交收在倉
隨即出給倉鈔付納戶收領候齊足
出給通關一樣三本交付粮長收領
仍將收過米數通咨戶部知數

月支俸給

凡本部官吏人等俸給食米每月各部照磨所
將各官吏人等分豁舊管放除實在

并合文俸給食米數目開付福建部
本部查理無差明立文案将前項數
目案呈本部劄付該管主事於堂上
關領鎖匙於月初開倉仍出給半印
勘合将合支米數填寫明白責付各
官家人收領放粮主事於原奉劄付
內查照相同然後附簿放支

比科

律令

戶役　田宅　倉庫　課程
錢債　市廛

類進贓罰

凡各布政司并直隸府州應有追到贓物彼處官司用印鈐封批差長解人管解到部照依地方發下該部承行仍照來文內開到金銀鈔貫段匹紬絹等項數目槩呈本部具手本差官齎赴
內府關領進物勘合回部照數填寫明白又具長單一樣二紙編寫字號用使半印勘合堂

上官押字用印對查無差將前項賍物原封不動就差原解人同將勘合
長單進赴
內府該庫各門守衛官并門吏於各長單書名畫字用訖照進關防放進到庫庫官眼同原解人拆開原封照依原進數目撿閘無欠交收入庫將勘合并長單一紙本庫收留存照外有長單一紙本庫官吏出給實收押字用印交付原解人收齎仍於各門打訖照出關防回

部附卷仍將長解原批上批寫解到
金銀鈔貫等項贓物已於某年月日
進赴
內府某庫納訖其部批回原解人將批文齎回該衙門
備照其本部問擬犯人除恐嚇詐欺
強買賣有餘利科歛求索係取與不
和用強生事逼抑取受之贓並還物
主外餘有接受枉法不枉法彼此俱
罪之贓并應合抄劄犯人家財俱各
見數責付庫子收領下庫聽候類解

取訖領狀附卷每年春夏秋冬四季庫子將收過各部一應贓物備細開寫自某年某月某日為始至某年某月終收到某部某部追抄犯人某人等名下金銀鈔貫段疋等項若干開呈湖廣部照數寔呈本部關給勘合出具長單如前進納湖廣部照依批回移付各部知會各部又於原卷查照相同然後附卷備照

凡本衙門合用奏啓本案驗行移簿籍囚人寫招服辯一應紙劄山西部掌行每季會計合用奏啓本等紙各若干估計合用鈔若干本部明立文案開付湖廣部於贓罰鈔内照數關支差官前去街市及客商販賣去處照依時價兩平收買數足到部堂上官用印封鈐責付庫子收領在庫聽候各部將各季用紙數目呈堂判送湖廣部立案照數關支候至季終銷用盡絶各

部開稱爲某事用過某色紙若干逐一開付本部將各部花銷紙數查理明白將來付附卷其餘季分如前施行

處决重囚

凡大理寺秋後覆奏處决重囚如本寺牒至即差皂隸照名於司獄司將犯人押赴法場仍令主事廳具手本會請監察御史等官公同處决批回附卷

詳擬罪名

凡各布政司并直隸府州遇有問擬刑名笞杖
就彼決斷徒流遷徙充軍雜犯死罪
解部審録發落具合的決絞斬凌遲
處死罪名各處開坐備細招罪事由
照行事理呈部詳議比律允當者則
開緣由具本發大理寺覆擬如覆擬
平允行移各該衙門如法監收聽候
依時差官審決如有決不待時重囚
詳擬允當隨即具奏差官前去審決
其有情詞不明或出入人罪失出入

者駁回改正再問若故出入情弊顯
然具奏連原問官吏提問

歲報罪囚

凡本部問發罪囚每遇年終各該部分開稱自
洪武某年正月初一日為始至十二
月終本部通問發過囚人若干內凌
遲若干斬若干絞若干斬罪免死終
身工役若干絞罪免死終身工役若
干流罪若干徒罪若干充軍若干隨
營若干杖罪若干笞罪若干疎放寧

家若干俱付山東部通類如前案呈

本部開坐奏

聞

司門科

律令

宮衛　關津　郵驛　軍政

廄牧　營造　河防

編發囚軍

凡本部問有應合充軍者必須照依律與大誥

内議擬明白大理寺審無寃枉開付陝西部本部置立文簿注寫各人姓名年籍鄉貫住址明白照依南北籍編成排甲每一小甲軍一十名總甲管軍五十名每百户該管一百一十二名一樣造冊二本將各總小甲軍人姓名年籍鄉貫住址并該管百户姓名充軍衛分注寫明白一本進赴

内府收照一本同總小甲軍人責付該管百户領去充軍仍咨呈該府作數如浙江河南

山東陝西山西北平福建并直隸應天廬州鳳陽淮安揚州蘇州松江常州和州滁州徐州人發雲南四川屬衛江西湖廣四川廣東廣西并直隸太平寧國池州徽州廣德安慶人發北平大寧遼東屬衛其軍人遇有逃故該管百戶具呈合干上司照籍勾補

合編充軍

販賣私鹽　詭寄田粮　私充牙行

私自下海　閑吏　土豪

應合抄劄家屬　積年民害官吏

誣告人充軍　無籍戶　攬納戶

舊日山寨頭目　更名易姓家屬

不務生理　遊食　斷指誹謗

小書生　主文　野牢子

幫虎　伴當　直司

皂隸獄卒

凡本衙門皂隸并司獄司看監獄卒山東部掌

行各部將一應皂隸開稱本部皂隸

若干名內根官幾名聽差幾名直廳幾名本部直堂幾名根官幾名務要明立文案遇有更替本部將新僉皂隸取訖年籍鄉貫住址供狀分豁明白發下該部收役將得替皂隸令主事廳出批送應天府給引寧家

營造

凡本衙門并司獄司堂廳門總書案卓椅傘杖鐵槊案衣坐褥等項并官吏公廨墻垣牢房遇有損壞不堪及應有營造

俱係四川部掌行案呈本部移咨工
部量撥囚人修造係干重務者奏
聞

都官科

律令

捕亡　婚姻　犯奸　雜犯

斷獄

提調牢獄

凡本部見問囚人設置司獄司監禁每月山東

部案呈差委主事一員躬親提調一
應牢獄各部每夜又各委官各點本
部囚數應枷而枷應杻而杻應
鎖鐐而鎖鐐將監門鎖閉牢固封鎖
其總提牢官將鎖匙拘收督令司獄
輪撥獄卒直更提鈴至天明各提牢
官將監門鎖封看訖令司獄於總提
牢官處關領鎖匙眼同開鎖照依各
部取囚勘合內名數點放出監各該
獄卒管押赴部問畢隨即押回監收

頃刻不得擅離左右務要內情不得
外出外情不得內入使人知幽囚困
苦之狀以頓挫其頑心又行提督司
獄人等常加潔淨不致刑具顛倒獄
囚飯食以時接遞毋得作弊刁蹬其
有寃抑不伸及淹禁日久不與決者
提牢官審察明白呈堂整治

拘役囚人

凡本部問擬刑名除真犯死罪的決外其餘笞
杖徒流雜犯死罪應合准工者議擬

明白審録允當開付河南部本部置
立文簿編成字號注寫各囚姓名年
籍鄉貫住址并為事緣由工役年限
日期分豁滿日充軍疏放終身工役
凡遇修砌城垣街道修盖官員房屋
及起築功臣墳塋等項其該衙門移
文到部照依工作處所合用笞杖等
囚撥付監工人員收領前去工役取
訖領狀仕卷本部一樣造冊二本編
寫字號并領去囚人姓名年籍鄉貫

住址及為某事工役幾年幾日分豁
滿日充軍疏放終身工役監工某人
領去某處工作一本進赴
內府一本咨發工部收繫候各囚工滿監工人員查理
役過工呈具呈工部計算無欠合唯
工滿比查原冊相同連人咨發本部
又於原卷簿內查理相同然後具手
本差官齎赴
內府底冊內前件項下注銷明白合疏放者引赴
御橋叩頭畢送應天府給引寧家合充軍者付發陝西

部照籍編發

真犯死罪

律令

十惡　變亂成法　朦朧奏啓

棄毀制書印信　漏泄軍情大事

強占良家妻女　背夫在逃改嫁

收父祖妾及伯叔母嫂弟婦

失悞軍機　殺傷來降人及逼勒逃竄

拒捕　激變良民失陷城池

造妖書妖言　盤詰姦細　強盜

盜制書印信　誣執翁奸　劫囚
白晝搶奪傷人　發塚見屍
畧人畧賣人因而傷人
謀故鬬毆等項殺人　奴婢毆駡家長
威逼期親尊長致死　妻妾毆夫篤疾
奸家長妻女　強奸　竊盜三犯
詐僞　誣告故入人死罪已決
告謀逆不受理以致攻陷城池
罪囚反禁在逃　故禁故勘平人致死
放火故燒人房屋盜財物者

邀取實封公文　　從軍征討私逃再犯
秋粮違限一年之上不足　三犯逃軍
師巫假降邪神及妄稱彌勒佛會
軍人私出外境擄掠傷人
死囚之子孫為父母等自殺
大誥
僧道不務祖風　　說事過錢
冒解罪人　逸夫　濫設吏卒
耆民赴京面奏事務阻當者
擅立幹辦等項名色　　鬭民同惡

官吏下鄉　擅差職官　魚課擾民
経該不解物　不對關防勘合
關隘驗民　居處僭
上用　市民為吏卒　造作買辦不與價
慶節和買　空引偷軍
臣民倚法為奸　官吏長解賣囚
寰中士夫不為君用　鄉民除患
阻當耆民赴京
雜犯死罪
律令

盜倉庫錢粮　官吏受贓過滿

稱訴寃枉借用印信封皮

私越冒度關津出外境

私將人口軍器出境及下海

投匿名文書告人罪

毆制使及本管長官折傷

遞送逃軍妻小出京城

凌虐罪囚致死者

大誥

官民犯罪買重作輕或盡行買免

攬納户　安保　斷指誹謗

申明誡諭

凡貪官汚吏玩法頑民有犯罪名各該部分取

問明白議擬審允依律發落外將各

人所犯情由罪名開付廣西部明立

文案照依原犯情罪備榜差人發去

各因原籍張掛申明誡諭其

欽依戴罪官員各該部分自行備榜發去原籍任所張

掛曉諭取各因原籍任所官司回文

到部完卷

官吏過名

凡本部十二部遇有問失出入人罪躭悞公事含糊行移等項一應犯該公罪官吏該笞者官收贖吏移付廣西部紀録候一季終照數類決杖罪以上并取到各衙門官公罪招伏各部亦開付廣西部明立文案候年終案呈通咨吏部紀録通考黜陟

類填勘合

凡本衙門遇有追賊提人合行下各布政司直

隸府州追問刑名并取招斷決等項開寫犯人姓名鄉貫住址贓物名項并備細緣由移付廣東部置立文簿逐件附寫每布政司府州類至四五件六七件案呈本部照依原編定字號勘合文簿將案呈事件通具手本差官於原編底簿内附寫明白前赴

内府刑科關填勘合完備領回本部押字用印照會布政司劄付直隸府州施行

抄劄

凡本部各子部凡問擬犯該姦黨等項合抄劄者明白具本開寫某人所犯合依某律該某罪財產人口合抄入官牒發大理寺審錄平允回報各部備由開寫犯人鄉貫住址明白案呈本部具手本赴

內府刑科填批差人前去抄劄戶下成丁男子如法枷杻同抄到人口金銀細軟馬騾驢羊差人解部如前該庫進納麄重什物變賣價鈔牛隻農具入官并田地房屋召人佃賃照例當差

應合抄劄

律令

姦黨　謀反大逆　姦黨

造僞鈔　殺一家三人

採生拆割人爲首

大誥

攬納户　安保過付　詭寄田糧

民人經該不解物　洒派包荒田土

倚法爲姦　空引偷軍　黥刺在逃

官吏長解賣囚　寰中士夫不爲君用

獄具

凡司獄司所設一應獄具山東部掌行務要較勘如法或有損壞案呈本部官爲修理置辦

工部

尚書侍郎之職掌天下百工山澤之政令其屬有四

曰營部虞部水部屯部

營部

郎中員外郎主事掌經營興造之衆務

營造

内府造作

凡

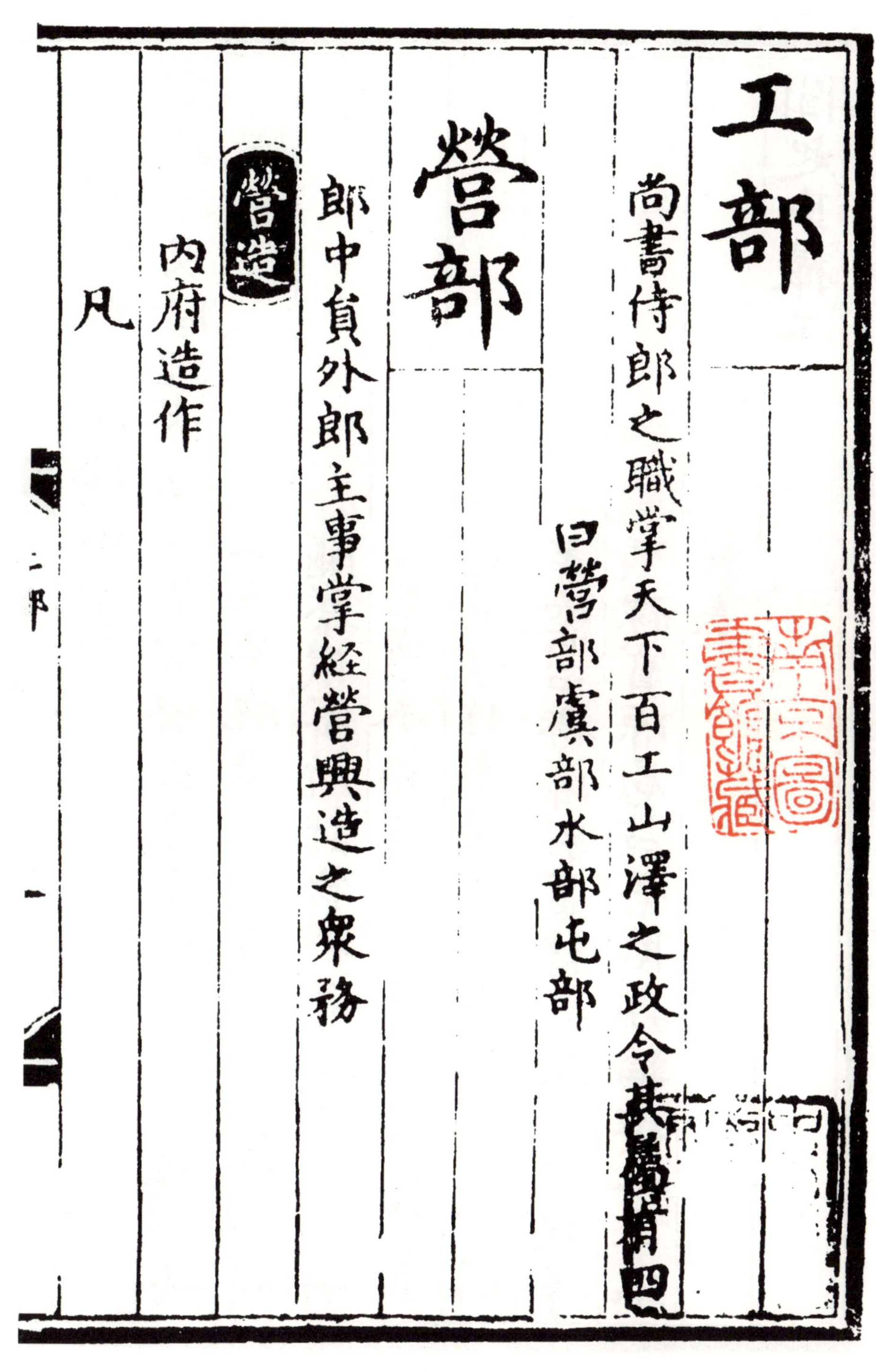

內府宮殿門舍墻垣如奉
旨成造及修理者必先委官督匠度量材料然後興工其
工匠早晚出入姓名數目務要點閘
關察機密所計物料并各色人匠明
白呈稟本部行移支撥其合用竹木
隸抽分竹木局磚瓦石灰隸聚寶山
等窑冶硃漆彩畫隸營繕所丁線等
項隸寶源局設若臨期輪班人匠不
敷奏
聞起取撥工

儀仗

凡製造

皇帝皇太子親王鹵簿車駕等項儀仗及修理者除金銀器皿於

内府成造其餘器仗照數行下軍器等局委官督工計料依式修造完備進赴

鑾駕房收貯供用

軍器局造

戟　稍　節

角　鑼　刀盾

弓箭　小鼓　仗鼓

掆鼓　金鉦　骨朶

夾稍　樂人大鼓

營繕所造

清道御仗　交椅坯　脚踏坯

馬杌　頭管　戲竹

龍笛　笛　板

針工局造

金鼓旗　白澤旗　令旗

紅曲蓋　紫方傘　紅方傘

傳敎旛　告止旛　降引旛
紅圓扇　青圓扇　紅方扇
紅繡傘　紅銷金傘　儀鍠氅
戈氅　戟氅　信旛
幢　麾
寶源局造
香爐　香盒　交椅
御踏　銀盆　水罐
鞍轡局造
拂子　鞍籠　誕馬錦韉

巾帽局造

立瓜　臥瓜　鉦仗

響節　儀刀　梧仗

班劍　幢竿　殳叉

斧

城垣

凡

皇城京城墻垣遇有損壞即便丈量明白見數計料所

用磚灰行下聚寶山黑窰等處關支

其合用人工咨呈都府行移留守五衛差撥軍士修理若在外藩鎮府州城隍但有損壞係干緊要去處者隨即度量彼處軍民工料多少入奏修理如係腹裏去處於農隙之時興工

壇場

凡

天地壇場若有損壞去處合修理者督工計料修整合漆飾者行下營繕所差工漆飾所用木石磚灰顏料等項行下抽分竹木局

等衙門照數關支

廟宇

凡歷代聖帝明王忠臣烈士及名山嶽鎮應合
祭祀神祇廟宇務要時常整理如遇
新創及奉
旨起造功臣享堂須要委官督工計料依制建造

公廨

凡在京文武衙門公廨如遇起蓋及修理者所
用竹木磚瓦灰石人匠等項或官爲
出辦或移咨刑部都察院差撥囚徒

着令自辦物料人工修造果有係干
動衆奏
聞施行
倉庫
凡在京各衙門倉庫如有損壞應合脩理者即
便移文取索人匠物料修整如本處
倉庫不敷應合添蓋者須要相擇地
基計料如式營造所用竹木磚石灰
瓦丁線等項行下抽分竹木局等衙
門関支如是工匠物料不敷預爲措

辦足備以俟應用

營房

凡在京各衛軍人營房及駝馬象房如有起蓋
修理所用物料官為支給若合用人
工隸各衛者各衛自行定奪差軍隸
有司者定奪差撥囚徒或用人夫修
造果有係干動衆奏
聞施行

土墻營房每間合用
桁條五根　椽木五十根

蘆柴一束半　釘二十五枚
瓦一千五百片　石灰五斤

獄具

凡在京各衙門合用刑具皆須較勘如法應合
應付者方許應付

應天府採辦
笞　杖　机

龍江提舉司成造
枷　杻

寶源局打造

鐵索　鐵鐐

工匠

工役囚人

凡在京犯法囚徒或免死工役終身或免徒流笞杖罰役准折如遇造作去處度量所用多寡若重務者用重罪囚徒細務者用笞杖之數臨期奏

聞移咨法司差撥差人監管督工其當該法司造勘合文冊一本發本部收掌一本發

內府收貯如遇囚徒工完委官查理工程無欠行移原

問衙門再查犯由明白於
内府銷號合疏放者發應天府給引寧家合充軍者皆
呈都府照地方編發若在工有逃竄
之數即便差人勾提果有病故等項
相視明白埋瘞移皆原問衙門銷號
如是鉄工未完移文撥補

則例

每徒一年蓋房一間餘罪三百六十日
准徒一年共蓋房一間杖罪不拘杖數
每三名共蓋房一間

每正工一日
鈔買物料等項八百文爲准
雜工三日爲准
挑土并磚瓦附近三百擔每擔重六十斤爲准
半里二百擔　一里一百擔
二里五十擔　三里三十五擔
四里二十五擔　五里二十擔
六里一十七擔　七里一十五擔
八里一十三擔　九里一十一擔

十里一十擔

打墻每墻高一丈厚三尺闊一尺就

本處取土為唯

輪班人匠

凡天下各色人匠編成班次輪流將賚原編勘

合為照上工以一季為滿完日隨即

查原勘合及工程明白就便放回週

而復始如是造作數多輪班之數不

敷定奪奏

聞起取撥工本户差役定例與免二丁餘丁一體當差設

若單丁重役及一年一輪者開除一
名年老殘疾户無丁者相視揭籍明
白踈放其在京各色人匠例應一月
上工一十日歇二十日若工少人多
量加歇役如是輪班各匠無工可造
聽令自行趂作

計各色人匠一十二萬九千九百
七十七名

五年一班

木匠三萬三千九百二十八名

裁縫匠四千六百五十二名
四年一班
鍋匠九千六百七十九名
𤬪匠七千五百九十名
油漆匠五千一百三十七名
竹匠一萬二千七百八名
五墨匠二千七百五十三名
粧鑾匠五百七十三名
雕鑾匠五百二名
鐵匠四千五百四十一名

雙線匠一千八百九十九名

三年一班

土工匠一千三百七十六名

熟銅匠一千二百四名

穿甲匠二千五十七名

搭材匠一千一百一十二名

筆匠一百二十名

織匠一千四十三名

絡絲匠二百四十名

挽花匠二百九十一名

漆匠六百名

二年一班

石匠六千一十七名

艌匠九千三百六十名

船木匠一萬五百六名

箬篷匠四百七十七名

櫓匠三十九名

蘆篷匠二十二名

戧金匠五十四名

絛匠一百四十九名

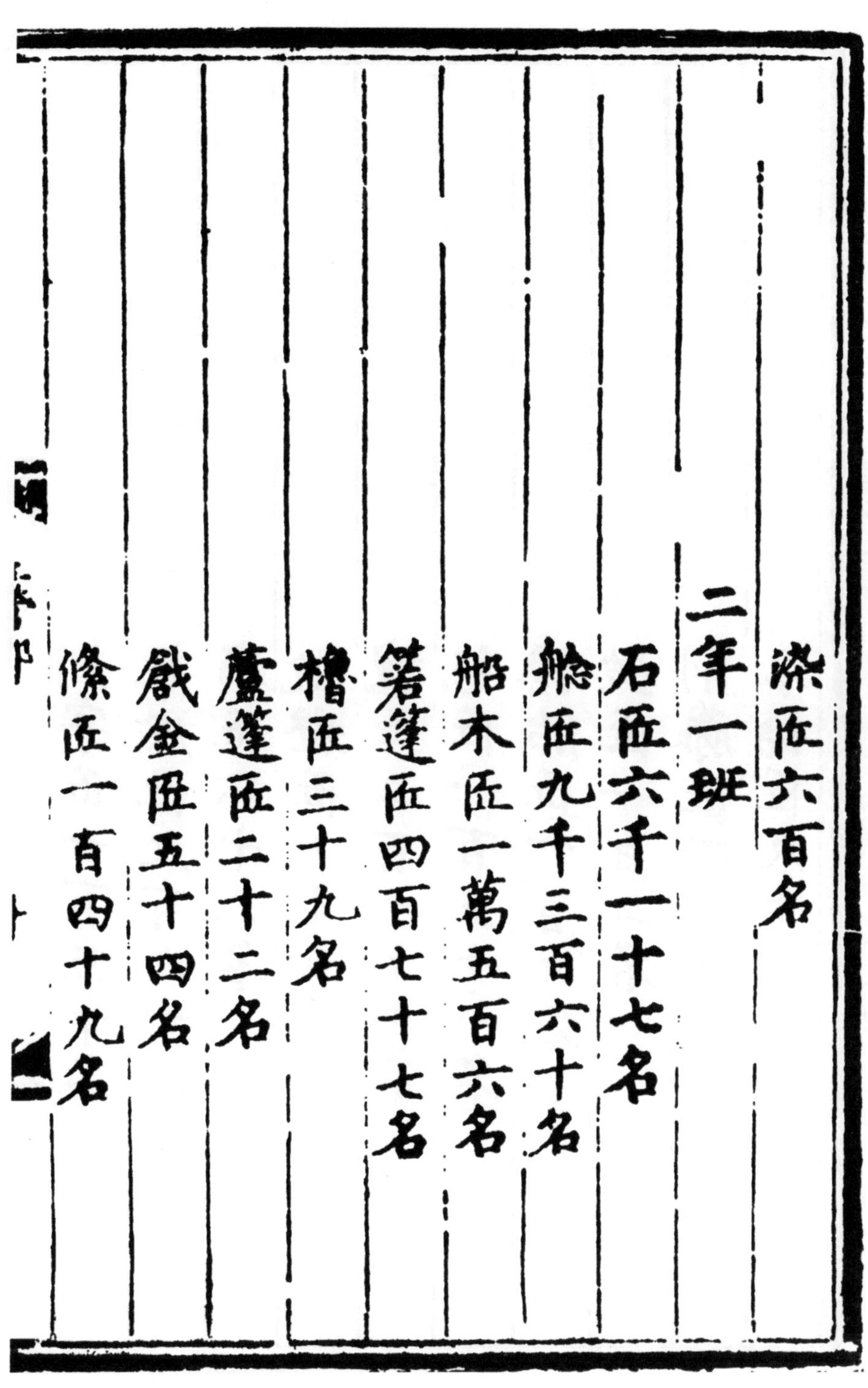

刋字匠一百五十名
熟皮匠九百九十二名
扇匠六十六名
魫燈匠七十五名
氈匠二百九十九名
毯匠一百五十八名
捲胎匠一百九名
鼓匠一百二名
削藤匠四十八名
木桶匠九十四名

鞍匠一十三名

銀匠九百一十四名

銷金匠五十九名

索匠二百五十五名

穿珠匠一百四名

一年一班

表褙匠三百一十二名

黑窑匠二千三百七十三名

鑄匠一千六十名

綉匠一百五十名

蒸籠匠二十三名
箭匠四百二十一名
銀硃匠八十四名
刀匠一十二名
琉璃匠一千七百一十四名
劄磨匠一千一百二十五名
弩匠一百一十二名
黄丹匠二十二名
藤枕匠三十四名
刷印匠五十八名

弓匠一百六十二名

旋匠四十六名

釭窑匠一百九名

洗白匠三十名

羅帛花匠六十九名

虞部

郎中員外郎主事掌天下虞衡山澤之事而辨其時

禁

採捕

野味

凡每歲祭祀及供
御并歲時筵宴合用野味預先行移各司府州着落所屬
於山林去處多辦走獸湖泊去處多
辦飛禽照依坐定歲辦數目令各處
獵戶除春夏孕字之時不採外當於
秋間採捕其各項活野味依例用寬
大籠櫃差人沿途如法喂養茁壯到
部出給長單一樣二本并關給勘合
進赴

内府光祿司交收將長單一本批回入卷一本就留本
司備照如有倒死不堪之數驗其解
物人在路果無延緩稽遲日期者止
是着令陪償起解如是故行遲緩者
問罪
計各處歲辦一萬四千二百五十隻
湖廣三千隻
本司分派附近府州二千五百隻
坐去寫遠府州五百隻
辰州府八十隻

永州府一百隻
衡州府七十隻
寶慶府六十隻
襄陽府一百二十隻
郴州三十隻
靖州二十隻
安陸州二十隻
江西一千隻
本司分派附近府分八百隻
坐去窵遠府分二百隻

南安府一十五隻
袁州府六十隻
贛州府六十隻
吉安府六十五隻
直隸七千五百隻
河南一千二百隻
浙江八百隻
山東七百五十隻

皮張

凡各處每歲差人起解雜色皮張及各該軍衛

屯田去處倒死頭疋皮貨到部照例
關給長單勘合付解人進納若熟皮
劄付丁字庫交收生皮劄付皮作局
熟造類進設或成造軍器等項皮張
不敷須要預為收買其收貯在庫之
數務要時常整點不致腐壞

計各處歲辦雜皮二十一萬二千張

江西二萬張

浙江二萬張

河南一萬五千張

福建一萬張
山東一萬五千張
四川一萬張
廣西一萬張
廣東一萬張
湖廣二萬張
陝西二萬張
北平二萬張
山西二萬張
直隸二萬二千張

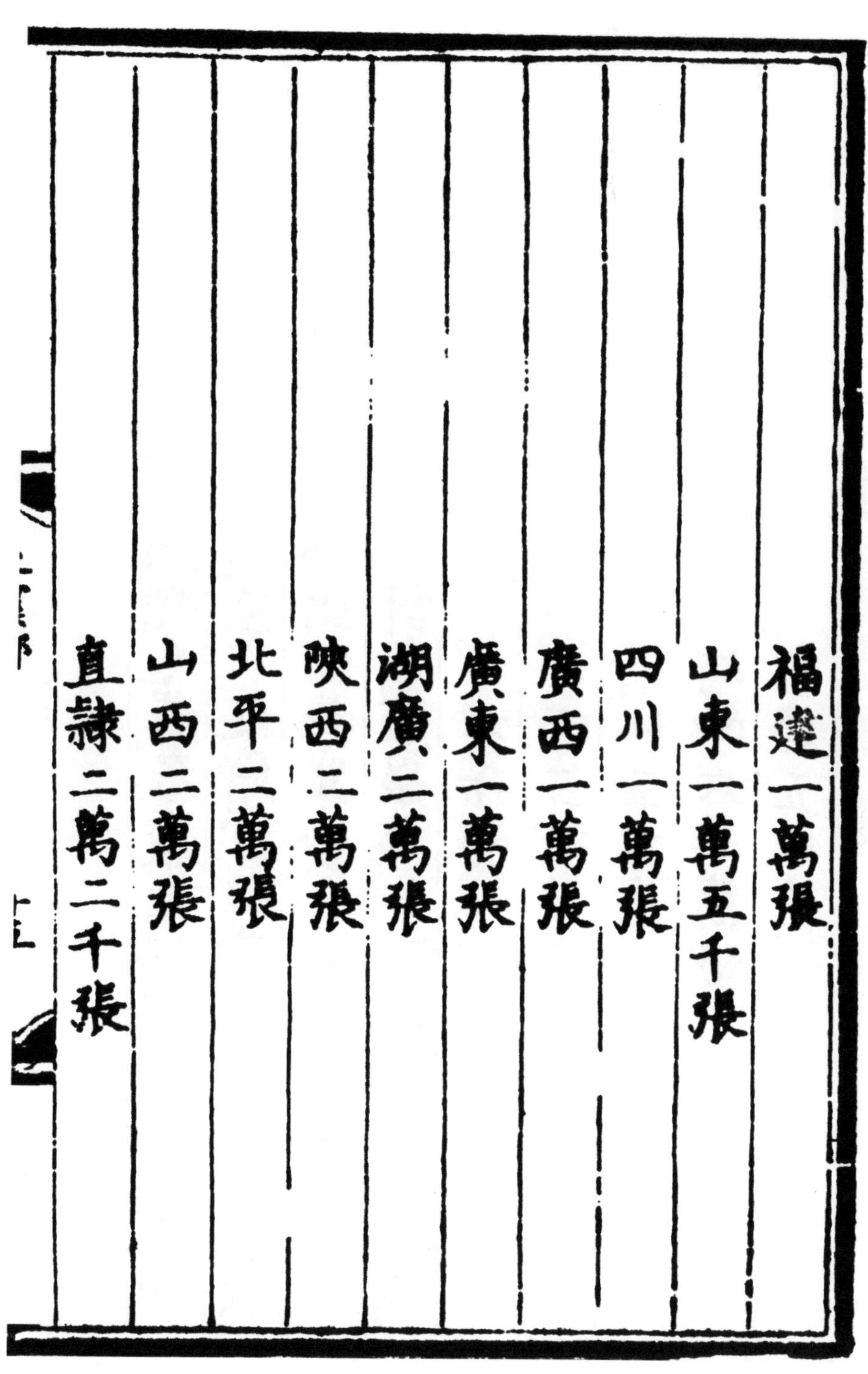

翎毛

凡造箭合用翎毛或各處歲辦或官為收買如

遇差人起解到部劄付丁字庫交收

仍出給長單勘合付解人進納

計各處歲辦一千三百五十五萬

六千根

江西三百萬根

浙江三百萬根

河南六十萬根

福建五十萬根

山東六十萬根
四川一十萬根
廣西一十萬根
廣東一十萬根
湖廣二百萬根
陝西五十萬根
北平五十萬根
山西五十萬四千根
直隸二百五萬二千根

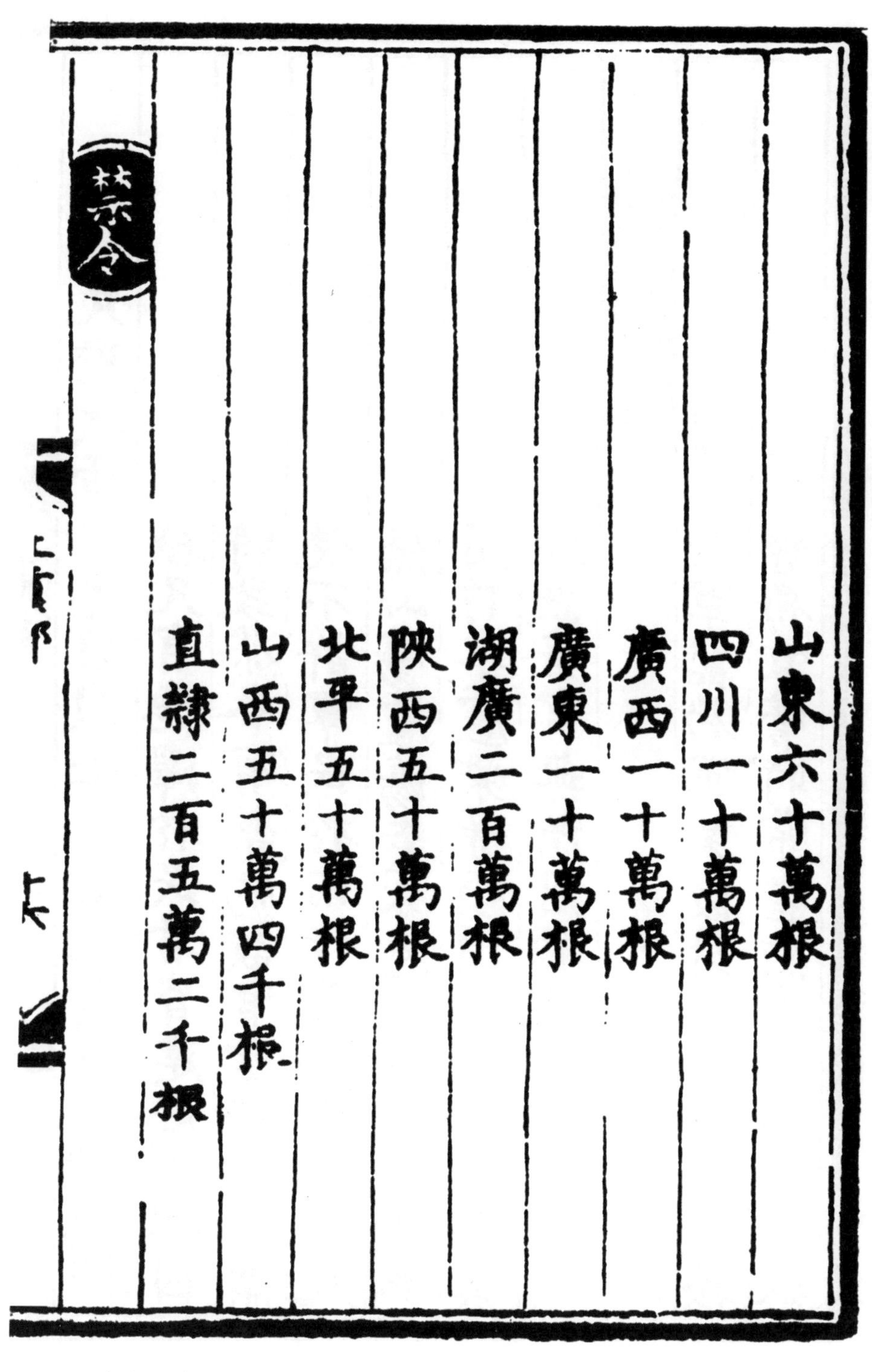

凡歷代帝 忠臣烈士先聖先賢名山嶽鎮神祇凡有德澤於民者皆建廟立祠因時致祭各有禁約設官掌管時常點視不許軍民於内作踐褻瀆其有荒蕪山場蘆蕩去處如遇官府營造取用竹木蘆柴等項須要臨時定奪禁約設着官無所用聽民採取

軍器軍裝

凡軍器專設軍器局軍裝設針工局鞍轡設鞍轡局掌管時常整點若有缺少件數

隨即行下本局筭計物料委官監督
定立工程如法造完差人進赴
內府該庫收貯如遇軍職衙門關支仍須計較可否果
係應合關人數即便奏
聞衆依軍法定律支給如係舊管征差軍士不應關給者
行移駁問馬鞍務要查勘本軍先前
曾無關過或轉納何處要見明白纔
方放支不許含糊一槩支給若直隸
及各布政司呈禀成造亦須定奪具
奏行下依式造完明白支撥仍拘收

原關舊損件數入官修理若各處有司歲造之數起解到部務要辨驗堪中行下該庫交收如有不堪者就將原經手人員取問其軍裝衣鞋別無定例若有奏

旨給賞臨期下庫支給

軍法定律每一百戸

銃手一十名　刀牌手二十名

弓箭手三十名　鎗手四十名

軍器局造

二意角弓　交趾弓
黑漆鈚子箭　有蠟弓弦
無蠟弓弦　魚肚鎗頭
蘆葉鎗頭　馬軍鴈翎刀
步軍腰刀　将軍刀
馬軍叉　紅油團牌
水磨鐵帽　水磨頭盔
水磨鎖子護項頭盔　紅漆齊腰甲
水磨齊腰鋼甲　水磨柳葉鋼甲
水銀摩挲長身甲　併鎗馬赤甲

針工局造

長胖襖　　袒衩袴

鞍轡局造

鞍　轡　鞭

窯冶

磚瓦

凡在京營造合用磚瓦每歲於聚寶山置窯燒造所用蘆柴官為支給其大小厚薄樣制及人工蘆柴數目俱有定例如遇各處支用明白行下各該管官員

放支管事作頭每季交替仍將所燒
過物件支銷其見在之數明白交割
若修砌城垣起盖倉庫營房所用磚
瓦數多須要具
奏着落各處人民共造如燒過琉璃磚瓦所用白土例
於太平府採取

琉璃窰

每一窰裝二樣板瓦坯二百八十箇計匠
七工用五尺圍蘆柴四十束
每一窰糙色二百八十箇計匠六工用五

尺圍蘆柴三十束四分用色三十二
斤八兩九錢三分二厘

黑窑

每中窑一座裝到大小不等磚瓦二千二
百箇計匠八十八工用五尺圍蘆柴
八十八束

陶器

凡燒造供用器皿等物須要定奪樣制計筭人
工物料如果數多起取人匠赴京置
窑興工該或數少行移燒處等府燒

造

鑄器

凡鑄造銅鍋銅櫃等器及打造銅鍋銅竈鐵窓鐵猫等件行下寶源局定奪模範及計筭合用銅鐵木炭等項明白具數呈部行下丁字庫抽分竹木局放支督工依式鑄造

鑄造

生銅一斤用炭一十二兩

黃熟銅一斤用炭一斤

紅熟銅一斤用炭一斤
生鉄一斤用炭一斤
打造
紅熟銅一斤用炭八斤
黃熟銅一斤用炭八斤
瓜鉄一斤用炭一斤八兩

銅鉄
凡各處爐冶每歲扇煉銅鉄彼先行移各司歲
辦後至洪武十八年四月內
欽依住罷至今不曾復設如果鉄用即湏奏

聞復設爐冶採取生礦煅煉着令有司差人陸續起解照
例送庫收貯如係臨邊用鉄去處就
存聽用
計各處爐冶該鉄一千八百四十七萬
五千二十六斤
湖廣六百七十五萬二千九百二十
七斤
廣東一百八十九萬六千六百四十
一斤
北平三十五萬一千二百四十一斤

江西三百二十六萬斤
陝西一萬二千六百六十六斤
山東三百一十五萬二千一百八十七斤
四川四十六萬八千八十九斤
河南七十一萬八千三百三十六斤
浙江五十九萬一千六百八十六斤
山西一百一十四萬六千九百一十七斤
福建一十二萬四千三百三十六斤

鑄錢

凡在京鼓鑄銅錢行移寶源局委官於
內府置局每季計筭人匠數目其合用銅炭油麻等項
物料行下丁字庫等衙門放支如遇
鑄完收貯奏
聞差官類進
內府司鑰庫交納取批回實收長單附卷若在外各布
政司一體鼓鑄本部類行各司行下
寶源局委官監督人匠照依在京則
例鑄完錢數就於彼處官庫收貯聽

俟支用

則例

當十錢一千箇爊模用油一十一兩三錢
鑄錢連火耗用生銅六十六斤六兩
五錢炭五十三斤一十五兩二錢
當五錢二千箇爊模用油一斤四兩鑄錢
連火耗用生銅六十六斤六兩五錢
炭五十三斤一十五兩二錢
當三錢三千三百三十三箇爊模用油一
斤一十四兩鑄錢連火耗用生銅六

十五斤九兩二錢五分炭五十三斤
八兩三錢五分
折二錢五千箇燻模用油二斤五兩五錢
鑄錢連火耗用生銅六十六斤六兩
五錢炭五十三斤一十五兩二錢
小錢一萬箇燻模用油一斤四兩鑄錢連
火耗用生銅六十六斤六兩五錢炭
五十三斤一十五兩二錢
穿錢麻
當十錢每串五百箇用一兩

當五錢每串五百箇用八錢

當三錢每串一千箇用一兩

折二錢每串一千箇用七錢

小錢每串一千箇用五錢

銅一斤鑄錢不等外增火耗一兩

當十錢一十六箇折小錢一百六十文

當五錢三十二箇折小錢一百六十文

當三錢五十四箇折小錢一百六十文

折二錢八十箇折小錢一百六十文

小錢一百六十文

鑄匠每一名一日鑄

當十錢一百二十六箇

當五錢一百六十二箇

當三錢二百三十四箇

折二錢三百二十四箇

小錢六百三十箇

銼匠每一名一日銼

當十錢二百五十二箇

當五錢三百二十四箇

當三錢四百六十八箇

折二錢六百四十八箇

小錢一千二百六十箇

各處爐座錢數

山東二十二座半每歲鑄錢一千二百一十二萬二千文

山西四十座每歲鑄錢二千三百三十二萬八千文

河南二十二座半每歲鑄錢一千三百一十二萬二千文

浙江二十座每歲鑄錢一千一百六

十六萬四千文
江西一百一十五座每歲鑄錢六千
七百六萬八千文
北平二十一座每歲鑄錢一千二百
八十三萬四百文
廣西一十五座半每歲鑄錢九百三
萬九千六百文
陝西三十九座半每歲鑄錢二千三
百三萬六千四百文
廣東一十九座半每歲鑄錢一千一

百三十七萬二千四百文
四川一十座每歲鑄錢五百八十三
萬二千文

顔料

凡合用顔料專設顔料局掌管淘洗青綠將見
在甲字庫石礦按月計料支出淘洗
分作等第進納若燒造銀硃用水銀
黄丹用黑鉛俱一體按月支料燒煉
完備逐月差匠進赴甲字庫收貯如
果各色物料缺少定奪奏

關行移出產去處採取或給價收買鈔法紫粉所用數多
止用鉛粉蘇木染造時常預為行下
本局多為備辦用度如缺鉛粉一體
收買
黑鉛一斤燒造黄丹一斤五錢三分三釐
水銀一斤燒造銀硃一十四兩八分貳
硃三兩五錢二分
次青碌石礦一斤淘造淨青碌一十一
兩四錢三分
暗色碌石礦一斤淘造浄石碌一十兩

八錢七分六厘

蛤粉一斤染造紫粉一斤一兩六錢

硇砂一斤澆造硇砂碌一十五兩五錢

紙劄

凡每歲印造茶鹽引由契本鹽粮勘合等項合用紙劄着令有司抄解其合用之數如庫缺少定奪奏

聞行移各司府州照依上年紙數抄造解納如遇起解到部随即辦驗堪中如法差人進赴乙字庫收貯聽用

產紙地方分派造解額數

陜西十五萬張　湖廣十七萬張

山西十萬張　山東五萬五千張

福建四萬張　北平十萬張

浙江二十五萬張　江西二十萬張

河南五萬五千張　直隷三十八萬張

石灰

凡在京營造合用石灰每歲於石灰山置窑燒煉所用人工窑柴數目俱有定例如遇各處支用明白行下各該管人員

放支其管事作頭每季交替仍將所
燒過物料支銷見在之數明白交割
每窑一座該正附石灰一萬六千斤合
燒五尺圓蘆柴一百七十八束計七
十五工

水部

郎中員外郎主事掌天下陂池川瀆之政令

河渠

河渠

凡各處閘壩陂池引水可灌田畝以利農民者
務要時常整理疏浚如有河水橫流
泛溢損壞房屋田地禾稼者須要設
法隄防止遏或所司呈禀或人民告
訴即便定奪奏
聞若隸各布政司者照會各司直隸者劄付各府州或差
官直抵處所踏勘丈尺闊狹度量用
工多寡若本處人民足完其事就便
差遣倘有不敷着令隣近縣分添助
人力所用木石等項於官見有去處

支用或發遣人夫於附近山場採取務在農隙之時興工毋妨民業如水患急於害民其功可卒成者隨時修築以禦其患

橋道

凡各處河津合置橋梁者所在官司起造若當用渡船去處須要置造船隻僉點水手其通行驛道或有損壞須於農隙之時修理所用樁木灰石等項於本處丁多户内起夫附近山場採辦若

在京橋梁道路本部自行隨時計工
成造修理果有係干動衆具
奏施行
船隻
凡在京幷沿海去處每歲海運遼東粮儲船隻
每年一次修理其各衛征戰風快船
隻等項若有缺少損壞及當修理者
務要會計木釘灰油麻藤及所用貢
具依數撥用如有不敷亦當預爲規
畫或令軍民採辦或就客商收買或

外處撥支審度便利定擬奏
聞行下龍江提舉司計料明白行移各庫放支物料其工程物件照依料例文冊然後興工如或新造海運船隻須要度量產木水便地方差人打造其風快小船就京打造者亦須依例計造木料等項就於各場庫支撥若內外有船隻務要周知其數設或需索運用酌量勞逸多寡撥與其各湖河泊所帶辦魚油鰾每歲催督進納備用

一千料海船一隻合用

杉木三百二根　雜木一百四十九根

株木二十根　榆木舵桿二根

栗木二根　櫓坯三十八枝

丁線三萬五千七百四十二箇

雜作一百六十一條箇

桐油三千一十二斤八兩

石灰九千三十七斤八兩

艌麻一千二百五十三斤三兩二錢

船上什物

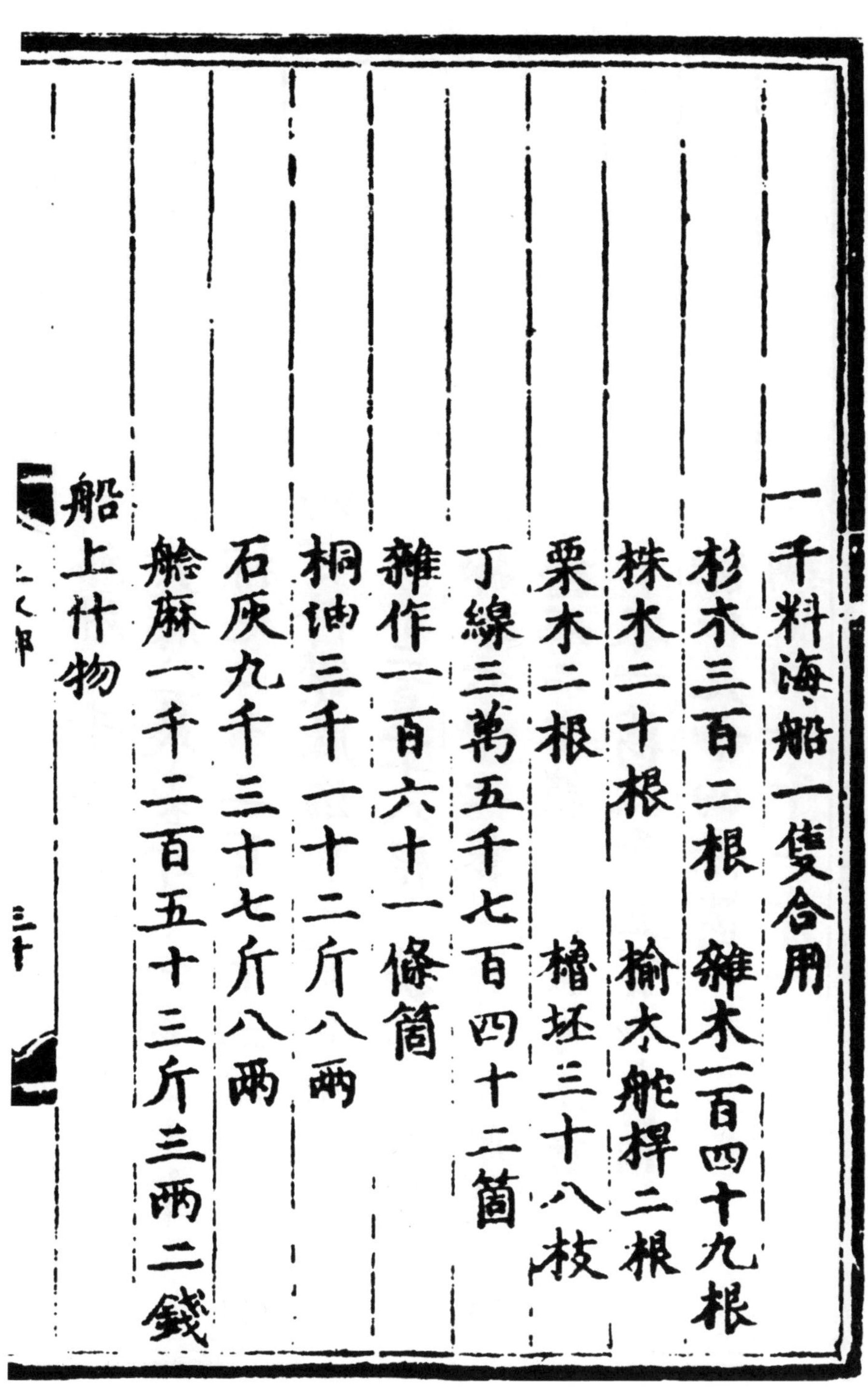

絡麻一千二百九十四斤
黄藤八百八十五斤　白麻二十斤
棕毛二千二百八十三斤一十二兩
四百料鑽風海船一隻合用
杉木三百二十八根　桅心木二根
雜木六十七根　鐵力木舵杆二根
櫓坯二十枝　松木五根
丁線一萬八千五百八十箇
雜作九十四條箇
桐魚油一千一斤一十五兩

石灰三千五斤一十三兩

艌麻七百二十九斤八兩八錢

船上什物

絡麻五百七十四斤一十四兩四錢

黃藤三百八十三斤八兩

棕毛七百三斤　白麻一十斤

車輛

凡大小車輛若有成造及修理者務要計筭合用木植魚膠鐵箍等項物料行下丁字庫等衙門依數放支如式修造其

有司預備車輛必須備知其數倘或
需索使用酌量勞逸多寡撥與
牛車一輛合用
榆木三根　棗木一根
槐木一根　杉木板枋一根
魚線膠一斤　鐵箍八箇
鐵釘四十枚　鐵穿四箇
車澗八條　車頭二箇

織造

段疋

凡供用袍服段疋及祭祀制帛等項須於

內府置局如法織造依時進送每歲公用段疋務要會計歲用數目並行外局織造所用物料除蘇木明礬官庫足用蠶絲紅花藍靛於所產去處稅粮內折收槐花梔子烏梅於所產令民採取按歲差人進納該庫支用

丹礬紅每斤染經用

蘇木一斤　黃丹四兩

明礬四兩　梔子二兩

黑緑每斤用

靛青二斤八兩　槐花四兩

明礬三兩

深青每斤用靛青四斤

蚕絲湖州府六萬斤

紅花

山東七千斤　河南八千斤

藍靛

應天府二萬斤　鎮江府二萬斤

揚州府二萬斤　淮安府二萬斤

太平府二萬斤

槐花

衢州府六百斤　金華府八百斤

嚴州府六百斤　徽州府一千斤

寧國府八百斤　廣德州二百斤

烏梅

衢州府一千五百斤　金華府二千斤

嚴州府一千四百斤　徽州府一千五百斤

寧國府一千五百斤　廣德州五百斤

梔子

衢州府五百斤　金華府五百斤
嚴州府二百斤　徽州府五百斤
寧國府五百斤　廣德州二百斤

誥勅

凡文武官員

誥勅照依品級制度如式製造所用五色紵絲誥身誥
帶黄蠟花椒白麪紙劄等項差人赴
內府織染局等衙門關支其公侯襲封鐵券行下寶源
局依式打造所用瓜鐵木炭須於丁
字庫抽分竹木局關支如遇完備進

赴

内府鑄嵌

鐵券尺寸

公

一様高一尺　闊一尺六寸五分

二様高九寸五分　闊一尺六寸

侯

三様高九寸　闊一尺五寸五分

四様高八寸五分　闊一尺五寸

五様高八寸　闊一尺四寸五分

伯

六樣高七寸五分　闊一尺三寸五分

七樣高六寸五分　闊一尺二寸五分

冠服

凡製造

皇帝皇太子親王袞冕袍服務要擇日興工仍擇日以進其餘婚禮粧奩并太常司祭服淨衣及給賜衣服冠帶喪禮衫巾並行移針工巾帽二局如法製造其給賜衣服冠帶須要預先多辦以備不時賞

賜

給賜衣服冠帶

圓領　貼裏　紗帽　角帶

器用

凡供用器物及祭祀器皿并在京各衙門合用

一應什物行下該局如法成造若金銀銅鐵等器隸寶源局皮革隸皮作局竹木隸營繕所疋帛隸文思院皆須度量所料物色委官覆實相同不許多支妄費

斛斗秤尺

凡使用斛斗秤尺着令木秤等匠計筭物料如法成造所用鐵力木杉木枋生鐵等項行下龍江提舉司等衙門照數放支其合用鍮鉐行下寶源局督工鑄造如是成造完備移咨户部較勘收用

屯部

郎中員外郎主事掌天下屯田之政令

屯種

開墾

凡邊防郡縣守禦去處新立衛分撥軍開墾荒田屯種須要計算頃畝數目及田地肥瘦人力勤惰務在不曠征徭不失軍餉

農具

凡屯種去處合用犂鏵耙齒等器着令有司撥官鐵炭鑄造發用若木植令衛軍於出產山場自行採辦造用係干動撥

官物具奏施行

牛隻

凡屯種合用牛隻設或不敷即便移文取索着官㕔數多差人發遣如果路途窵遠此間地方出產可以收買務在公私兩便就給官價民間買用其孳生數目每歲年終通報

計天下屯牛二十五萬五千六百六十四隻

河南都司三萬六千三百一十九隻

水牛二千二百四十七隻
黄牛三萬四千七十二隻
廣西都司九百五十隻
水牛三百六十七隻
黄牛五百八十三隻
山東都司五千九百九十九隻
水牛四百一十九隻
黄牛五千五百八十隻
北平都司一萬七千四百六十六隻
水牛八百四十六隻

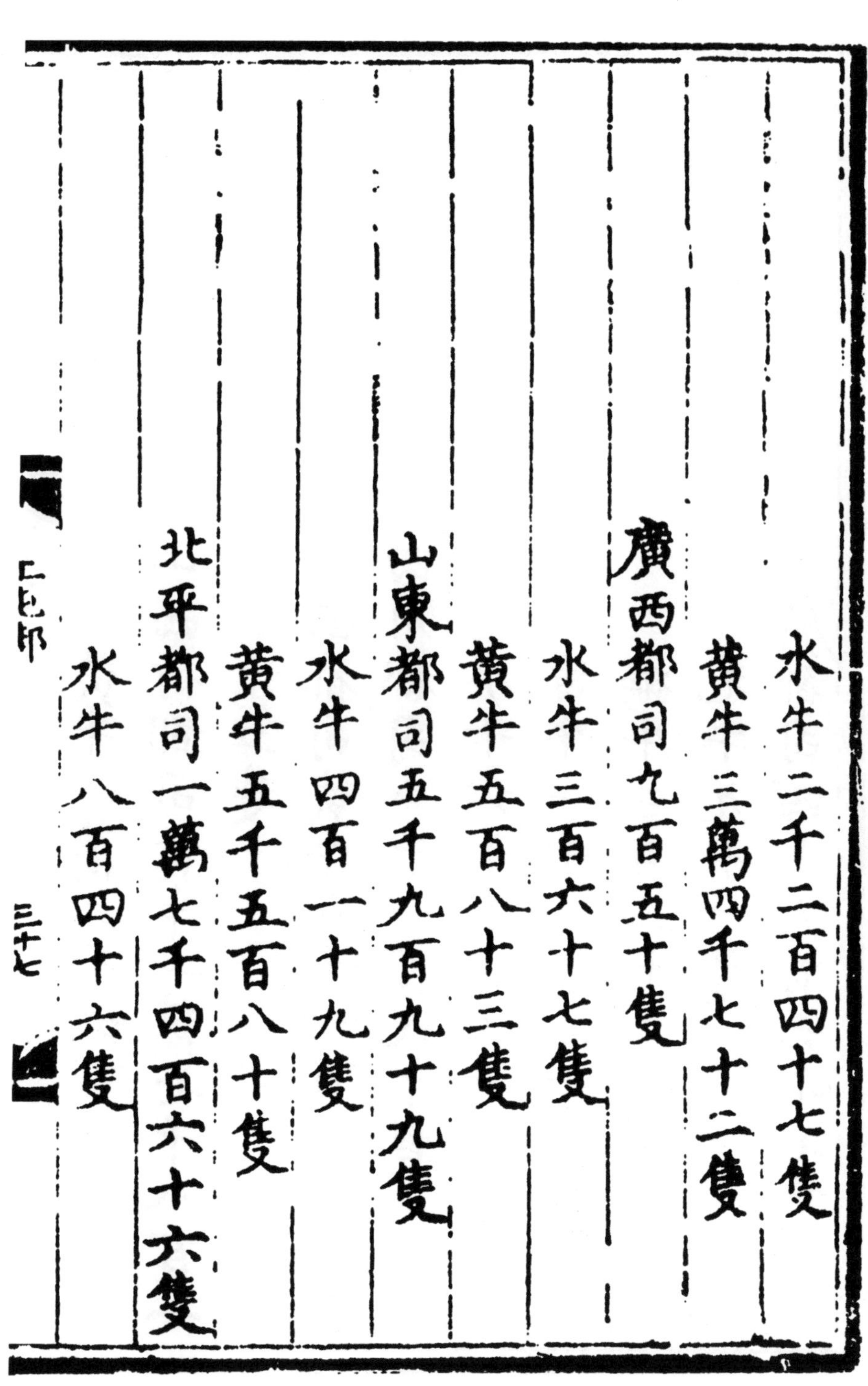

黄牛一萬六千六百二十隻

山西行都司黄牛一萬七千八百一十五隻

山西都司黄牛九千一百四十三隻

四川都司八千一百九十隻

水牛六千五百二十九隻

黄牛一千二百四十八隻

犏牛三百二十二隻

毛牛九十一隻

湖廣都司四千六百六十七隻

水牛三千九百三十四隻
黃牛七百三十三隻
廣東都司四百八十二隻
水牛四百一十三隻
黃牛六十九隻
浙江都司二千二百四十六隻
水牛一千二百五十四隻
黃牛九百九十二隻
江西都司四百九十九隻
水牛三百六十六隻

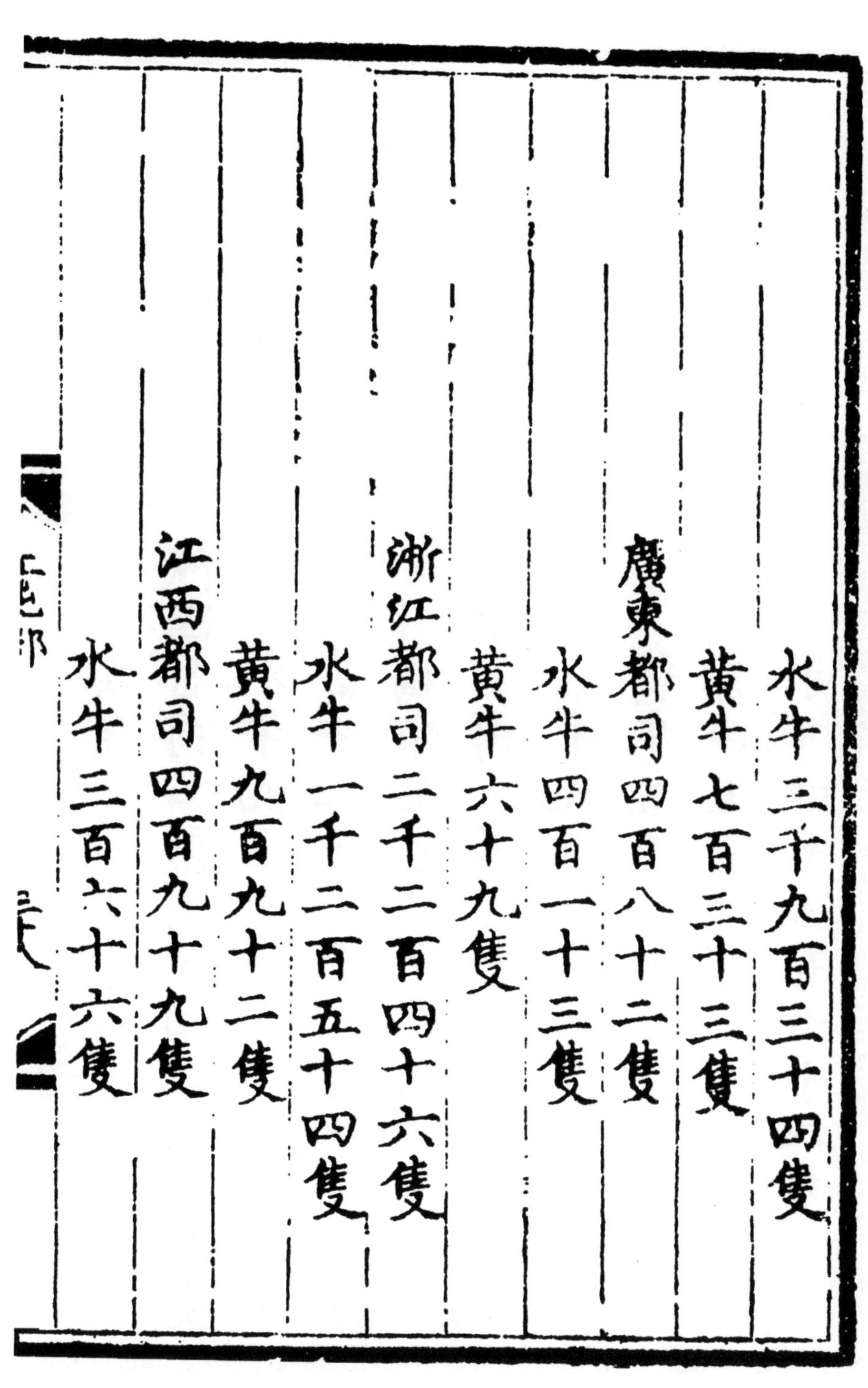

黃牛一百三十三隻
陝西都司二萬七千四百六十七隻
水牛四十六隻
黃牛二萬六千六百八十三隻
犏牛七百三十八隻
雲南都司一萬五千二百八十四隻
水牛九千七百八十二隻
黃牛五千五百二隻
貴州都司五千二百七十二隻
水牛四千五百六十八隻

黄牛七百四隻

北平行都司一萬八千五百二十七隻

水牛一萬八千五百三十四隻

黄牛三隻

直隷四萬五千八百五十隻

水牛七千四百一隻

黄牛三萬八千四百四十五隻

犏牛四隻

中都留守司二萬五千六百隻

水牛一千九百四十八隻

黄牛二萬三千六百五十二隻

遼東都司一萬三千八百七十八隻

水牛一十三隻

黄牛一萬三千八百六十五隻

墳塋

凡武職官員或歿於矢石或死於任所先由禮部定奪應合造墳者移咨知會仍審安葬去處若在京者與擇墳地會計工程照例應撥囚徒磚灰造墳中間有公侯伯合用硃紅槨寘器誌石磚

灰人工別無定例度量支撥其榔具
冥器行下寶源軍器營繕針工鞍轡
局所依例料造應付若有
旨許令祖墳或就任所安葬及造享堂者臨期定奪施行
造榔并冥器磚灰
公　侯　伯
造榔無冥器
都督同知僉事　指揮使
紅漆榔　誌石
磚四千五百箇　石灰四千五百斤

囚五十名

指揮同知僉事

黑漆槨 誌石

磚三千四百五十箇 石灰三千四百五十斤

囚二十名

正副致仕千户衛鎮撫

磚一千五百箇 石灰一千五百斤

囚一十二名

百户所鎮撫

磚二百四十箇 石灰二百四十斤

囚六名

千百户所鎮撫骨殖安葬磚及囚减半

寶源局造

公侯都督冥器内用

小銅釜一面　小銅竈一箇

小火筯一雙　小銅火盆一箇

槨誌事件

鐵束二道　鐵鋦二箇

兩尖釘二百箇　鈹環一副

軍器局錫造

水盆一　臺盞一
杓一　壺瓶一
酒甕一　唾盂一
水盆一　香爐一
香盒一　燭檯一對
香匙筯連瓶一副　茶鍾一
茶盞一　碗二
橐二　燈臺盞一副
碟十二　油瓶一
匙筯連瓶一副

營繕所木造

牙仗二　骨朶二

交椅一　脚踏一

交床一　馬杌一

誕馬二　食卓一

香卓一　床一

柱杖一　箱一

凳一　桄一

揮一　清道一對

樂人八　控士二

門神二　儀仗人十二
女使八　武士四
叟六　五穀倉一
凉醬瓶二　鎗二
斧二　班劍一
紅旗二　金一
鼓一　箭三
弓一　甲一
盔一　弩一
鍋竈一副　火爐一

針工局造

青羅幃罩一　紅紵絲幔帳一

紅銷金紗廚一　茶褐羅傘一

紅絹旗二　枕頭一

紅紵絲綿被一　紅絹夾被一

綿衣臥單一　紵絲褥一

布手巾一　衿一

攀一

鞍轡局造

小鞍籠一　小弓箭袋一副

抽分

凡龍江大勝港俱設立抽分竹木局如遇客商
興販竹木柴炭等項照例抽分及令
軍衛自設場分收貯柴薪按月給與
禁軍孤老等燒用竹木等物堆垛在
場令各局按旬奏申知數遇有用度
以憑計料揀定數目度量闕填勘合
支撥如是營造數多抽分不敷定奪
奏
聞給價收買或差人砍辦

三分取一

蘆柴　茅草　稻草

茭苗草　蕙草

三十分取二

杉木　軟篾　棕毛

黄藤　白藤

十分取二

松木　松板　杉篙

杉板　檀木　黄楊

梨木　雜木　櫓柸

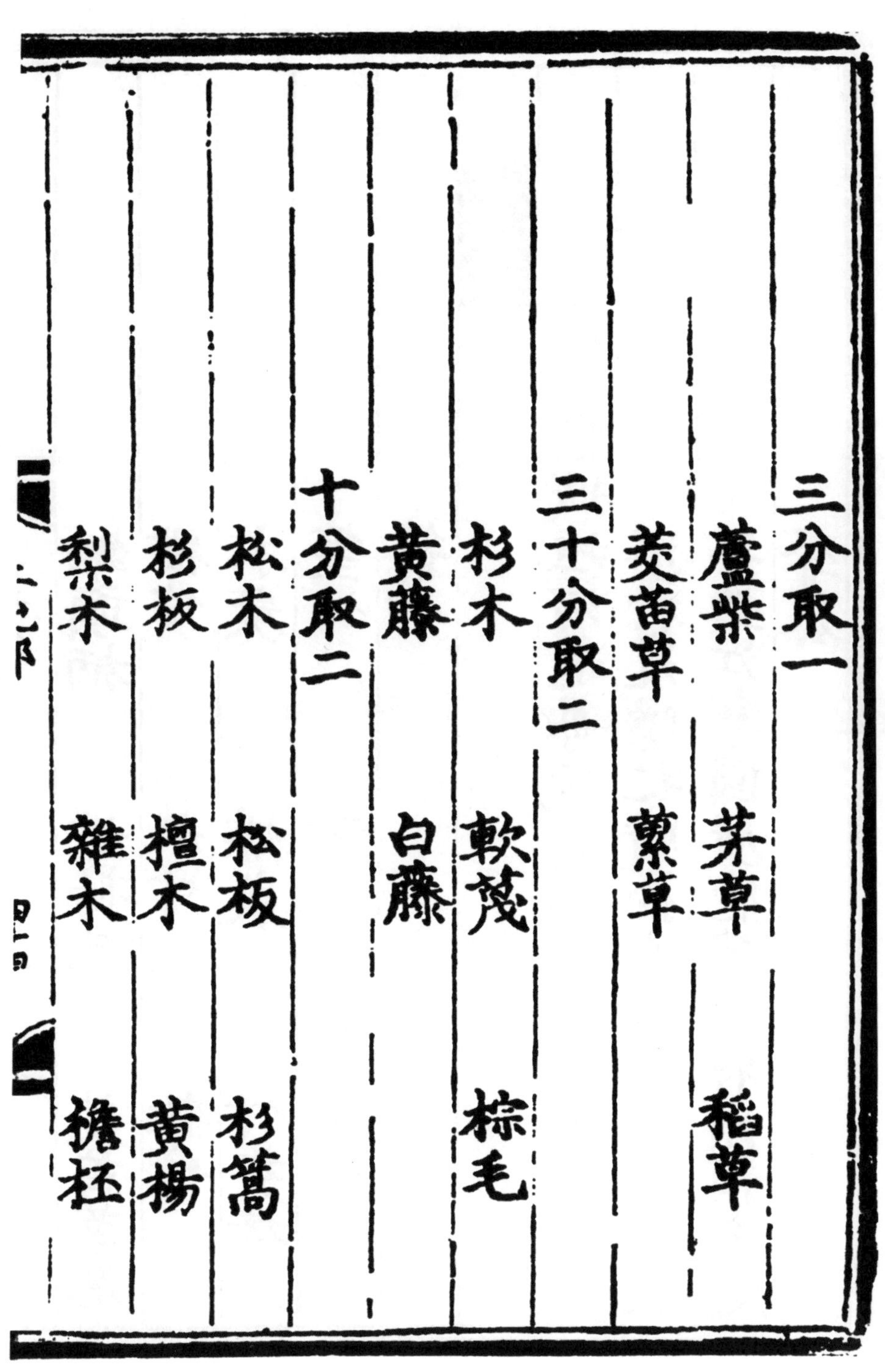

鋤頭柄　竹掃箒　茭苗箬箒
猫竹　水竹　雜竹
木炭　煤炭　竹交椅
筀竹　黄藤鞭桿　木柴
箭竹

夫役

凡在京城垣河道每歲應合脩繕其用工數多
須於農隙之時於近京免粮應天太
平鎮江寧國廣德等五府州預先定
奪奏

開行移各府起取除役占等項照依欽定則例優免外其餘人戶每四丁共輳一夫着令各備鍬杵筐擔委官部領定限十月初起京計定工程分撥做造滿日放回若有不當夫役及做工未滿逃回者並行治罪及各處起到倉脚夫俱發應天府收籍為民遇有官差度量差撥着令輪流周而復始若差使數多做工日久照例每名日給工錢五百文坊長減半以周養贍

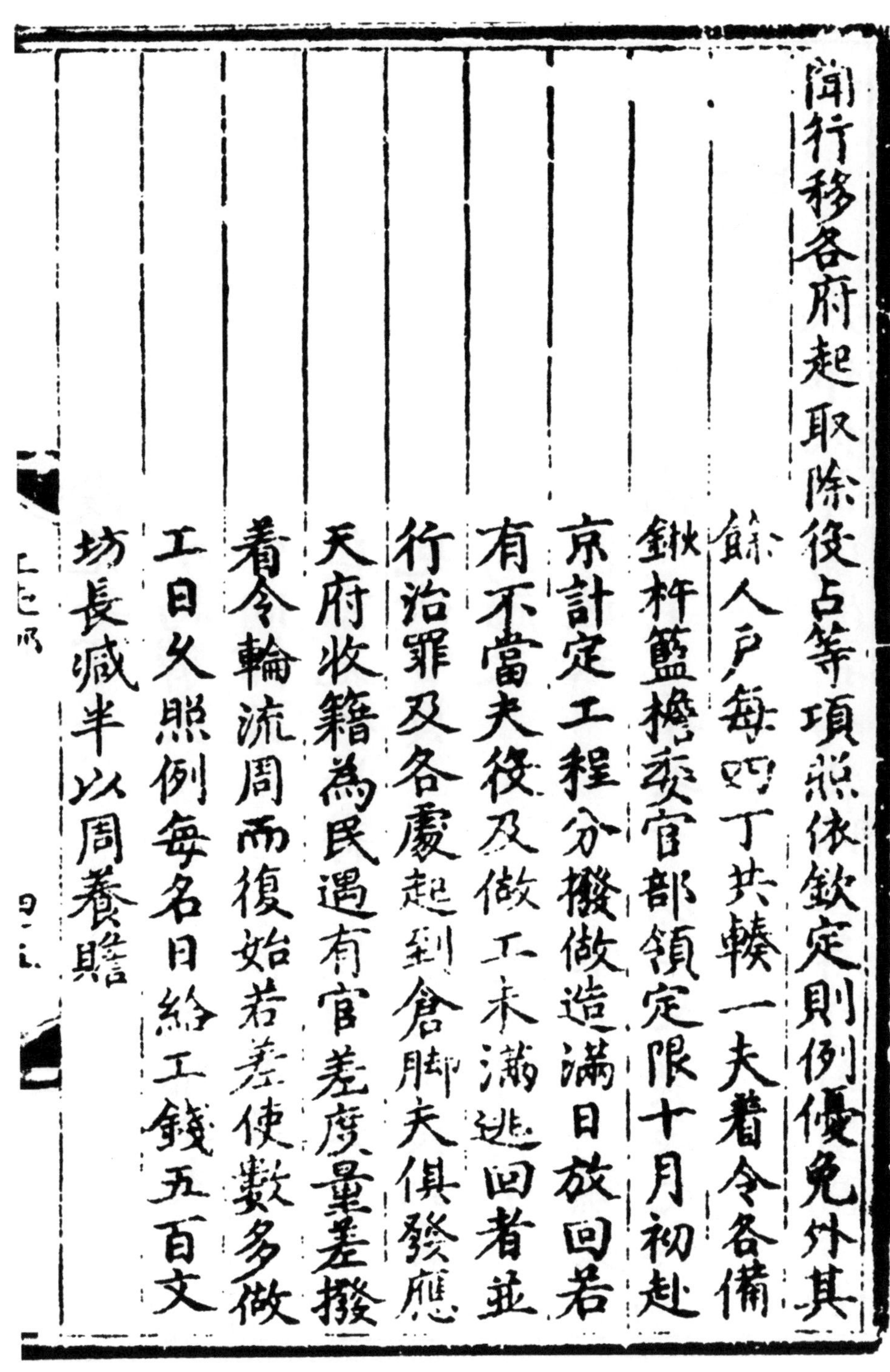

優免二丁

水馬驛夫　遞運船水夫

會同館夫　輪班人匠

在京見役皂隷　校尉力士

見任官員　廩膳生員訓導

馬船夫　光禄司廚子

防送夫　軍户　鋪兵

免一丁凡年七十以上及廢疾之人

雜行

凡催促軍需物料勾提囚匠等項欽賜勘合如

遇四子部合行事理或五件十件類
具手本責差該吏賫赴
内府工科關填勘合行移各司承奉理辦如有不完緊
奏提問其官吏給由缺官條格等項
及本部并合屬官吏俸給按月放支
仍每歲會計行移戶部撥支遇有當
行行移吏部等衙門定奪施行

農桑

已見戶部民科農桑項下

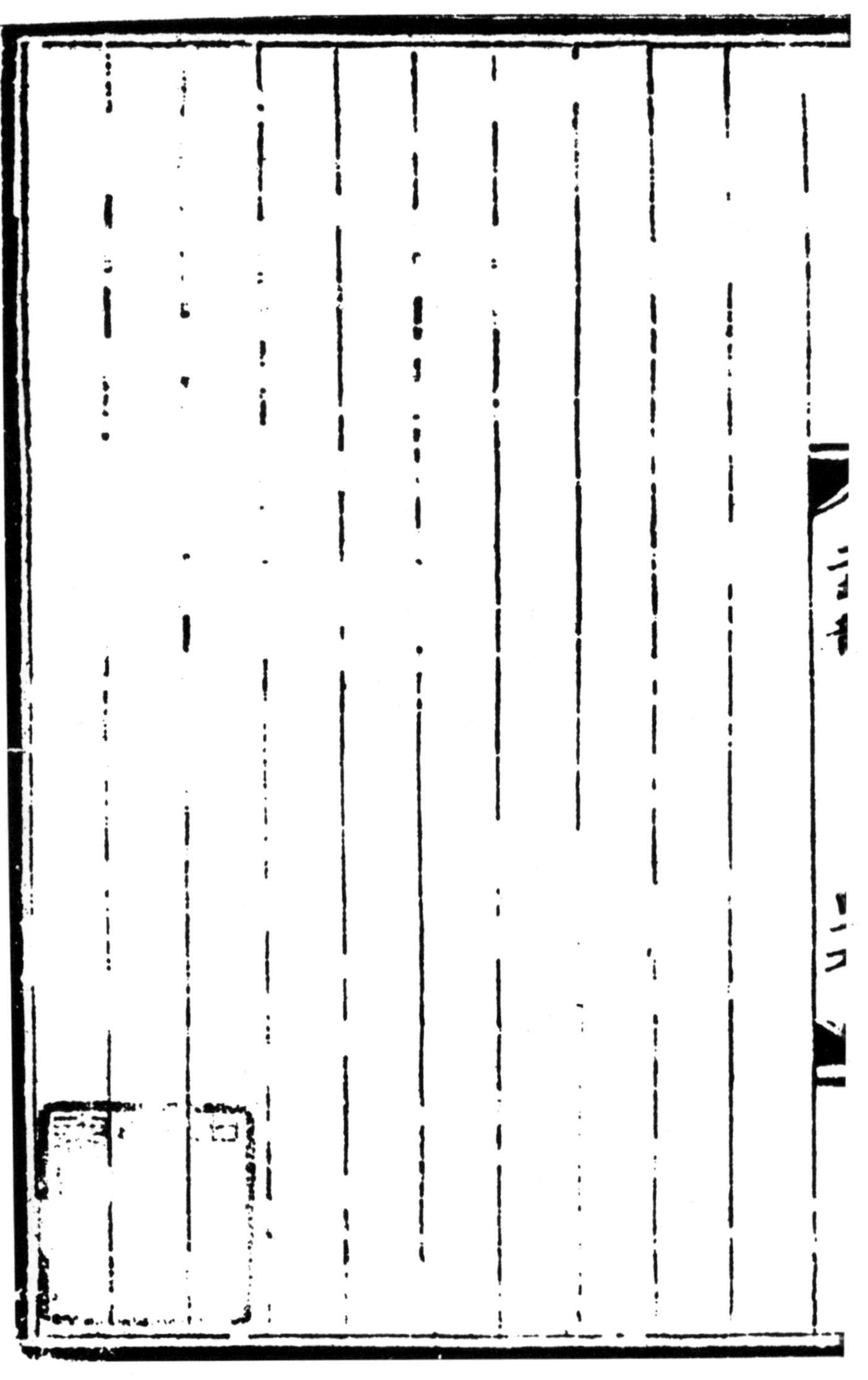

都察院

左右都御史副都御史僉都御史職專糾劾百司辯

明寃枉提督各道及一應不公不法

等事其屬有十二道監察御史凡遇

刑名各照道分送問發落其有差委

監察御史出巡追問審理刷卷等事

各具事目請

旨點差

十二道監察御史照刷卷宗衙門

浙江道
中軍都督府　留守中衛　廣洋衛
府軍左衛　神策衛　應天衛
和陽衛　直隷廬州府
江西道
前軍都督府　府軍前衛　豹韜衛
龍江衛　龍驤衛　天策衛
直隷淮安府
福建道
戶部　金吾後衛　飛熊衛

直隸池州府　常州府

北平道

吏部　金吾前衛　旗手衛

直隸蘇州府

廣西道

通政使司　鎮南衛　五軍斷事官

直隸安慶府　徽州府

四川道

工部　府軍衛

直隸松江府　廣德州

山東道

兵部　羽林右衛　典牧所

直隷鳳陽府　徐州　遼東都司

廣東道

刑部　虎賁左衛

直隷應天府

河南道

禮部　太常司　羽林左衛

國子監　翰林院　欽天監

光祿司　儀禮司　教坊司

直隸揚州府

陝西道

後軍都督府　江陰衛　蒙古左右衛

府軍後衛　鷹揚衛　興武衛

横海衛　大理寺　行人司

直隸和州

湖廣道

右軍都督府　武德衛　水軍右衛

廣武衛　虎賁右衛　留守右衛

五城兵馬司　直隸寧國府

山西道

左軍都督府　留守左衛　英武衛

錦衣衛　水軍左衛　驍騎右衛

府軍右衛　龍虎衛

直隸鎮江府　太平府

十二道監察御史職掌

糾劾百司

凡文武大臣果係姦邪小人構黨爲非擅作威

福紊亂朝政致令

聖澤不宣災異迭見但有見聞不避權貴具奏彈劾

凡百官有司才不勝任猥瑣闒茸善政無聞肆
貪壞法者隨即糾劾
凡大小祭祀敢有臨事不恭牲幣不潔褻瀆神
明有乖典禮失於舉行及刑餘疾病
之人陪祭執事者隨即糾劾
凡朝會行禮敢有攙越班次言語諠譁有失禮
儀及不具服者隨即糾問
凡在外有司擾害善良貪贓壞法致令田野荒
蕪民人受害體訪得實具
奏提問

凡學術不正之徒上書陳言變亂成憲希求進
用或才德無可稱挺身自拔者隨即
糾劾以戒奔競

問擬刑名

凡鼓下或通政司發下告人連狀到院責令供
狀明白保管聽候照出狀內被告人
數入流官員具呈本院奏
聞提取其軍民人等給批差人提取理對招供明白取訖
服辯無招干連隨即保管聽候有罪
人數牢固監禁追徵所招贓仗完足

責令庫子收貯議擬罪名開寫原發
事由問擬招罪照行事理徒流遷徙
死罪充軍人數具寫奏本笞杖以下
止具牒文僉押完備連囚赴堂備說
所犯情節罪名審無異詞然後入遞
將囚押送大理寺審錄候平允回報
若罪名不當駁回再問仍將所駁招
罪參詳明白再擬改正或有番異則
監收聽候調別衙門再問其餘審允
人數除笞杖徒流徒罪准工囚人備

開年甲住址畧節招罪工役限期呈
堂編發工役的決笞杖人數書寫斷
單開具合得罪名會請刑部等官公
同斷決取完僉批單入卷其充軍囚
人具手本送編軍御史處照地方編
發取收管附卷絞斬死罪仍令司獄
司轉送重囚監牢固枷收聽候大理
寺依時覆
奏回報具手本會請刑部等官公同處決仍取決訖月
日批單附卷無招踈放并笞杖的決

還職着役寧家人數另具公文差人
管送各該衙門給憑發回取批收附
卷原收贓仗候季終通類具呈本院
出給長單差委御史觧赴
內府該庫交納足備取獲庫收附卷如有追無見贓囚
人責供明白類行原籍追徵及照出
合問人數隨即呈提前項審過囚人
設有病故請官相視明白取獲批單
附卷若干係重囚牒報大理寺知會
候本宗事完通具結絶緣由呈堂照

驗餘與刑部同

出巡

凡分巡按治州郡必須遍歷不拘限期風憲官吏務要同行不許先後相離其經過去處除差撥弓兵防護依律關支廩給應付脚力買辦心紅紙劄之外不許擅令所司和買物貨私役夫匹多用鋪陳等項亦不得縱容官吏出郭迎送其分巡地面果係原籍及按臨之人設有讎嫌並宜迴避毋得沽恩

報仇朦朧舉問

凡至按臨處所先將罪囚審錄卷宗弔刷外稍有餘暇首先親詣各處祭祀壇塲點其祭器墻宇有無完缺其次存恤孤老審問衣粮曾無支給巡視倉庫查筭錢粮有無虧欠勉勵學校攷課生員有無成效中間但有欺弊即便究問如律

凡受軍民詞訟審係戶婚田宅鬬毆等事必須置立文簿抄寫告詞編成字號用印

關防立限發與所在有司追問明白
就便發落具由回報若告本縣官吏
則發該府若告本府官吏則發布政
司若告布政司官吏則發按察司若
告按察司官吏及伸訴各司官吏枉
問刑名等項不許轉委必須親問干
碍軍民官員隨即奏
聞請
旨亦不得擅自提取
凡至所在體知有司等官守法奉公廉能昭著

者隨即舉

奏其贓貪廢事蠹政害民者究問如律

凡至地方所有合行事件著令首領官吏抄案

承行

一科差賦役仰本府凡有一應差役須於黃冊

丁粮相應人户内周而復始從公點

差毋得放富差貧那移作弊重擾於

民先具見役里長姓名同重甘結罪

文狀并依准回報

一圩岸壩堰陂塘仰行府縣提調官吏查勘緊

管地面應有圩岸壩堰坍缺陂塘溝
渠湧塞務要趁時修築堅完疏洗流
通以備旱潦毋致失時及因而擾害
於民先具依准回報
一荒閑田土仰本府正官多方設法召民開墾
趁時布種其合納秋粮須候年限滿
日科徵毋致抛荒仍將任內開過田
畝數目同依准繳報
一站驛仰行提調官常川整點各驛船馬鋪陳
什物一切完備仍鈐束慣熟稍水人

夫常川在驛聽候遞送使客毋得失
悮先具站船人夫什物馬騾頭疋數
目并不致違悮結罪文狀繳報

一急遞鋪仰行提調官常川點視鋪舍合用什
物完備嚴督鋪長司兵常川在鋪走
遞公文毋致磨擦及稽遲沉匿仍禁
約往來差使人員不得役使鋪兵損
壞鋪舍如有缺壞即便修理具各鋪
司兵姓名田粮什物數目回報

一橋梁道路仰令提調官常加點視但有損壞

去處即於農閑時月并工修理務要
堅完毋致阻碍經行具依准回報
一稅粮課程仰本府即將歲辦稅粮諸色課程
各各數目保結開報
一戶口仰本府取勘籍定戶口分豁城市鄉都
舊管收除實在增減數目開坐回報
一學校仰提調官凡遇廟學損壞即為修理完
備敦請明師教訓生徒務要作養成
材以備擢用毋致因循弛廢仍將見
在師生員名數報

一收買軍需等項仰本府照依按月時估兩平
收買隨即給價毋致虧官損民及縱
令吏胥里甲鋪户人等因而尅落作
弊違錯具依准回報

一額造叚疋等物仰本府即將織染局見在各
色人匠機張歲辦數目關支顏料等
物關坐回報

一升斗秤尺仰行提調官照依原降様式較勘
均平毋容嗜利之徒私自造置欺詐
小民具依准回報

一詞訟仰本府應有詞訟疾早從公依律歸結
毋得淹延妨廢民生及聽吏胥增減
情詞出入人罪仍將見問應有因數
分豁已未完結盡實開報毋得隱漏
自取罪愆具依准回報
一皂隸弓兵仰行本府幷合屬取勘額設名數
籍貫田粮數目開坐毋得多餘濫設
有害於民具依准回報
一節義仰本府取勘境内應有孝子順孫義夫
節婦果有志能卓異明著實蹟結

罪舉保毋得舉富遺貧影蔽差徭
扶同作弊具依准回報

一原設申明旌善亭但有損壞仰本府嚴督所
屬即便併工修理條列榜示使善惡
知所勸懲毋得視為文具因而廢弛
先將都隅處所同善惡人數回報

一印信衙門仰照勘本府并所屬應有印信大
小衙門保結回報

一上年分巡官有無寄收贓罰仰本府取勘見
數開坐已未起解數目回報

一取勘仰本府將所屬去處四至八到畫圖貼
說繳報
一講讀律令仰本府并合屬官吏須要熟讀詳
玩講明律意取依准回報
一鰥寡孤獨仰本府將所屬養濟院合支衣粮
依期按月關給存恤養贍毋使失所
仍具孤貧名數同依准狀呈
一倉庫房屋仰行本府提調官常川點視若有
損壞即便修理及設法關防斗級人
等作弊仍將見在錢粮等物分豁上

年舊管今歲收除實在備細數目同
官吏結罪文狀繳報
官吏脚色仰取勘本府幷合屬見在官吏姓
名年甲籍貫歷仕脚色到任月日回報

刷卷

凡監察御史幷按察司分司巡歷去處先行立
案令各該軍民衙門抄案從實取勘
本衙門幷所屬有印信衙門合刷卷
宗分豁已未照刷已未結絕號計張
縫依式粘連刷尾同具點撿單目幷

官吏不致隱漏結罪文狀責令該吏
親齎赴院以憑逐宗照刷如刷出卷
內事無違枉俱已完結則批以照過
若事已施行別無違枉未可完結則
批以通照若事已行可完而不完則
批以稽遲若事已行已完雖有違枉
而無規避則批以失錯若事當行不
行當舉不舉有所規避如錢粮不追
人贓不照之類則批以埋沒各卷內
有文案不立月日顛倒又在乎推究

得實隨其情而擬其罪其曰照過曰通照曰遲錯曰埋沒此皆照駁之總名而照刷之方又各有其法令將六房照刷事例各畧舉于後

一照刷吏房起取罷閑官吏文卷假如應天府某年月日承奉吏部劄付仰行所屬應有為事罷閑官員取勘見數一名名起送聽用當日立案行移上元等幾縣取勘花名先申到府案催各縣陸續照依原報名數申解完絶取獲

實收明白卷內行移又無遲錯事理則刷尾批云照過設着起解未盡行催不絕則批通照其或各縣開稱事故文書到後或半月或數日不行催問則批云事屬稽遲及有先申某今解某本作某卻作某之類則批云事屬差錯如是原申十名已解六名外四名未解經年歇案不催中間情弊不無則駁之曰埋沒照刷州縣吏房卷同

一照刷戶房開墾荒田卷假如揚州府承奉戶部劄付仰行所屬應有荒閑田土召人開墾合納稅粮三年後依例科徵據江都等縣申報人戶姓名開過田畝數目立案俟至年限滿日足將起科則例花名田粮數目移付徵收秋粮卷收科了當卷內別無稽遲差錯事件則批刷尾云照過設若年限未滿申報未絕用批通照其或各縣申稱見行開墾先具人戶花名到府還

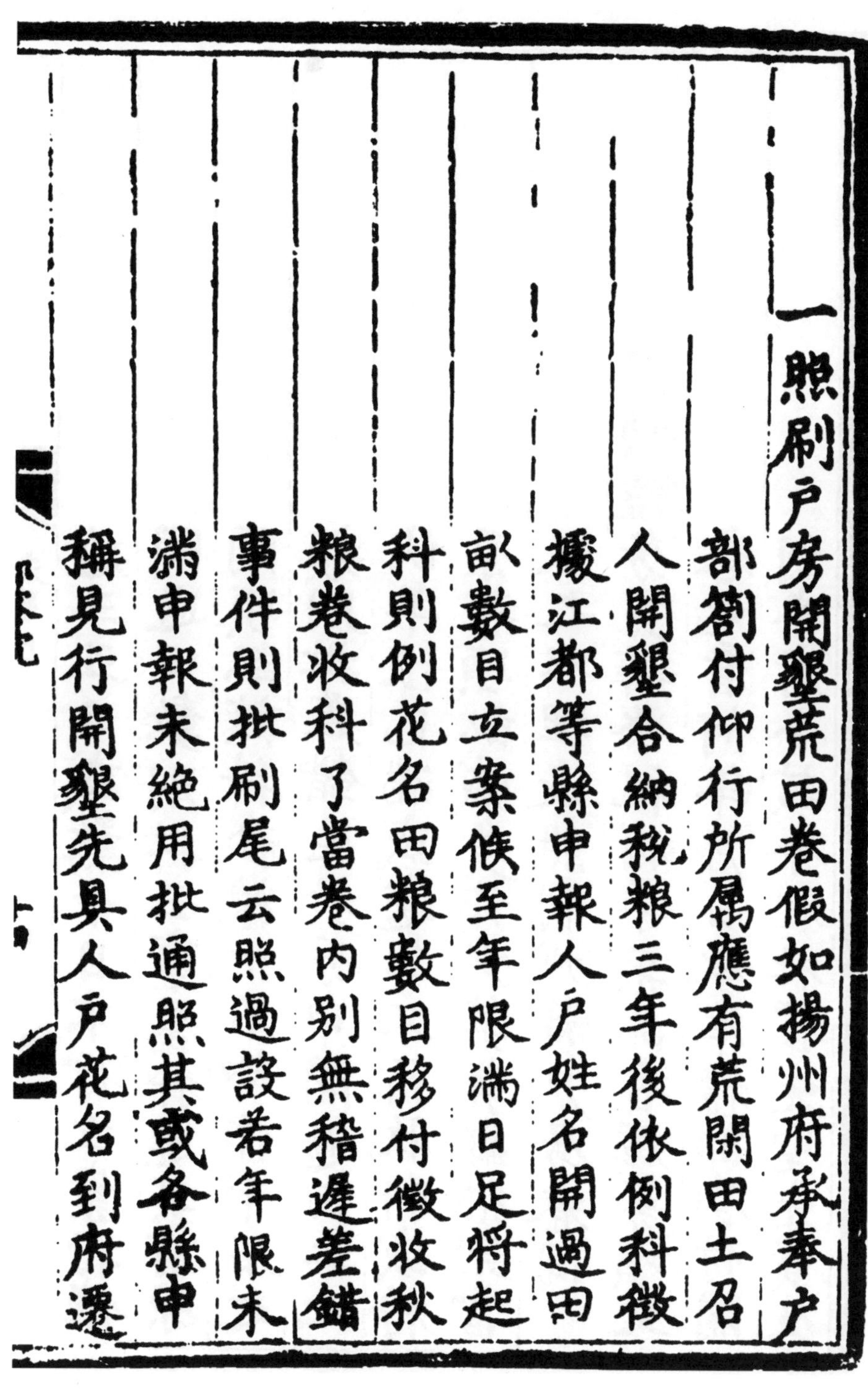

延三五日或數十日不行立案行催開過田數則批云事屬稽遲其有原開頃畝該科秋粮十石却作千石之類則批差錯至於原申開過田土比併年限已滿或逾年不行收科或將原報頃畝減多作少其弊顯然則當駁之以埋沒照刷州縣戶房卷同

一照刷禮房買辦祭祀猪羊果品香燭等項文卷先看何年月日承奉禮部劄付開到本府合該祭祀社稷先聖先賢及

風雲雷雨山川無祀鬼神等壇若干處每壇計用猪若干羊若干果品香燭等項若干其價照依本處時估對物收買仰於官鈔內放支當日立案定限行移所屬州縣收買要見回報是何行人物户時估及差委何官眼同收買送官應用仍查筭原估與收買價鈔相同已用與原買之數無異俱有行人物户領狀在卷祭祀已畢事無施行則批以照過若或已買在

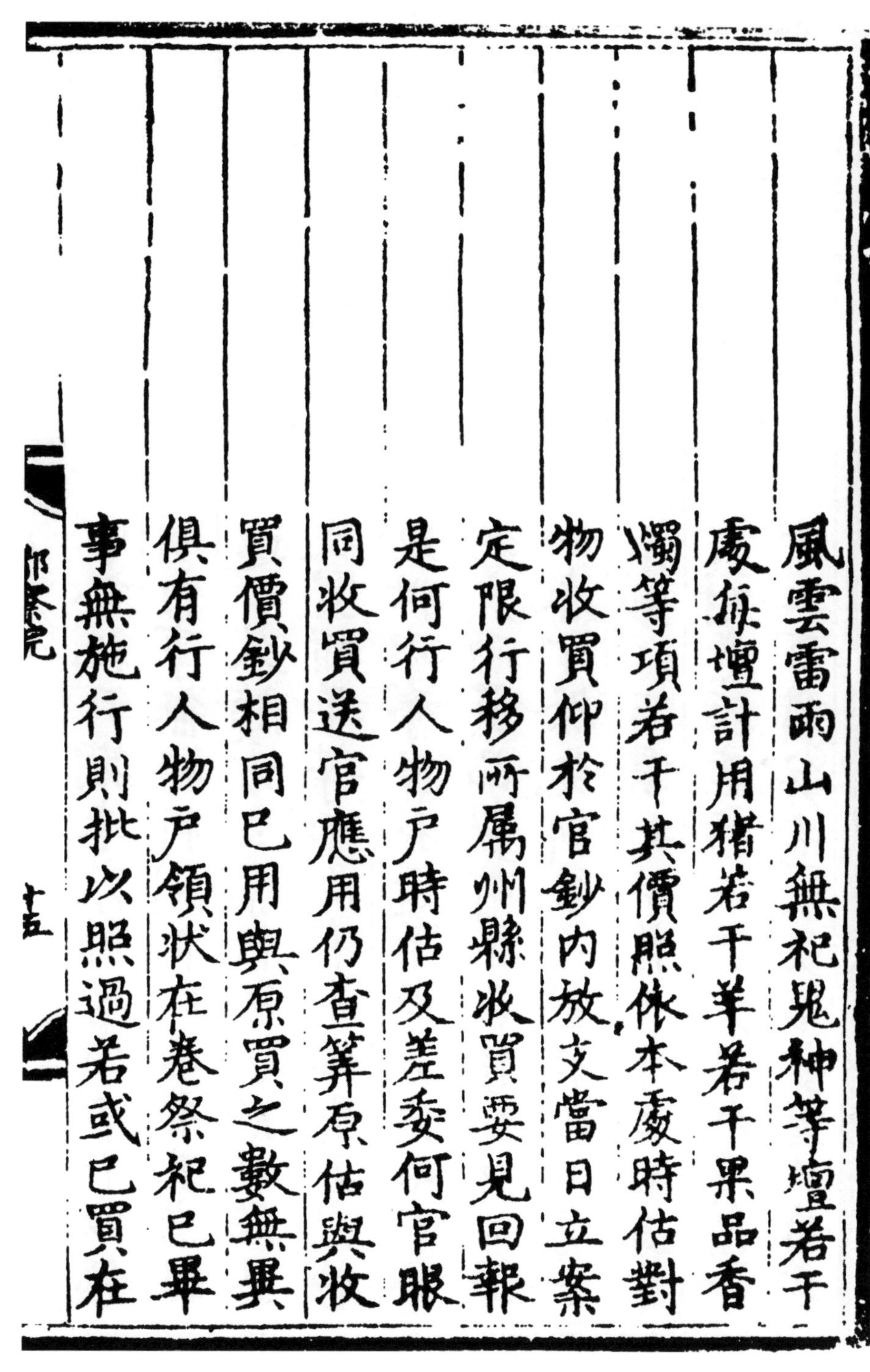

官祭祀日期未臨雖皆有發付收領
明白事無施行則批以通照其或經
違日久纔方立案行移祭期將臨其
收買豬羊等項尚有未備顯是怠慢
則批以事屬稽遲若或分派各行人
物户所買品數皆同而價鈔不一且
如春丁祭先師孔子該豬六口每口
價鈔二百貫却共作一千二百五十
貫附卷及查行人物户領狀實領一
千二百貫并查放支官錢卷内亦止

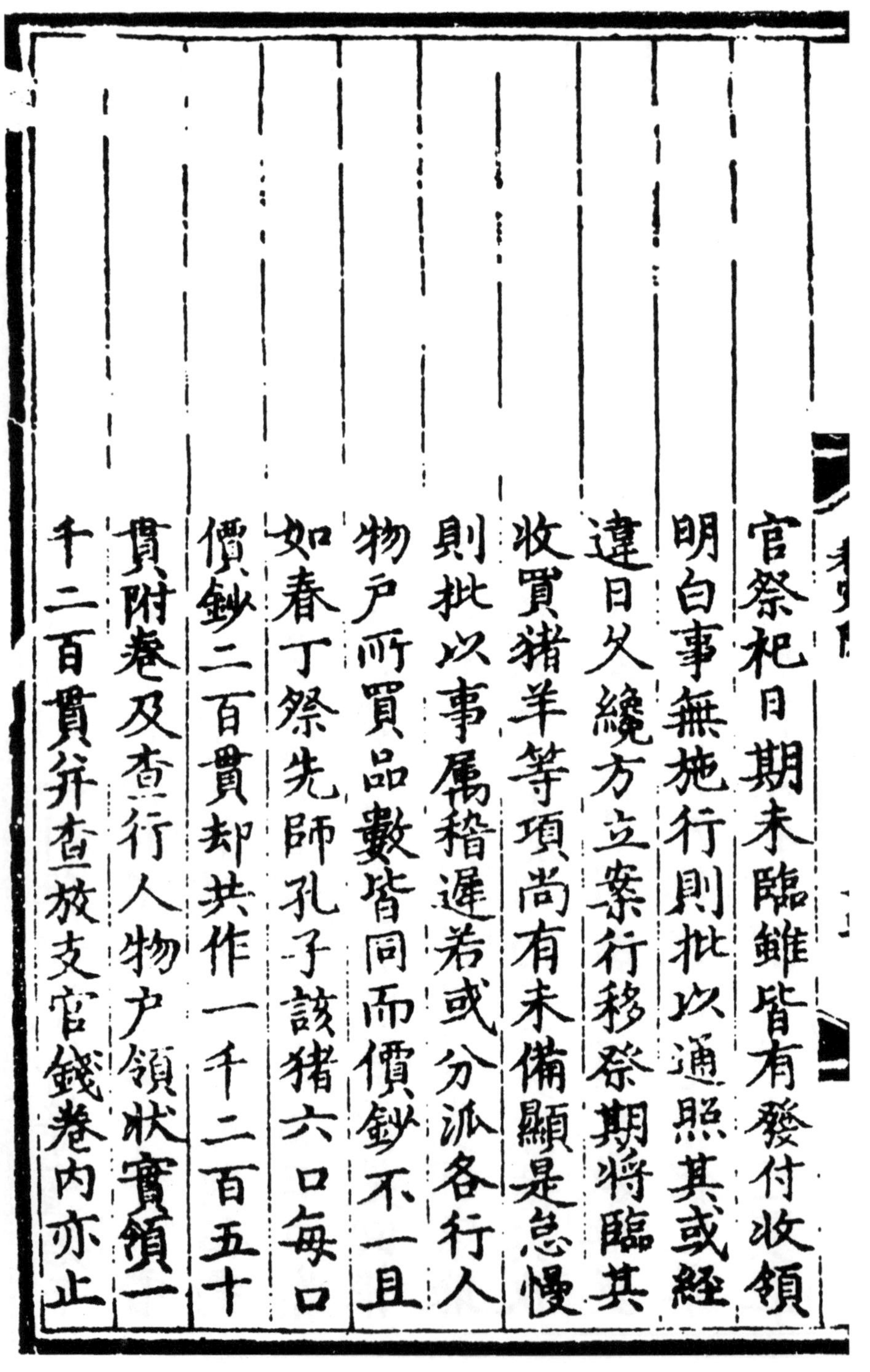

一千二百貫既已明白別無窺避則
批以事屬差錯其或猪羊等項已備
祭祀已畢但不見所用過鈔貫花銷
不見是何行人物户收領價鈔及有
無餘下物件未用責付何人收領朦
朧不明顯有窺避則批以事屬埋沒
照刷州縣禮房卷同
一照刷兵房勾補軍役文卷先看本府何年月
日承奉兵部劄付或都司布政司各
衛公文坐勾補役軍丁若干名若當

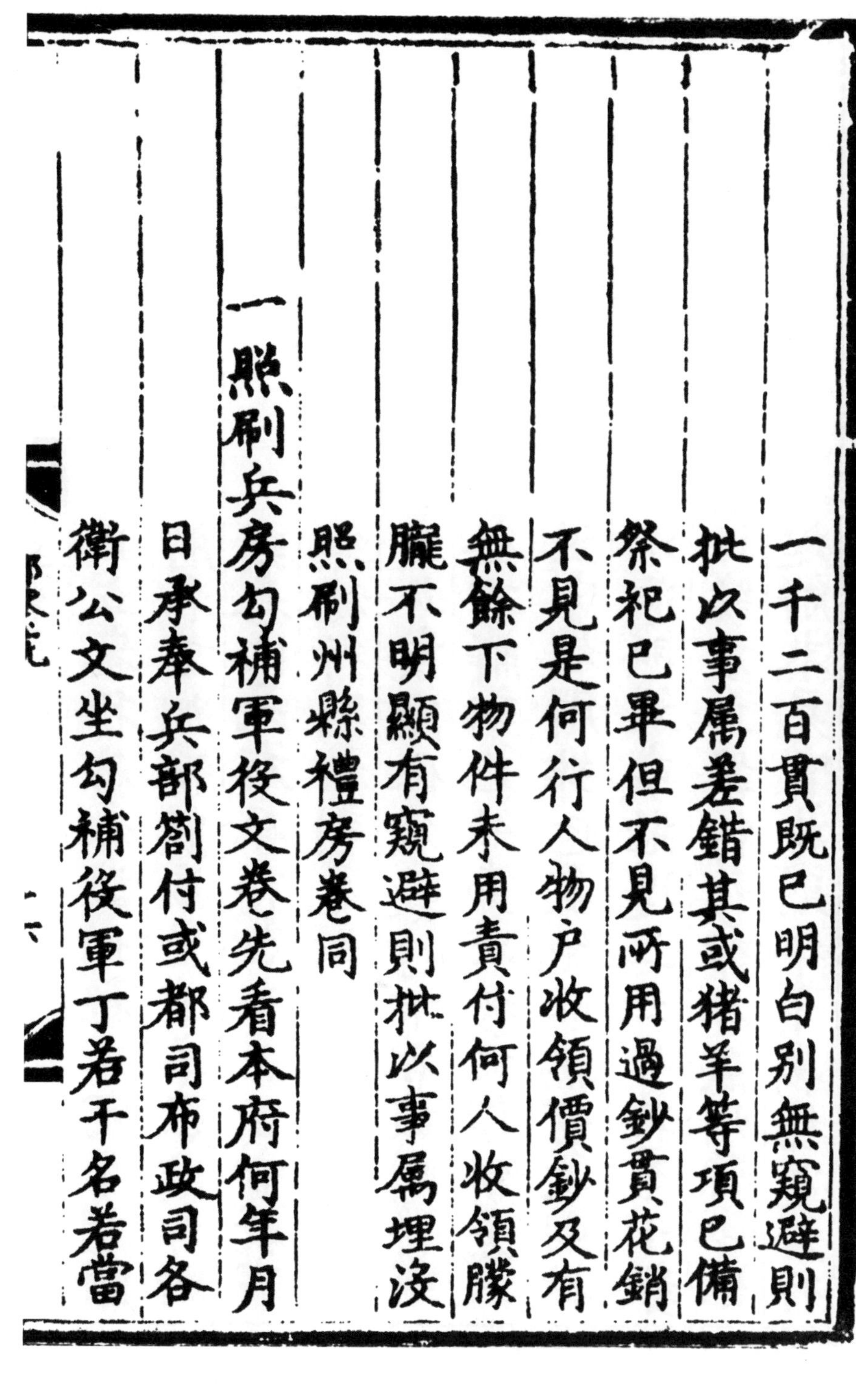

日立案行移各該州縣立定限期解
府各該州縣照依坐下名數隨即解
到卷内見有原獲合干上司實收事
無施行則於刷尾批以照過若或當
日立案照依名數行下各該州縣或
全不解到已經節次移文催併差人
坐守起解雖已盡絶而無實收則批
以通照又或經違三五日甚至十數
日纔方立案行移雖各該州縣依數
起解未見實收則批事屬稽遲若行

移不遲名數不缺中間原坐張某今
解李某案內不見審實緣由及駁問
所司官吏雖有實收則亦批事屬不
明其或已承上司明文雖已立案經
年不見催舉間或行移如勾十名止
解到五六名已解者不見實收未到
者又不舉問顯有窺避則批曰事屬
埋沒照刷州縣兵房卷同

一照刷刑房貪贓壞法文卷先看本府何年月
日據某人所告詞狀當日曾無立案

將本人引審或監或保若監收原告
要見為何緣故明白立案取具司獄
司收管在卷若或保在原告要見立
案批差皂隸取獲保狀附卷其狀内
合問人數查照曾無立案分豁被告
干連着落所司提解又當看本府何
年月日據所司依限解到坐提人數
要見當日立案將各人引問責與原
告對理且如甲告乙受丙贓五十貫
乙招如告又告丁贓四十貫丁供門

白甲自招虛又當看甲乙丙之招詞
丁之供狀同甲乙丙之服辯曾無題
押入卷乙招贓鈔曾無立案追徵既
已追徵曾無納足有無該庫收貯領
狀又看有無立案引律擬罪發落又
於發落案內先看原發事由中間曾
無增減原狀緊關情節查比解到月
日有無淹禁吹於問擬招罪項下詳
看乙所招受贓情節比甲所告是否
同異却於前件議得項下參詳甲乙

丙之罪名比律允當並無招涉依例
疎放又於照行事理要見准工者差
人起解的決者立案摘斷免科者疎
放寧家追足乙名下招受贓鈔責令
該庫收貯取獲領狀在卷如原發事
田內無增減原狀緊關情節問擬招
罪內無故失出入人罪前件議得下
比照律條所擬允當照行事理內無
人贓埋沒之弊俱已完結事無施行
則批以照過若或已提未到人數衆

催不到原追贓鈔催促未足則批以
通照其或受狀不即立案已經數日
方纔施行以致提人未到則批曰事
屬稽遲若案內字樣不同粘連顛倒
以致月日參差官不題押吏不書名
之類事已完結而無窺避則批事屬
差錯若或囚人招出人贓照行事理
內不照追提以致經年不行顯有窺
避則批曰事屬埋沒照刷州縣刑房
卷同

一照刷工房成造船隻文卷先看何年月日承
奉工部劄付坐下本府該造船若干
隻每隻計用丁線大小不等若干斤
桐油若干斤麻穰若干斤其價照依
時值對物收買仰於官錢內放支合
用木植着落人夫採斫當日立案定
限行移所屬州縣起集人夫採辦木
植要見回報起到人夫若干名幷所
請處所及已收買丁線等物時價差
委何人帶領各匠若干名前來場所

興造次將引各行具領狀支鈔依數
收買物料成造船隻查算原估與收
買價鈔相同已用與原計物料無異
船隻已起限期不違事無施行俱有
各行收買物料領狀在卷則批以照
過若成行移不遲興工不後物料不
缺人匠不少支用物料未盡原定限
期不違船隻未起事有施行則批以
通照其或經違數日纔方立案行移
其所屬州縣合辦物料人匠雖已不

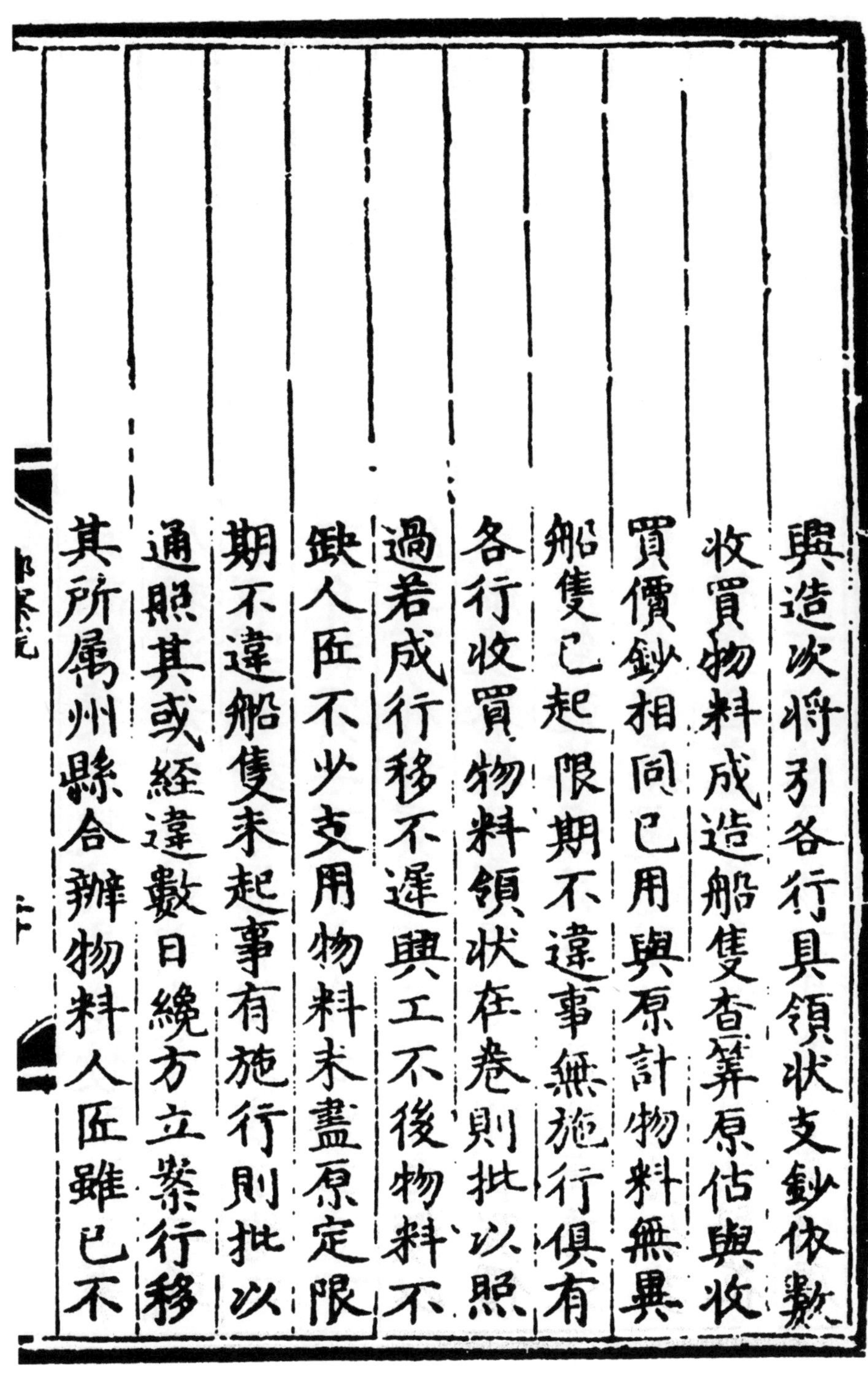

缺而船隻亦起終是怠慢則批云事屬稽遲若或派料或多或少用工或衆或寡且如每船合辦五寸丁線二百斤却買二百五十斤合辦三寸丁線三百斤却買二百五十斤之類以致船隻未起又違限期中間收買價鈔並無尅落查攷各行領狀在卷文案明白別無窺避則批事屬差錯其或船隻已完不見各船已用物料花銷餘下丁線等物不見責令是何庫

分收貯原計料數多已收買數少顯有窺避則批云事屬埋没照刷州縣工房卷同

追問

凡在外軍民人等赴京或擊登聞鼓或通政司投狀陳告一應不公寃枉等事欽差監察御史出巡追問照出合問流品官員就便請旨拿問帶同原告一到追問處所着令原告供報被告干連人姓名住址立案令所在官司抄

案提人案驗後仍要抄行該吏書名
畫字如後呈解原提被告人到不許
停滯即於來解內立案將原被告當
官引問取訖招供服辯判押入卷
明立文案開具原發事由問擬招
罪照行事理除無招笞杖輕罪就
彼摘斷徒流死罪連人卷帶回審
擬奏
聞發落 餘並與問擬刑名相同

審錄

凡在外布政司按察司都司并直隸府州刑名
有犯死罪囚人收監在彼止開招罪
申達合干上司詳議允當移文本院
通類具
奏點差監察御史會同刑部委官按臨審决其到所在
官司随即令首領官吏抄案各該衙
門追吊原行人卷赴官參詳招罪果
無出入及審取犯人服辯無異就令
所司抄案差委獄卒將犯人押赴法
場各照原擬處决將原吊卷宗發還

該衙門收照却行具本開坐決過犯
人花名回奏仍呈原委官司知會若
因人番異原招即合辨理重提一干
人証到官從公對問明白帶回審錄
發落其原問官吏果有受贓出入人
罪情弊通行具

奏拿問

通政司

本司官職專出納

帝命通達下情關防諸司出入公文奏報四方臣民實封

建言陳情伸訴及軍情聲息灾異等

事

出納

帝命

凡有

帝命必當詳審覆奏允當然後施行

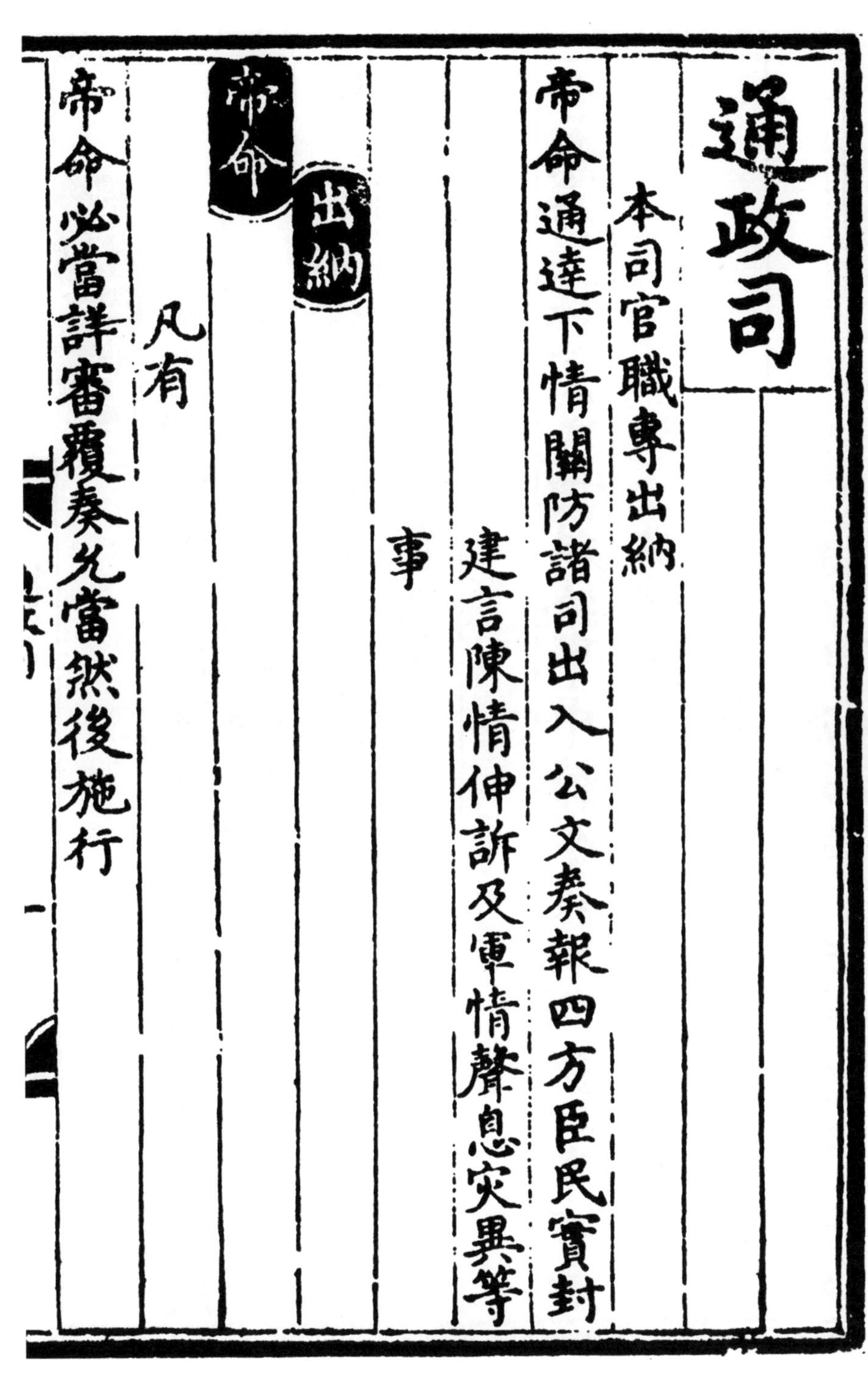

通達下情

凡有四方陳情建言伸訴寃枉民間疾苦善惡
等事知必隨即奏
聞又告不公不法等事事重者於底簿內謄寫所告緣由
賫狀奏
聞仍將所奉
旨意於上批寫送該科給事中轉令該衙門抄行常事者
另置底簿將文狀編號用使關防明
立前件連人狀送當該衙門整理月
終奏繳底簿送該科督併承行該衙

門回銷

開拆實封

凡天下臣民實封入遞或人賫到司須於公廳眼同開拆仔細檢看事干軍情機密調撥軍馬及外國来降進貢方物急缺官員提問軍職有司官員并請
旨定奪事務即於底簿内謄寫略節緣由當將原来實封
御前陳奏畢就於奏本後批寫
旨意送該科給事中收轉令該衙門抄出施行其進繳稅粮文冊勘合通關起觧軍囚等項附

簿明白止送該科收不須入奏

關防諸司公文勘合

本司置立出入文簿令各房令典分掌凡内外衙門公文到司必須辯驗允當隨即於簿内編號注寫某衙門行某處爲某事公文用日照之記勘合用驗正之記關防畢令鋪兵於文簿内書名畫字遞送若行移不當及違式差錯洗補互相推調等項事重者入奏區處常事照依欽定事例在外貼送當

該衙門如律在京衙門退回改正將
發過公文并差錯件數月終類奏文
簿繳進若各處公文事干軍情灾異
機密重事隨即入奏送該科給事中
收如呈稟五軍六部都察院等衙門
公文緊要者入奏仍用欽降勘合用
使本衙門印信云寫
旨意貼送當該衙門覆奏施行若誤遞到有施行者奏訖
亦貼送當該衙門無施行者亦入奏
送該科給事中收照

月奏

凡本司發過五軍六部都察院及内外諸司衙門公文并照駁各衙門差錯公文實封等件及行移勘合原告文状拿人起數給由人員每月類奏年終通行類數開奏

大理寺

本寺官其所屬左右寺官職專審錄天下刑名凡罪
有出入者依律照駁事有冤枉者推
情辨明務必刑歸有罪不陷無辜

審錄囚人參詳罪名

凡刑部十二部都察院十二道五軍都督府斷
事官五司問擬一應囚人犯該死罪
徒流者具寫奏本發審笞杖罪名者
行移公文發審另行入遞預先差人

連案同囚送發到寺照依該管地方
先從左右寺審録若審得囚無寃枉
者取訖各囚服辯在官案呈本寺連
囚引領赴堂圓審無異取擬原問衙
門司獄司印信收管入卷将囚連案
責付原押人收領回監聽候發落候
遇到各項奏本公文到寺将奏本抄
白立案務要仔細叅詳情犯罪名比
照律條如罪名合律者准擬本寺依
式具本同将原来奏本繳送該科給

事中編號收掌然後印押平允回報原衙門如擬施行如罪名不合律者依律照駁亦依式具本將原來奏本繳送該科收編駁回原衙門再擬如二次改擬不當仍前駁回議擬候三次改擬不當照例將當該官吏具奏送問或中間招情有未明者必須駁回再問若公文不必抄白就即立案其參詳罪名准擬合律照駁不合律及送問等項並如前行若審得囚人

告訴冤枉果有明白證佐取責所訴詞狀案呈本寺連囚引領赴堂圓審相同將囚連案依前發回原問衙門聽候發落待奏本公文到寺將原來奏本依式具本如前繳送該科公文止留本寺立案然後仰令左右寺抄案備問囚人供詞行移隔別衙門再問若二次審異者再取本囚供狀在官照例具奏會同六部都察院通政司等衙門堂上官員審回奏施行

合律照駁式

大理寺卿臣某等謹
奏為李甲告不應事刑部某部問擬李甲等一十六名
數內合律一十五名不合律張丙一
名有照駁謹具奏
聞
一照駁
前件本寺照律張丙合得計贓准竊盜一貫之
上律杖七十罪無出入其刑部某部
却依不應律笞四十未審故失已出

張丙杖罪三十所據不當官吏除尚
書某侍郎某取自
上裁其子部某部官吏某人合送法司問罪仍令改正
一准擬
事內干連人王乙等合得笞罪十名
陳丁等合得杖罪四名李甲一名無
罪釋放
洪武　年　月　日

番異式

大理寺卿臣某等謹

奏為某事某衙門問擬某人一名審問番異原招某因
合隅别衙門再問謹具奏
聞
洪武　年　月　日

二次番異式

大理寺卿臣某等謹
奏為某事某衙門問擬某人等二名除審擬允當外數
內某人一名先為某衙門具本發審
若原係公文者則云公文發審本因
告訴冤枉取責供詞在官已經照例

行移隔別衙門再問去後今據其衙
門發審仍前執稱冤枉除再取供詞
在官外本囚合照例會各衙門堂上
官圓審謹具奏
聞
准擬某人合得某罪一名
洪武　年　月　日
請
旨發落
凡律內該載請

旨發落者本寺具本開寫犯由罪名奏
聞取自
上裁即將奉到
旨意於奏本年月後批寫訖就寫某官批於下押字其餘
有奉
旨意者亦同此例批寫訖回寺立案備云前項
旨意於平允內開寫回報各衙門施行

詳擬罪名

凡在外都司布政司按察司并直隸衛所府州
一應刑名問擬完備將犯人就彼監

收具由申達合干上司都司并衛所申都督府布政司并直隸府州申呈刑部按察司呈都察院其各衙門備開招罪轉行到寺詳擬凡罪名合律者回報如擬施行內有犯該重刑本寺奏

聞回報不合律者駁回再擬中間或有招詞事情含糊不明者駁回再問

月報囚數

凡本寺每月審過刑部等衙門一應囚數分豁

死罪徒流杖笞等項罪名置立印信文冊着令架閣庫典吏日逐明白附寫候至月終通類具本奏
聞

䖏決重囚

凡本寺審過刑部等衙門死罪囚人犯該十惡決不待時者每月具本覆奏
聞訖移文回報各該衙門䖏決不係十惡者待秋分後覆
奏䖏決

五軍都督府斷事官

斷事官左右斷事官職專總督左右中前後五司官
問斷五軍所轄都司衛所軍官軍人
刑名其五司官稽仁稽義稽禮稽智
稽信則分問各司該管地方都司衛
所刑名等事

左右中前後五司

問擬刑名

凡奉五軍都督府劄付發下犯人若干名到廳

連案送該司承行該司隨即立案將
送到一干人證當官引問對證明白
取訖各人親書招供服辯在官如囚
別無冤枉依律定擬罪名具本備云
原發事由問擬招罪前件議得照行
事理官吏僉書完備引囚赴廳圓審
無異將奏本連囚牒繳大理寺審錄
伏本寺將各囚審錄無冤比律允當
勘合平允回報該司照依擬定罪名
發落如囚犯該死罪者發下司獄司

牢固監收聽候處決犯該徒流者照例送工部轉發工役犯該杖笞合決斷者具手本會請監察御史刑部大理寺等衙門官公同斷決供證明白無罪者軍送該府轉發屬衛着役民送兵部給引寧家本宗事內或有照出合問軍官呈稟具奏請
旨行移該府提取如干問有司入流官員亦須具奏請
旨行移兵部提取發來歸結若有干問衛所令典旗軍及有司令典民人不須具奏就行該府

兵部提發歸結

起解贓罰

凡各司問過犯人所受贓物或金或銀或錢鈔段匹等件照數於犯人名下追足責付庫子下庫收貯按季各司關官一員點閘辯驗無僞細開各起犯人原受金銀鈔段等件具呈本廳備呈該府出給長單責令原管官員并經手庫子進赴

內府贓罰庫交納足備取獲實收附卷存照

月報軍官

凡各司見行監問爲事軍官每月初旬分豁某衛指揮千百户衛所鎮撫爲某事某年月日入監逐一開呈本廳備呈該府以憑具

奏

處決重囚

凡各司問過重囚除十惡決不待時外有該秋後處決者發下司獄司牢固監收候大理寺秋分後覆奏

聞訖回報各司即將合決犯人押赴法場仍具手本會請
監察御史刑部大理寺等衙門公同
覆決批回附卷

詳擬罪名

凡各都司據各斷事司問擬犯人招罪明白備
呈該府定奪各府連呈判送五軍斷
事官詳擬本廳連案送該司承行該
司隨即抄案參詳所問招詞或原擬
笞杖徒流絞斬罪名比律允當具本
備開原發事由問擬招罪照行事理

牒繳大理寺覆擬候平允回報到司
連案繳呈本廳具呈該府轉行各都
司如擬施行

雜行

工役囚人

凡各司問擬囚人犯該笞杖徒流准工者開坐
招犯具呈本廳編立字號造冊二本
一本進繳
內府工科一本連囚牒發工部轉發工役候工滿本部
仍將各囚送回本廳查照原擬工限

相同扣筭工程無欠明白具手本赴
工科於進繳字號冊內銷訖原號就
將囚人引赴

承天門叩頭踈放

官吏俸給

凡五司并司獄司官吏俸給按月初旬呈申到
廳同將本廳官吏俸給通行造冊一
本備開官吏姓名合得俸粮數目牒
繳吏部主事廳照數放支本廳仍出
印信俸帖差人賫領前去吏部倉依

數關支施行

公用紙劄

凡本廳并五司合用紙劄於官收贓罰鈔内關
支差官一員照依按月時估價值兩
平收買於各宗卷内銷用仍將用過
紙數盡實花銷明白附卷

牢獄

司獄司額設司獄二員專一監收五司見問囚
人驗罪輕重如法枷鎖按月五司輪
委官一員親臨提調其監禁事理並

與刑部同

〔分問衛門〕

左司

在京

驍騎右衛　英武衛　鎮南衛

龍虎衛　留守左衛　水軍左衛

瀋陽左衛　瀋陽右衛　府軍左衛

羽林左衛

在外

浙江都司　山東都司　遼東都司

右司

在京

府軍右衛　水軍右衛　留守右衛

虎賁右衛　廣武衛　武德衛

在外

陝西都司　四川都司　廣西都司

貴州都司　雲南都司

中司

在京

旗手衛　和陽衛　廣洋衛

留守中衛　牧馬所　神策衛
應天衛　府軍衛　虎賁左衛
在外
直隸衛所　河南都司
前司
在京
豹韜衛　龍江衛　飛熊衛
金吾前衛　府軍前衛　留守前衛
天策衛　龍驤衛
在外

湖廣都司　江西都司　廣東都司

福建都司　福建行都司

後司

在京

錦衣衛　金吾後衛　府軍後衛

興武衛　鷹揚衛　江陰衛

橫海衛　留守後衛　蒙古左衛

蒙古右衛

在外

北平都司　北平行都司　山西都司

山西行都司